JN025506

やわらかアカデミズム
〈わかる〉シリーズ

# よくわかる
# 中国思想

湯浅邦弘

|編著|

ミネルヴァ書房

# はじめに

　フランスの言語学者ソシュールは，言語分析に際して「共時的」「通時的」という二分法的な考え方を提唱した。共時的言語学とは，時間の流れを考慮せず，一定の時間を輪切りにして，その中の現象や構造を静態的に探ろうとするもの。これに対して，通時的言語学とは，時間の流れに沿って，関連する現象や体系を追いかけようとするものである。もちろん，この両者を併用し，複合的な考察をすることによって，言語の特性が浮かび上がる。

　この考え方は，言語分析に限らず，あらゆる学問についても配慮すべきものであろう。単純に言い換えれば，縦と横である。縦とは，歴史の時系列に沿って，その流れや関係性を記述しようとする態度で，横とは，ある時代を一旦ストップモーションにして，その中の特性を知ろうとする態度である。

　中国思想に関しても，それは同様で，これまでの中国思想の研究は，主として，時系列で記述され，「中国思想史」や「中国哲学史」と呼ばれる一方，ある時代の特性を「諸子百家」や「秦漢思想」「朱子学」といったテーマで包括するものもあった。

　ただ，通時代的な研究とは言っても，それが単に時系列に並んでいるだけであれば，思想史としての連続性や歴史転換のダイナミズムといったものはつかみとることができない。一方，ある時代のみに注目し，体系的な把握ができたとしても，その前後の時代への目配りがなければ，その分析が真に価値あるものかどうかの判別がつかないであろう。中国思想においても，この縦と横の視点は外すことはできないのである。

　そこで，本書『よくわかる中国思想』では，「よくわかる」ために何が必要かを考慮した結果，やはり，この縦と横の視点を取り入れることとした。まさに縦横に中国思想にアプローチし，その特色を立体的に描き出そうと努めたのである。

　全体を五つの部に大別し，序に続き，まず第1部「中国思想史」では，おおむね時系列で中国思想の骨格を論述した。大きな軸となるのは，「春秋戦国時代」「秦漢から隋唐時代」「宋明清代」である。この部では，それぞれの時代を代表する思想家や文献を取り上げる。ここを概観するだけでも，中国思想の輪郭をつかんでいただけるだろう。

　続く第2部「中国思想の本質」では，一転して，中国思想史を貫く重要概念や文献を取り上げる。「気」「道」「仁」などがそれである。誰でも知っている漢字で表されるので，一見すると平易に思われるが，実は，それぞれの概念には，ずっしりと重い意味があり，また複雑な来歴がある。中国思想を学習する

際の落とし穴は，この漢字で記された概念にあると言えよう。知っているはずの漢字の意味が実は分かっていなかったということもあろう。また，「四書五経」として名前だけは知っている儒教経典や，中国思想史の大きなテーマ「学び」と「天と人」についても，ここで解説する。

　さらに，第3部「中国思想の展開」では，中国の伝統的な思想が，周辺領域や他の学術文化・史蹟などにどのように反映しているのか考える。「こころと体」「史蹟に表れた思想」「芸術と思想」の各章がそれである。ここは，従来の中国思想の概説書には見られない大きな特色であろう。

　そして，第4部「大事件と論争に見る中国思想」では，中国思想をゆるがした大事件や論争を取り上げ，最後の第5部「中国思想の周辺」では，改めて仏教と道教に注目し，さらに中国思想の日本への伝来，および西洋文明との交流について解説する。

　執筆陣は，それぞれの分野の第一人者から新進気鋭の若手研究者まで，適材適所でお願いした。編集については，ミネルヴァ書房編集部の前田有美さんのお世話になった。新型コロナウイルス感染拡大による緊急事態宣言の中，前田さんとは対面会合することができず，全原稿の読み合わせや修訂作業をオンライン会議で行った。本書はそうした苦難の中に誕生した一冊である。


　2021年5月

　　　　　　　　　　　　　　　　　　　　　　　　　湯 浅 邦 弘

# も く じ

はじめに

## 序　中国思想とは何か

1　中国思想の誕生と展開 ……………… 2

2　中国思想の特色 ………………… 4

## 第1部　中国思想史

### I　春秋戦国時代

1　孔　子 ……………………… 8

2　孟　子 …………………………… 1o

3　荀　子 …………………………… 12

4　墨　子 …………………………… 14

5　管　子 …………………………… 16

6　老　子 …………………………… 18

7　荘　子 …………………………… 2o

8　恵施・公孫龍子 ………………… 22

9　蘇秦・張儀 ……………………… 24

10　韓非子 …………………………… 26

### II　秦漢から隋唐時代

1　『呂氏春秋』………………………… 28

2　『淮南子』…………………………… 3o

3　鄭　玄 …………………………… 32

4　王　充 …………………………… 34

5　清談・玄学 ……………………… 36

6　韓　愈 …………………………… 38

### III　宋明清代

1　北宋の五子 ……………………… 4o

2　朱　子 …………………………… 42

3　陸象山 …………………………… 44

4　王陽明 …………………………… 46

5　黄宗羲 …………………………… 48

6　戴　震 …………………………… 5o

7　康有為 …………………………… 52

（第2部）中国思想の本質

**Ⅳ 思想史の重要概念**

1 気 ………………… 56

2 道 ………………… 58

3 仁 ………………… 60

4 義 ………………… 62

5 礼 ………………… 64

6 孝 ………………… 66

7 理 ………………… 68

**Ⅴ 経書の成立**

1 『周易』 …………… 70

2 『書経』 …………… 72

3 『詩経』 …………… 74

4 『礼記』 …………… 76

5 『春秋』 …………… 78

6 『論語』 …………… 80

**Ⅵ 学びの諸相**

1 『説苑』 …………… 82

2 『列女伝』 ………… 84

3 『顔氏家訓』 ……………… 86

4 『蒙求』『小学』 …………… 88

5 白鹿洞書院掲示
　：朱子学の教育理念 ………… 90

**Ⅶ 天と人の間**

1 鬼　神 ……………… 92

2 亀　卜 ……………… 94

3 占　夢 ……………… 96

4 陰陽五行説 ………… 98

5 「日書」：日時の吉凶を占う ‥‥ 100

6 董仲舒：災異説 ………… 102

7 風水・堪輿 ……………… 104

（第3部）中国思想の展開

**Ⅷ こころと体**

1 馬王堆漢墓帛書『導引図』
　：最古の体操図 ………… 108

2 『黄帝内経』：中国医学のバイブル
　……………………………… 110

3 『傷寒論』：臨床実践の大著 ‥‥ 112

4 『備急千金要方』
　：唐代の総合医学書 ………… 114

5 『本草綱目』：本草学の集大成 ‥ 116

**Ⅸ　史蹟に表れた思想**

1　孔子廟 …………………… 118

2　万里の長城 ……………… 120

3　始皇帝陵と兵馬俑 ……… 122

4　泰山：中国の聖なる山 … 124

5　敦煌莫高窟 ……………… 126

**Ⅹ　芸術と思想**

1　馬王堆帛画と死生観 …… 128

2　画像石と古代の文化 …… 130

3　印　章 …………………… 132

4　横山大観《屈原》 ……… 134

5　橋本関雪《木蘭》 ……… 137

**第4部　大事件と論争に見る中国思想**

**Ⅺ　古　代**

1　孔子の死と門人たちの活動 … 142

2　臥薪嘗胆と孫子兵法の誕生 … 144

3　商鞅の変法と法治主義 … 146

4　秦の始皇帝による焚書坑儒 … 148

5　儒教の国教化 …………… 150

6　塩鉄論争：漢代の経済政策 … 152

7　白虎観会議：儒教国家の完成 … 154

**Ⅻ　中世から近代**

1　科挙の開始 ……………… 156

2　木版印刷の発明 ………… 158

3　『武経七書』の成立 …… 160

4　正始石経（三体石経）の発見 … 162

5　新出土文献の発見 ……… 164

**第5部　中国思想の周辺**

**ⅩⅢ　仏教と道教**

1　インド仏教の伝来 ……… 168

2　仏教諸派の展開 ………… 170

3　老荘思想と道教の成立 … 172

4　民間信仰と道教諸派の展開 … 174

**ⅩⅣ　日本漢学**

1　林羅山 …………………… 176

2　山崎闇斎 ………………… 178

3　伊藤仁斎 ………………… 180

4　荻生徂徠 ………………… 182

5 中井竹山・履軒 ………………… 184

XV 西洋文明との交流

1 キリスト教との対峙 …………… 186

2 西洋に伝わった中国の思想と文化
………………………… 188

終 中国思想と現代

1 中国思想が問いかけるもの ….. 190

2 中国思想史研究の未来 ………… 192

人名・事項索引 ………………… 195

## 中国の時代区分

| 国名 | 殷(商) | 西周 | 東周（春秋戦国） | 秦 | 前漢 | 新 | 後漢 | 三国・魏 | 三国・蜀 | 三国・呉 | 西晋 | 東晋 | 南北朝（北朝）・北魏 | 南北朝（北朝）・北斉 | 南北朝（北朝）・北周 | 南北朝（南朝）・宋 | 南北朝（南朝）・斉 | 南北朝（南朝）・梁 | 南北朝（南朝）・陳 | 隋 | 唐 | 五代・後梁 | 五代・後唐 | 五代・後晋 | 五代・後漢 | 五代・後周 | 北宋 | 南宋 | 元 | 明 | 清 | 中華民国 | 中華人民共和国 |
|---|---|---|---|---|---|---|---|---|---|---|---|---|---|---|---|---|---|---|---|---|---|---|---|---|---|---|---|---|---|---|---|---|---|
| 年代 | ?〜前一一〇〇頃 | 前一一〇〇頃〜前七七〇頃 | 前七七〇〜前二二一／〜前二五六頃 | 前二二一〜前二〇七 | 前二〇六〜八 | 八〜二三 | 二五〜二二〇 | 二二〇〜二六五 | 二二一〜二六三 | 二二二〜二八〇 | 二六五〜三一六 | 三一七〜四二〇 | 三八六〜五三四 | 五五〇〜五七七 | 五五七〜五八一 | 四二〇〜四七九 | 四七九〜五〇二 | 五〇二〜五五七 | 五五七〜五八九 | 五八一〜六一八 | 六一八〜九〇七 | 九〇七〜九二三 | 九二三〜九三六 | 九三六〜九四六 | 九四七〜九五〇 | 九五一〜九六〇 | 九六〇〜一一二七 | 一一二七〜一二七九 | 一二七一〜一三六八 | 一三六八〜一六四四 | 一六四四〜一九一二 | 一九一二〜一九四九 | 一九四九〜 |
| 首都名 | 亳・殷墟 | 鎬京 | 洛邑 | 咸陽 | 長安 | 長安 | 洛陽 | 洛陽 | 成都 | 建業 | 洛陽 | 建康 | 平城／洛陽 | 鄴 | 長安 | 建康 | 建康 | 建康 | 建康 | 長安 | 長安 | 汴京（開封） | 洛陽 | 開封 | 開封 | 開封 | 開封 | 臨安 | 大都 | 南京／北京 | 北京 | 北京 | 北京 |
| 現在の地名 | 河南省安陽市 | 西安付近 | 洛陽 | 西安付近 | 西安付近 | 西安付近 | 洛陽 | 洛陽 | 成都 | 南京 | 洛陽 | 南京 | 大同／洛陽 | 河南省臨漳県 | 西安付近 | 南京 | 南京 | 南京 | 南京 | 西安付近 | 西安付近 | 開封 | 洛陽 | 開封 | 開封 | 開封 | 開封 | 杭州 | 北京 | 南京／北京 | 北京 | 北京／南京 | 北京 |
| 地図 | A | B | C | B | B | B | C | C | E | D | C | D | F・C | G | B | D | D | D | D | B | B | H | C | H | H | H | H | I | J | D・J | J | J | J |

＊最下段の「地図」のアルファベット表記は，下の「歴代首都一覧地図」と対応している。

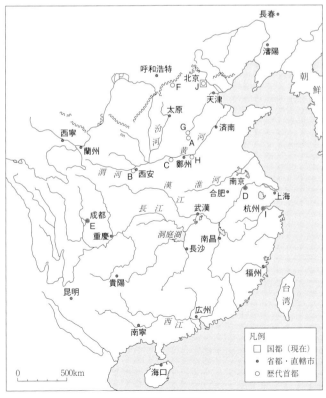

歴代首都一覧地図

やわらかアカデミズム・〈わかる〉シリーズ

# よくわかる
## 中国思想

中国思想の誕生と展開

### 1 中国思想の形成

　人間のいるところ思想があると言ってもよい。ただ，真の「思想」とは，単に人が感じ思っていることではなく，その時代や社会の中で意識的に生成され，一定の体系性，普遍性を持つ見解である。

　こうした思想が形成されるためには，いくつかの条件がある。一つは，社会の成熟である。人間は，狩猟から農耕の時代へと移行するにつれて，家族から共同体，そして政治的世界へと大きな集団を形成していった。その過程で，集団と集団との対立・抗争も生じたであろう。また他者と自己との異文化接触を経験することにより，「人間とは何か」「世界とは何か」という根源的な思索も促されたことであろう。これが思想誕生の重要な条件であった。

　もう一つは，コミュニケーションツールとしての言語の発達である。思想は言葉によって表明され，伝わっていく。言語の発達がなければ思想の形成も伝播もない。特に文字言語は，思想を書きとどめ，遠方に伝えていくための必須のツールであったと言えよう。また，その文字を記す道具や材料も必要であった。墨・筆，竹簡・木簡や紙などである。

　こうした観点から中国古代をながめると，中国思想誕生の秘密が理解できよう。中国は早熟な政治的世界であった。伝えられるところによれば，堯・舜という理想の王の時代を経て，舜から王位を譲られた禹が夏王朝を開き，以後，王位が世襲された。その夏王朝の後が殷王朝で，その遺跡「殷墟」も発見されている。殷墟からは古代宮殿跡のほか，大量の文字資料も発見された。亀の甲羅や牛の骨に刻まれた神聖な文字「甲骨文字」である。

　その殷王朝を紀元前1100年頃に打倒して誕生したのが周王朝である。創立当初は聖王・賢者に恵まれたが，その末期は，王朝の権威が衰退して，下剋上の風潮を生み，「春秋時代」「戦国時代」と呼ばれる乱世となった。その時代に現れた多くの思想家たちが「諸子百家」である。

### 2 諸子百家の登場

　諸子百家が登場して精力的な活動を展開するのは，おおよそ紀元前6世紀から3世紀頃である。それ以前にも，すでにいくつかの王朝交代を経て，人間と政治に関する多くの教訓は蓄積されていた。ただそれらは，あくまで王朝や諸

▷1　堯・舜（ぎょう・しゅん）
伝説上の古代聖王。堯についてはその出身など詳細が分からない。その堯に見出されたのが舜で，親孝行の人として知られる。堯はこの舜に王位を譲った。これを禅譲と言い，古代中国の理想の王位継承方法とされた。

▷2　禹（う）
伝説上の古代聖王。まだ多くの湿地に覆われていた中国全土を巡り歩き，治水事業の成果を上げた。これにより舜から王位を禅譲され，夏王朝を開いた。禹はその後，実子に位を継がせ，以後，殷の王位は世襲された。

▷3　殷墟
殷王朝最後の都の跡。現在の中国河南省安陽市にある。殷王朝の実在については長く疑問視されていたが，ここから発見された甲骨片がきっかけとなり，1928年から実施された大規模な考古学的発掘調査の結果，古代殷王朝の都であることが確認された。

国の内部資料として伝えられていたに過ぎず，世界に向けた思想として発信するというものではなかった。

そうした中，魯の国に生まれ育った孔子は，多くの弟子門人とともに教学に励む一方，諸国を遊説して理想を説いた。それは，人間の思いやりの心「仁」や親子の自然な情「孝」を基にした道徳的世界の大切さであった。その言葉は，当時の書写材料である竹簡に記されるとともに，後の門人たちによって編集され，『論語』となった。この孔子を開祖とする集団は「儒家」と呼ばれ，諸子百家を代表する思想活動を展開した。

また，墨翟を開祖とする墨家集団は，儒家と厳しく対立しつつ「兼愛」「非攻」という特徴的な思想を説いた。老子や荘子に代表される道家は「無為自然」を尊重して人間の作為こそが乱世の根源であると考えた。韓非子によって集大成された法家の思想家は，「法」による統治を主張し，これが秦の始皇帝に採用されて中国初の統一帝国の出現をもたらした。

このように，諸子百家は魅力ある多様な思想を展開したが，秦帝国・漢帝国によって思想統制が進み，やがて儒家の思想が正統とされ，以後2000年にわたって中国の歴史と文化に大きな影響を与えていった。

## ③　中国思想の時代区分

中国思想の時代区分は，おおよそ次のように考えることができる。まず，萌芽的な思想はあったが世界に向けて自覚的に発信されていなかった時代。本格的な思想が生成されるのは，周王朝後半の「諸子百家」の時代である。孔子をはじめとする多くの思想家の活動によって中国思想の雛形が一斉に出揃った。

秦帝国は法治によって中国統一を果たしたが，わずか15年で崩壊し，それを継いだ漢帝国は儒教を国家の正統として安定的な社会を実現した。しかし，一方では諸子百家の時代が持っていたような思想的活力を失わせることになり，道教や仏教の台頭もあって，相対的に儒教の衰退を招いた。以後は儒教・道教・仏教が複雑に交渉しながら中国思想史を形成していく。ここまでが「古代および中世思想」と概括できる。

こうした状況に対して儒教の再生を実現したのが，宋代から明代に至る朱子学と陽明学である。思想的な魅力を失いかけていた儒教を再編し，それまでの最重要経典「五経」に代わって「**四書**」を尊重した。単なる読書ではなく，自ら「学んで聖人に至る」ことを目的とする実践的学問は，印刷出版技術の発達もあって，その思想を記した文献とともに東アジア世界に広がっていった。「近世思想」の時代である。

次の清朝では，考証学が盛んになった。文字・音韻・書誌学など近代的な学問の裏付けにより，古代思想を正確に復元しようとするもので，基本的にはこの手法が現代にまで引き継がれている。　　　　　　　　（湯浅邦弘）

▷4　**春秋時代・戦国時代**
周王朝後期の時代区分。王権が衰退し，乱世となった時期。「春秋時代」は孔子が編纂したとされる魯の年代記『春秋』に記載された時期におおよそ該当し，周が異民族の圧迫を受けて遷都を余儀なくされた紀元前770年から紀元前5世紀まで。「戦国時代」は，大国の晋が韓・魏・趙に三分裂してそれぞれ諸侯として認定された紀元前403年から秦帝国が成立する紀元前221年まで。

▷5　**四書**
朱子学の時代に尊重された四つの儒教経典。漢代から唐代までは，『易経』『書経』『詩経』『礼記』『春秋』の五つが「五経」として尊重されていたが，南宋の朱子は，儒教を再編する中で，『論語』『孟子』に加えて，もと『礼記』中の篇であった『大学』と『中庸』を独立させ，「四書」とした。官吏登用試験「科挙」もここから出題されたので「四書」は多くの文人に読まれ，また，朱子学の伝来とともに日本の学問や文化にも大きな影響を与えた。

【**参考文献**】
湯浅邦弘『中国の世界遺産を旅する』中公新書ラクレ，2018年。湯浅邦弘編著『概説 中国思想史』ミネルヴァ書房，2010年。

# 中国思想の特色

## 1　政治的世界の中で形成された思想

　「諸子百家」以前の中国思想は，春秋戦国時代の各国の支配者層において，その萌芽が見られた。諸国の為政者は，史官に命じて国や王の故事を記録し，その中から教訓となるものを編集して，次世代の王や皇太子などの教戒書としていたのである。

　これを受けて，自覚的に思想を形成し，世界に向けて発信する人々が登場する。それが「諸子百家」の思想家たちである。諸子百家は，戦乱が続く現実の政治世界をどのように改変し，平和な世の中をどのように築いていったらよいかと考えた。またその思想を弟子門人に語るだけではなく，他国の王や重臣たちに直接訴えかけ，国政の中で実現しようとした。孔子や孟子が長期にわたって諸国を遊説したのはそのためである。

　このように，中国思想はその誕生の経緯からしても，きわめて政治性が強く，現実的な課題にどのように答えるかという性格を持っていた。この点，古代ギリシアやインドの哲学とは異なり，現実を超越した形而上学や時空を越えた壮大な思想という性格は薄かった。

　また，隋の時代に始まった官吏登用試験「科挙」で，儒教の経典から出題されるようになると，学問と政治との関係はより密接なものとなる。科挙に合格して官僚となった人々は，儒教の教養を持つ優れた文人であった。中国を代表する学者・詩人なども多くはこうした官僚であり，思想は，常に現実世界との関わりを逃れることはできなかったのである。

　もっとも，インドから伝来した仏教や中国古来の民間信仰を基に形成された道教は，儒教に比べれば，その政治性は薄かったと言える。しかし，仏教も道教も当時の王朝から庇護を受けたり，あるいは政治権力と対立したりすることもあるなど，政治世界と無縁ではなかった。

## 2　追究された道徳性

　こうした現実性は，まず人間とはどうあるべきか，次に，家族や共同体はどうあるべきか，そして組織・国家とは何か，というように同心円的とも言える思索を促した。孔子は人間の大切な道徳性を「仁」の語で表し，孟子はすべての人間に普遍的な善性が備わっているという「性善説」を説いた。周王朝の権

威が衰退して戦乱が絶えなかった当時，まず考えられたのは，人間とは何か，人間の道徳性はどのようなものかという点であった。

また，その過程では，人間の本性が何に基づくのかが追究され，その本源として「天」が尊重された。古代中国では，もともと人間界を支配するものとして「天帝[1]」という人格神が信仰されていたが，諸子百家の時代になると，やや観念的または理法的な「天」が想定され，その「天」が，優れた為政者に「天命」を授けて世界の支配を命ずるとともに，個々の人間の本性を保証していると考えられた。

もっとも，こうした「天」の存在や支配を否定し，人間の本性にも期待を寄せず，すべては人為や努力次第だとする思想家も存在した。孫子に代表される兵家は，天命や天運などに勝敗を委ねるのではなく，周到な準備と柔軟な戦術によって確実な勝利を得ようとした。また，韓非子によって集大成された法家の思想では，人間の道徳性などには期待せず，利を求め害を避けるのが人間の本質だとして，厳格な法による支配を提唱した。

ただ，こうした合理的過ぎる思想は，中国思想の中ではむしろ例外的な存在であった。

## ③ 「天」の呪縛を離れられなかった思想

兵家や法家に代表される合理的思想のほか，古代中国では，医学や天文学も早くから高度な発達を見せた。医学では，五臓六腑の正確な位置と役割を突きとめ，病気の原因に関する知識や治療に関する技術も蓄積されていた。また，天文学では，日食・月食の原理はもとより，太陽系の惑星の軌道・周期なども正確に捉えられていた。

ただ一方で，こうした合理的な科学と迷信的な呪術とは紙一重の関係にもあった。例えば，医学では，病因を適切に把握していながら，その治療の一環として祈祷が行われたり，五臓を陰陽五行[2]と関連させて，疾患・内臓と季節・色彩などとの因果関係を説明したりした。また天文についても，日食の原理が分かっていながら，食が始まると太鼓を叩いて太陽を励ましたり，星々の位置や流れ星の方角をもとに軍事の吉凶を占ったりした。

こうした思考の背景には，先にふれた「天」の思想がある。中国では，人間を含む森羅万象が天から生まれ，天の支配を受けていると考えられた。そのため，早熟に形成された兵学，医学，天文学などもすべて「天」の呪縛にあり，そこからなかなか離れることができなかったのである。

古代の西洋においても，こうした自然科学は，神の意志を知るためとして探究が始まったが，やがて神学からは切り離され，近代的な科学へと飛翔した。これに対して，中国の思想や科学は，長く「天」の強い影響力を逃れられなかったと言える。

(湯浅邦弘)

▷1　天帝
古代の殷王朝の時代に信仰されていた絶対的存在。人間にとっては恐るべき存在で，大きな災害は天帝の怒りだと考えられていた。人格神の性格を持つため「天帝」「上帝」などと呼ばれた。これに対して，次の周王朝の時代で信仰されたのは「天」であり，「天帝」に比べると人格神的性格は薄れ，自然の周期や天体の運行など，より理法的なものと考えられるようになった。

▷2　陰陽五行
世界の原理を陰陽の二つの気，または木火土金水の五つの気の循環で説明する思想。例えば，内臓と五気と方角の関係は，肝臓—木—東，心臓—火—南，脾臓—土—中央，肺臓—金—西，腎臓—水—北のように考えられていた。観念的なものとも言えるが，腎臓が水に関わるとするなどは，一定の臨床体験を踏まえている。
⇒Ⅶ-4「陰陽五行説」

**参考文献**
湯浅邦弘『諸子百家』中公新書，2009年。湯浅邦弘『論語』中公新書，2012年。湯浅邦弘編著『テーマで読み解く中国の文化』ミネルヴァ書房，2016年。

第 1 部

# 中国思想史

## guidance

　時系列に沿って中国思想史を概説する。諸子百家の時代を切り拓いた孔子をはじめ主要な時代の代表的な思想家を取り上げた。これらの名前を概観するだけでも，中国思想がいかに豊かで魅力的な世界であるかが分かる。

　なお，本書では難解な学術用語はできるだけ使わないようにしたが，論述上どうしても必要なものは，各項の側注に簡潔な解説を加えた。また，本書全体を通じて何度か出てくる次の用語についてはあらかじめここで紹介しておきたい。

・中原……古代中国の中央部。黄河の中下流域一帯で，歴代王朝もおおむねここに都を置いた。政権を争う主要な地であったことから，群雄が覇権を争うことを，猟師が鹿を求める姿にたとえて「中原に鹿を逐う」という。
・現行本……現在に伝わって通行しているテキスト。中国古典ははじめ手書き写本で，後に木版印刷の冊子（版本）で伝えられてきた。今に伝わるものは，おおむね活字印刷されたテキストであるが，いくつかの系統に分かれていたり，本来の姿と異なっていたりする場合もあり，要注意である。

# Ⅰ　春秋戦国時代

# 孔　子

▷1　孔子（こうし：前551？-前479）

（『歴代古人像賛』）

名は丘、字は仲尼。両親については謎が多いが、一説に父は下級武士、母は儒と呼ばれる祈禱師の家の出で、孔子が子供のころ祭祀の器を並べて遊んだのは、その影響であるという。青年時代から礼の専門家として世に立ち、一時は魯の政治家として活躍したが、失脚。生涯の多くを諸国遊説の旅に費やし、帰国後は古典の整理と弟子の教育に尽力した。

▷2　『論語』
⇨Ⅴ-6「『論語』」。司馬遷の『史記』孔子世家と並ぶ孔子に関する基礎的文献。そのほか、『孔叢子』や『孔子家語』に孔子の逸事が見える。

▷3　周公（しゅうこう：生没年不詳）
名は旦。周初（前1000頃）の名臣。文王の子、武王の弟。天子ではないが、周王朝の礼制を定めたという伝承があり、後世の儒家は聖人とした。魯の始祖でもあ

## 1　孔子の時代と自己修養の学

　孔子[1]の時代は、春秋時代（前770～前453）末期。周王朝の権威が失墜し、各地に下剋上の風潮が強まった時代である。下剋上の潮流は、孔子の祖国である魯においても同様であり、政治の実権はすでに魯君にはなく、実力者である家老たちが握っていた。『論語』[2]には、その家老の一人、季孫氏が天子にだけ許される楽舞を行う非礼を犯したことを、孔子が激しく嘆いた記事が見える（八佾篇）。孔子はそうした社会的混乱の時代にあって、周王朝が盛んであった時代、具体的には周の文化や制度を作り上げた周公[3]の政治を理想とし、礼楽や道徳によって社会に秩序を取り戻そうとした。

　秩序の回復には強制力を伴う法も有力であるが、孔子は法治を否定し、徳治を主張した。「（法制に基づく）政治で導き、刑罰で統制すれば、民は法の網をすり抜けて恥とも思わないが、道徳で導き、礼で統制すれば、民は恥を知り正しくなる」（為政篇）というのが、孔子の主張である。為政者が道徳で民を導くためには、為政者自身の人格が問われることになる。「近くの人々が喜び、遠くの人々が（慕って）やって来る」（子路篇）政治を行うためには、為政者自身が自らの人格を高める学問を積む必要があった。

　だから、孔子の学問は基本的には道徳を中心とする自己修養の学であり、理想の人格である「君子」[4]を目指すものであった。事実、孔子は弟子たちを「文（古典）・行（実践）・忠（誠実）・信（信義）」の四つで教育したという。また、孔子の私塾における授業科目である「四科」[5]には、「政事」も設けられていたが、筆頭に位置するのは「徳行（道徳的実践）」であった。孔子に始まる儒家の思想的性格は「修己治人」と総括されることが多いが、孔子はまさに「己を修める」ことによって「人を治める」ことを目指したのである。

## 2　礼と仁の思想

　孔子は、弟子たちを中心とする同時代人との対話の中で、相手の能力や立場、性格に応じた、様々な思想を語っている。ここでは、礼と仁の思想に注目したい。孔子は礼を、外側から人間を統制する規範として重視した。ただし、規範といっても、それは長い年月を経て形成された社会的慣習にほかならない。礼を守るかどうかは個人の道徳性の問題であり、刑罰を伴う法とはその性格が異

なっている。そこに，内面的な道徳である仁との接点が生じるのである。孔子は礼と仁とを関連づけて，こう述べている。「自分自身を統制して礼の規範に立ち戻るのが仁である」（顔淵篇）と。すなわち，自分自身を内省的にコントロールして礼という社会的規範を実践することが，仁という内面的徳目にも通じるというのである。孔子は仁を「自分が望まないことを人に行わないこと」と述べており，それは「忠恕」と深く関わっている。忠（まごころ）や恕（まごころに基づく他人への思いやり）には，その状況における礼を意識した内省が伴うからである。孔子は「人として仁でなければ，礼があっても何になろう。人として仁でなければ，楽があっても何になろう」（八佾篇）とも述べており，礼・楽という形式を踏むことが，そのまま仁であるとは考えていないが，少なくとも礼に，仁と並ぶ重要な位置を与えていたのである。

　「外面（文）と内面（質）がバランスよく調和してこそ君子である」（雍也篇）という言葉に注目すれば，人間の外面的な美を演出するのが礼，内面的な美の基盤となるのが仁と言えるかもしれない。孔子は仁を「人を愛すること」と述べる一方，「私たちが仁を求めれば，仁はすぐにやって来る」（述而篇）と，仁の身近さ・平易さを強調している。仁は，外に向かって知識として学ぶ必要のある礼とは異なり，自らの心の内に向かって求めれば容易に得られるものなのである。孔子が「孝（父母によく仕えること）や悌（兄や年長者によく仕えること）は仁の根本であろう」と述べ，仁よりも身近で平易な孝・悌を仁の根本としている点は，内面的徳目としての仁の性格をよく物語っている。

## ❸ 後世への影響

　孔子の思想は決して体系的なものではなかったが，後世の儒家はその一部を継承し，自らの思想の基盤に据えた。すなわち，人間の先天性を重視する孟子は仁の思想を，人間の後天性を重視する荀子は礼の思想を，それぞれ発展させた。

　ただし，孔子の後世への影響は，そればかりではなかった。孔子には，六経（『易』『書』『詩』『礼』『楽』『春秋』）の成立，整理に関わったという伝承が残されているからである。例えば，魯の年代記である『春秋』には，一字一句に孔子の**微言大義**が込められているとされ，『**春秋公羊伝**』を代表とする専門的注解を生んだ。また，「文学（古典研究）」という科目を設け，古典を重視した孔子自らが『詩』『書』の整理に携った可能性は否定できないし，「『詩』三百篇を一言で評すれば，思い邪なしである」（為政篇）という孔子の言葉は，現行本『詩経』の篇数ともおおむね一致している。

　そうした伝承がすべて事実であったとは限らないが，それらの経典は，孔子の生涯や思想を伝える『論語』とともに，後世の中国および東アジア世界に多大な影響を与え続けたのである。　　　　　　　　　　（佐藤一好）

り，孔子が生涯尊敬した人物。『論語』述而篇には，孔子がよく周公の夢を見たことが伝えられている。

（『三才図会』）

▷4　君子
知・仁・勇の三者を備えた教養人。孔子の学問の目的は，聖人ではなく，君子。対立概念は小人。

▷5　⇨Ⅺ-1「孔子の死と門人たちの活動」

▷6　⇨Ⅰ-2「孟子」

▷7　⇨Ⅰ-3「荀子」

▷8　六経のうち，音楽に関する『楽』だけは伝わらず，残る五つの経典を五経と呼ぶ。⇨Ⅴ-1〜5「『周易』〜『春秋』」

▷9　微言大義
微妙な言葉に込められている理想や主張，あるいは批判。

▷10　『春秋公羊伝』
『春秋』の注解。『春秋』に記録された史実の背後にある意味を解明。⇨Ⅴ-5「春秋」

（参考文献）
金谷治『孔子』講談社学術文庫，1990年。湯浅邦弘『論語』中公新書，2012年。加地伸行『孔子』角川ソフィア文庫，2016年。

# I　春秋戦国時代

# 2　孟　子

▶1　**孟子**（もうし：前
372？-前289？）

（『聖廟祀典図考』）

山東省の鄒国の出身。名は
軻，字は子輿，子車。孔子
の孫である子思の門人に学
んだという。梁・斉・滕な
どの諸国を遊説し，儒家の
理想とする政治を説いたが，
受け入れられず，晩年は郷
里に帰り，弟子たちの教育
にあたった。幼少期の逸話
として，孟母断機・孟母三
遷の教えが有名である。⇨
[VI-2]「『列女伝』」

▶2　**戦国の七雄**
戦国時代の七つの強国。す
なわち，韓・魏・趙・斉
（田氏の斉）の四つの新興
国と，秦・楚・燕の三つの
旧国をいう。

▶3　⇨[I-1]「孔子」

▶4　**王道政治**
聖人の治世を模範とする儒
家の理想的政治。武力によ
る覇道ではなく，為政者が
仁徳によって民を教化する
政治。

## 1　孟子の時代と王道政治

　**孟子**は，**戦国の七雄**が抗争を繰り広げる戦国時代中期に活躍した思想家であ
る。孔子の後継者を自任し，諸国の君主たちに真正面から情熱的に**王道政治**の
理想を説いた。例えば，『**孟子**』冒頭，梁の恵王との会見では，いきなり利益
を口にした恵王に対し，「王よ，どうして利益を問題にされるのですか。大切
なのは仁義だけですぞ」と言い放った（梁恵王上篇）。また，春秋時代の**覇者**に
関心を寄せる斉の宣王に対しても，武力による覇道政治ではなく，民生の安定
を目的とする王道政治を行うべきであると力説した。そして，そうした王道政
治の実現に向けて孟子が滕の文公に説いた具体的政策が，均分主義の理念に基
づく**井田制**と呼ばれる土地制度であった。要するに，孟子は，孔子の「仁」の
思想を継承し，為政者が「仁義」の心に基づく王道政治を行えば，社会に秩序
と安定をもたらすことができると信じていたのである。

　孟子によれば，仁とは人間の「安宅（安らかな住居）」，義とは人間の「正路
（正しい道）」である（離婁上篇）。さらに，孟子はこう説明している。「仁とは人
間に本来備わる心であり，義とは人間が通るべき道である。しかし，人はその
道を捨て去って通ろうとせず，その心を失っても探そうとしない。嘆かわしい
ことだ。人は自分の飼っている鶏や犬がいなくなれば，それを探し求めるのに，
大切な心を失っても，それを探そうとしない。学問の道はほかにない。失った
心を探し求めるだけである」（告子上篇）と。孟子は，もちろん為政者にも，自
らの内に向かって人間に本来備わる心を取り戻すことを求めたであろう。為政
者が仁の心を取り戻し，義の道に立ち返りさえすれば，王道政治を行うことが
可能になるからである。

## 2　性善説と四端説

　その点をさらに理論的に説明し，孟子の王道政治の基盤となっているのが，
人間の本性を善とする「性善説」（告子上篇）と「四端説」（公孫丑上篇）であ
る。

　まず，荀子の性悪説と対立する，性善説の概略を見よう。すなわち，孟子は，
「人間の本性には善も不善もない」と主張する告子の説に反論する形で，こう
断言する。「人間の本性が善であるのは，水が低い方へ流れるようなものであ

る」と。水が必ず低い方へ流れるように，人間には善へと向かう本性がある，というのである。では，なぜ悪が存在するのか。孟子はその原因をこう説明する。「もし水を手で打ってはね上げさせれば，人の 額 をも跳び越えさせることができる。また，激しく水を逆流させれば，山の上までも押し上げることができる。しかし，それは決して水の本性ではなく，外から加わった力がそうさせるに過ぎない。人間が時として悪をなすのは，本来の性質とは異なる力が外から加わったからである」と。要するに，孟子は人間社会における悪の存在を認めた上で，それを本性とはせず，善なる本性が外的要因（環境や人間関係など）によって一時的に悪となっているに過ぎない，というのである。

　論理の妥当性の問題はさておき，人間の本性が善であれば，王道政治を行う為政者の道徳性も保証されたことになろう。孟子は実際，諸国歴訪中も，君主やその候補者たちにしばしば「性善」を説いたようである。「滕の文公がまだ皇太子であったころ，楚に赴こうとしたが，宋に孟子が滞在しているのを聞いて面会に訪れた。孟子は性善を説き，口を開けば必ず 古 の聖人である 堯・舜 を引き合いに出した」（滕文公上篇）。

　では，善なる本性とは具体的にどのようなものか。それに答えるのが「四端説」である。人間には先天的本性として，惻隠・羞悪・辞譲・是非の四つの心が備わっている。惻隠（憐れむ）の心は仁の，羞悪（悪を恥じ憎む）の心は義の，辞譲（譲り合う）の心は礼の，是非（よしあしを見分ける）の心は智の「端（芽生え）」である。そして，この「四端」を拡大・充実して仁・義・礼・智とすることができれば，天下を治めることも可能である，と孟子は言う。つまり，孟子の王道政治は，為政者が自らの内に先天的に備わる善性の芽生えを自覚し，それを育成することを前提とするものであったと言えよう。

## ③ 後世への影響

　孟子の後世への影響力は大きい。宋代に『孟子』が『論語』『大学』『中庸』と合わせて「四書」と呼ばれるようになって以後，特にその傾向は強まる。ここでは，明代の王守仁の学説に対する影響を指摘しておく。孟子は，人間に生まれつき備わる能力として「良知」「良能」を説いている（尽心上篇）。孟子の仁義や四端説とも関わる重要な考え方であるが，王守仁はその「良知」を『大学』の「致知」と組み合わせて，陽明学の中心思想「致良知（良知を実現する）」説を唱えたのである。

　『孟子』の影響は，もちろん日本にも及んでいる。例えば，**佐久間象山**は，弟子の**吉田松陰**の密航事件に連座して入獄中，『孟子』（告子下篇）の「天が大きな任務を人に下そうとするときには，必ず先に艱難辛苦を与えるものである」という趣旨の一章を毎日読み上げ，自らの精神を鼓舞していたという。隣室に入獄していた松陰が『講孟余話』に記している。　　　　（佐藤一好）

▷5 『孟子』
孟子の思想と言行を伝える書。梁恵王篇をはじめとする7篇。現行本は各篇をそれぞれ上下2篇に分ける。弁舌巧みで，情熱的な孟子の人柄が随所にうかがえる。革命を肯定する発言が見えることから，危険視されたこともある。

▷6 覇者
斉の桓公や晋の文公のように，武力によって諸侯のリーダーとなった者たち。

▷7 井田制
正方形の土地を井の字形に区分し，周囲の八区を私田とし，中央の一区を公田として八家が共同で耕作する制度。

▷8 ⇒Ⅰ-3「荀子」

▷9 ⇒Ⅳ-4「義」

▷10 ⇒Ⅲ-4「王陽明」

▷11 佐久間象山（さくましょうざん：1811-64）
幕末の思想家。吉田松陰の師。

▷12 吉田松陰（よしだしょういん：1830-59）
幕末の思想家。『講孟余話』（別名『講孟箚記』）は，その『孟子』講義録。

（参考文献）
内野熊一郎『孟子』明治書院，1962年。金谷治『孟子』岩波新書，1966年。佐野大介『孟子』角川ソフィア文庫，2015年。

# Ⅰ　春秋戦国時代

## 荀　子

（台北・故宮博物院蔵）

▷ 1　**荀子**（じゅんし：前
320？-前230？）

趙国の人。名は況。荀
卿・孫卿とも呼ばれる。諸
国を歴訪し，斉国の「稷
下の学」で三たび学長の座
に就き，楚国の春申君の
もとで地方長官となったが，
政権の中枢に活躍すること
はなく，数多くの著述を残
してこの世を去った。

▷ 2　**商鞅**（しょうおう：
？-前338）

秦の孝公に仕え，法家思想
に基づく政治改革を断行し，
秦国を強大化した。⇨
Ⅺ-3「商鞅の変法と法治
主義」

▷ 3　⇨ Ⅳ-5「礼」

▷ 4　⇨ Ⅰ-1「孔子」

▷ 5　⇨ Ⅰ-2「孟子」

### ❶　荀子の時代と礼治論

　**荀子**[1]の時代は戦国末期。**商鞅**[2]の変法と呼ばれる政治改革によって急速に強大化した秦が天下統一への足どりを強めていた時代である。荀子はその激動の時代にあって，伝統的な社会規範である「礼」[3]に注目し，礼こそが人間を，そして国家や社会を秩序へと導く鍵であると考え，有名な性悪説を基盤に礼治論を展開した。

　孔子[4]に始まる儒家は，政治思想として徳治を説くのが基本であり，荀子ももちろん為政者の道徳性を重視する。しかし，戦国中期に「仁義」に基づく王道政治を説いた孟子[5]とは異なり，荀子は人間の行為を外側から規制する礼を統治論の中心に据えた。「礼は政治の極致であり，国を強固にする根本であり，威光を行う手段であり，功名を遂げる大本である。王公は，これによれば天下を手にすることができるが，これによらなければ国を失う」（『**荀子**』[6]議兵篇）と。

　荀子によれば，「礼とは，身分に応じた等級であり，年齢に応じた区別であり，経済的立場や社会的立場に応じたふさわしさである」（富国篇）。つまり，礼の機能は貴賤・長幼・貧富・軽重を区別することにある，というのである。荀子にとって，礼は，人間を様々な基準で区別し，国家や社会に秩序をもたらす装置であったと言えよう。

　ところで，礼治を主張する荀子も，実はしばしば「法」に言及している。「法は政治の端緒であり，君子は法の源である」（君道篇），あるいは「礼を否定することは法を無視することである」（脩身篇）と。荀子の礼は，法と礼とを対立するものと考えていた孔子とは異なり，むしろ法に接近している。その背景には，法治による秦の強大化という無視することのできない現実があった。しかし，荀子はあくまでも儒家であり，法の強制力を統治論の中心に据えることはなかった。礼を中心とする「道徳の威厳」を信じたのである。

### ❷　性悪説とその周辺

　荀子の礼治論の基盤となっているのは性悪説である。すなわち，荀子は孟子の性善説を批判し，「人の本性は悪であり，その善は作為の結果である」（性悪篇）と説く。荀子によれば，人間は生まれながらにして利益を好み，妬んだり憎んだり，五官の欲望のままに行動するなどの悪しき性質を持つ。そうした性

質に従って生きれば，奪い合いや傷害，節度を失った惑乱が生じるばかりで，社会は無秩序な混乱状態に陥ってしまう。荀子はそう考えて，人間の先天的本性を悪とする。しかし，だからこそ人間は，そうした悪しき性質を後天的な作為，すなわち学問と礼によって改めるべきである，と主張する。換言すれば，荀子は人間の本性が悪であることを認めた上で，それを改める努力の重要性を訴えているのである。その努力こそが，学問をすることと，礼を身につけることであった。

　したがって，荀子の性悪説は，当然のことながら，その礼治論と深く関わっている。例えば，荀子は，礼の起源をおよそ次のように説く（礼論篇）。人には生まれつき欲望があり，人々が欲望を際限なく追求すれば，社会は混乱に陥る。そこで 古 の聖人が礼を制定し，人々の欲望に制限を設け，適度にコントロールしたのである，と。すなわち，礼には起源的にも，本性としての欲望を規制する役割が期待されていたのである。

　また，性悪説における努力の重要性の主張は，「学問は中途でやめてはならない。青色は藍草から取るが藍よりも青く，氷は水からできるが水よりも冷たい」（勧学篇）という言葉に象徴される荀子の学問論にも直結するであろう。人間の本性を悪とした荀子は，初歩的な学問や礼に，人間を外側から規制する役割を担わせたが，善人となった後も学問を継続することによって，君子さらには聖人を目指すべきであると説く。そして，その学問を「古典の暗誦に始まり，礼の読解に終わる」と述べている。荀子における礼は，学問論においても重要な位置を占めるのである。

## ③　後世への影響

　荀子の後世への影響として特筆すべきは，その門下に法家思想を集大成した韓非子[7]と，秦の宰相となった**李斯**[8]が出たことであろう。性悪説を基盤とする荀子の礼治論は，『韓非子』の思想を通して，秦という巨大な中央集権国家を治める法治の理論にも影響を与えたと考えられる。

　また，直接的な影響として，荀子の礼の思想が漢代の『礼記』[9]や『**大戴礼記**』[10]の成立に果たした役割も見逃せない。例えば，『大戴礼記』には，事実として『荀子』を踏襲した文章が多く，その礼三本篇は『荀子』礼論篇の記述とほぼ一致している。

　なお，荀子には「天人の分」と呼ばれる思想もある。中国には古くから，神格としての天が人の善行には福を与え，悪行には罰を下すという迷信的な思想があった。しかし，荀子はそれを否定し，天は単なる自然物に過ぎず，人の行為には無関係であると主張した。天との関係を否定することによって，人為すなわち努力の重要性を説く思想であり，後世の**柳宗元**「天説」や，**劉禹錫**「天論」は，この系譜に連なるものと言えよう。　　　　　（佐藤一好）

▷6　『荀子』
荀子の思想・学説を伝える書。荀子の自著と，その後学が荀子の言説を編集した部分とからなる。現行本は32篇。内容は多岐にわたるが，全体に統一性があり，論理的な荀子の思想をほぼ忠実に伝えているとされる。

▷7　⇒ I-10 「韓非子」

▷8　李斯（りし：？−前208）
秦の政治家。始皇帝が天下を統一すると，宰相となった。郡県制（中央集権的な地方行政制度）の採用，焚書坑儒，度量衡や文字の統一など，秦の政策は，李斯の建議による。⇒ XI-4 「秦の始皇帝による焚書坑儒」

▷9　⇒ V-4 「『礼記』」

▷10　『大戴礼記』
前漢の戴徳が編集した礼の記録。現存するのは39篇。

▷11　柳宗元（りゅうそうげん：773-819）
中唐の文人，政治家。「天説」において，人間界を支配する天の存在を否定した。

▷12　劉禹錫（りゅううしゃく：772-842）
中唐の文人，政治家。「天論」は，柳宗元の「天説」を補ったもの。

**（参考文献）**
金谷治『荀子』全2冊，岩波文庫，1961〜62年。内山俊彦『荀子』講談社学術文庫，1999年。湯浅邦弘『荀子』角川ソフィア文庫，2020年。

# I　春秋戦国時代

## ④ 墨　子

### ① 墨子と「兼愛」の思想

　墨家は，儒家と並んで諸子百家を代表する有力な学派である。創始者は墨子[1]であるが，その生涯には謎が多い[2]。もっとも，およその活動時期は戦国初期と推定されており，その頃，魯の地を拠点に，「兼愛（自分を愛するように他人を愛そう）」や「非攻（侵略戦争反対）」をスローガンとする学団を組織し，儒家とは異なる実践的活動を開始したようである。墨子と門人たちの思想や活動を伝えるのが『墨子』[3]であり，兼愛や非攻を含む十論と呼ばれる部分[4]が，おおむね創始者である墨子の思想とされている。

　そこで，まず「兼愛」の思想を見よう。墨子は社会が乱れる原因を，次のように分析する。すなわち，社会が乱れるのは，人々が自分だけを愛して他人を愛さないからである。自分の利益だけを追求して他人の利益を損なうからである。親子・兄弟・君臣などの人間関係が乱れるのも，盗賊や侵略戦争が起こるのも同じ理由である。要するに，社会が乱れるのは人々が互いに愛し合わないからである，と。だからこそ，墨子は兼愛を説き，すべての人々が自分と同じように他人を愛すれば，平和な社会を実現できる，と主張したのである。

　この，愛こそが社会を救うという墨子の兼愛は，その後も墨家の中心思想であり続けたが，戦国中期の孟子はそれを当時流行していた楊朱[5]の思想とともに，およそ次のように批判している（『孟子』滕文公下篇）。すなわち，楊朱の立場は自分のことだけを考える「為我（個人主義）」であり，君主を無視することにつながる。一方，墨子の立場は他人を自分と同じように愛する「兼愛」であり，結果として父親を無視することにつながる。君主や父親を無視するのは動物と同じであり，極端で反社会的な思想である，と。

　このように，孟子は，自分と他人を区別することのない墨子の兼愛が，それを徹底することによって，他者に対する無差別平等の博愛ともなり得る可能性を問題にしているのである。儒家の「仁」も「人を愛すること」には違いないが，それはもとより博愛ではなく，近親者である父親への愛を頂点として，親疎に応じて愛に差等を設ける「別愛」であった。その意味で，墨子の兼愛は，儒家にとっては許容することのできない思想だったのである。ちなみに，墨子には，この兼愛以外にも，費用の節約を説く「節用」，埋葬の簡略化を説く「節葬」，音楽の弊害を説く「非楽」など，儒家と対立する思想が多い。

（山東省・墨子紀念館）

▷1　墨子（ぼくし：前470？-前400？）
宋国の人，一説に魯国の人。名は翟。『史記』孟子荀卿列伝には，「思うに墨翟は宋国の大夫であり，国を防御する戦術に長け，倹約を説いた」とある。

▷2　例えば，墨子の墨は，姓ではなく顔の色で，倹約して体を酷使するあまり顔が青黒くなったとする説や，墨は入れ墨の意で，墨子は受刑者か奴隷であったとする説など，墨子の出自には謎が多い。

▷3　『墨子』
もと71篇。現存するのは53篇。耕柱・貴義・公孟・魯問の四篇には，墨家が誕生した当時の様子が反映されている可能性がある。

▷4　兼愛・非攻に，尚賢・尚同・節用・節葬・天志・明鬼・非楽・非命の八つを加えたものが十論。

## 2 「非攻」とその実践的活動

　人々が互いに愛し合うことを理想とする墨子にとって，強大国による弱小国への侵略戦争は，兼愛の理念に真っ向から反する行為であり，断固反対し，それを阻止する必要があった。

　墨子によれば，国家による侵略戦争は，窃盗や強盗・殺人などの個人による犯罪と同質の，自国の利益だけを考えて他国に損害を与える行為であり，それが大量殺人である点を考慮すれば，まさに最大にして最悪の犯罪と言える。にもかかわらず，そうした国家による犯罪は，ともすれば正義の戦いとして美化され，正当化されてしまう。しかし，それは断じて誤りである。

　墨子はそう考えて，非攻を主張するとともに，侵略戦争を阻止する実践的活動を行った。具体的には，「鉅子(きょし)」と呼ばれるリーダーの統率のもと，強力な戦闘集団を組織し，侵略戦争によって窮地に陥った弱小国があれば，救援に赴き，得意の防御戦術を駆使してその危機を救った。事実，墨子の自伝的性質を持つとされる公輸篇(こうしゅ)には，墨子自身が非攻を実践し，楚国の侵略から宋国を守ったことが記されている。ちなみに，儒家も不義の戦争には反対するが，墨家のような救援活動を組織的に行うことはなかった。

## 3 墨家の消滅と後世への影響

　戦国末期までは，儒家と並んで有力な学派であった墨家。しかし，不思議なことに，秦漢帝国の成立とともに，墨家は消滅してしまう。その要因の一つと推定されているのは，秦の始皇帝(しこうてい)(在位前221-前210)による思想弾圧，いわゆる「焚書(ふんしょ)」である。この弾圧の対象には儒家だけでなく，儒家と同じく『詩』『書』を重んじた墨家も含まれており，強力な弾圧の結果，特異な思想集団であった墨家は，その組織性と義に殉じる精神のゆえに，自ら消滅への道を選んだ可能性があるという。

　いずれにせよ，漢代以後，墨子の思想は歴史の表舞台から姿を消すことになる。その思想が再び脚光を浴びるのは，清代になってからのことである。すなわち，考証学者たちの手で『墨子』本文に整理と注釈が加えられると同時に，欧米諸国からの圧迫を背景として，『墨子』と西洋思想との類似性に関心が向けられたからである。以後，現在に至るまで，『墨子』は様々な観点から評価されている。その中には『墨子』の特異性を物語る「墨子はインド人である」論争などもあり，興味深い。

　『墨子』には，兼愛や非攻のように，現代社会の抱える問題とも深く関わる普遍的側面があるだけでなく，光学や力学などの科学技術的な側面もあり，中国における科学技術の源流として注目されている。墨子が現在，中国で「科聖」と呼ばれるのはそのためである。

（佐藤一好）

▷5　楊朱（ようしゅ：生没年不詳）
徹底した個人主義者。孟子は，社会のために身を粉にして働く墨子と，個人主義者の楊朱を両極端として批判した。

▷6　備城門篇・備高臨篇・備梯篇などに，具体的な防御戦術が見える。

▷7　例えば，孔子は権力者の季氏が魯国の保護下にあった顓臾(せんゆ)という小国を討とうとしたとき，季氏を諫めることができなかった弟子を激しく叱責した（『論語』季氏篇）。

▷8　焚書
『詩』『書』や諸子百家の書などを焼き払った事件。学者たちを穴埋めにした「坑儒(こうじゅ)」と併称される。⇨XI-4「秦の始皇帝による焚書坑儒」

▷9　墨家の，義に殉じる精神は，孟勝(もうしょう)率いる墨家集団が，依頼を受けた防衛戦に敗れた責任をとり，集団自決した事件に象徴的である（『呂氏春秋』上徳篇）。

▷10　墨子の中心思想にインド仏教との類似性があること，墨子の皮膚の色が黒かったとする記録があることなどから，中国で「墨子はインド人である」という論文が発表され，それをめぐる論争が繰り広げられた。

（参考文献）
山田琢『墨子』全2冊，明治書院，1975・87年。浅野裕一『墨子』講談社学術文庫，1998年。草野友子『墨子』角川ソフィア文庫，2018年。

# I　春秋戦国時代

# 管　子

▶1　管子（かんし：？-
前645）

（『集古像賛』）

名は夷吾，字は仲，諡
は敬。管子のほか，管仲・
管敬仲とも呼ばれる。斉国
の内乱後，桓公が即位する
と，内乱に敗れて囚われの
身となっていた管子は，鮑
叔の推薦を受け，桓公に仕
え，宰相となった。

▶2　春秋の五覇
春秋時代，周王朝の権威が
衰えると，諸侯の有力者が
尊王攘夷（周王朝を尊び異
民族を退ける）をスローガ
ンに，諸侯を集めて同盟を
結び，そのリーダーとなっ
た。それを覇者と呼び，代
表的な五人を春秋の五覇と
呼ぶ。五人の数え方には異
説があるが，斉の桓公と晋
の文公の二人は必ず入る。

▶3　『管子』
管子の思想や故事を伝える
書。もと86篇。現存するの
は76篇で，内容はきわめて
多様。経済論を中心とする
軽重諸篇，師弟関係のあり

## ❶　管子と「牧民」の思想

　**管子**[1]は，**春秋の五覇**[2]の一人，斉の**桓公**（在位前685-前643）に仕えた名宰相で
ある。経済政策を主軸とする富国強兵策を推進し，斉の国を強大化し，桓公を
覇者（武力を背景とする諸侯のリーダー）の地位へと導いた。ちなみに，管子を
桓公に推薦したのは親友の**鮑叔**であり，二人の厚い友情はいわゆる「管鮑の
交わり」として知られる。

　管子の思想は，同名の**『管子』**[3]に伝えられている。しかし，現行本『管子』
は管子の自著ではなく，その成立も篇によって春秋時代から漢代初期までと幅
がある。内容も，儒家・道家・法家・兵家など，種々の思想が混在しており，
**雑家**[4]的性格が強い。しかし，管子の思想を比較的よく伝えている牧民篇をはじ
め，『管子』の基調は，富国強兵を目的とする政治・経済論にあると言えよう。

　そこで，まず牧民篇に焦点を絞り，管子の政治論を見る。そもそも，「牧民」
とは「民を養い育てる」ことである。極論すれば，為政者がどのように民を養
えば，国家に有用な民として育つかを説くのが，牧民篇と言える。その牧民篇
の有名な言葉を，**司馬遷**[5]が『史記』の管子伝に引いている。「（民は）米倉が充
実してはじめて礼節を知り，衣食が充足してはじめて栄辱を知る」がそれであ
る。要するに，民を養うには，道徳で教化するより，物質面での要求を満たし
てやるのが効果的だ，というのである。管子の現実主義と，民生の安定を重視
する姿勢がうかがえよう。

　管子はさらに「政治が順調に行われるのは，民の心に従うからである」と述
べ，民の要求を積極的に満たすことを主張している。しかし，管子が民生の安
定を図り，民の要求を満たすのは，それが結果として国力の充実に直結するか
らである。「（民に）与えることは（結果として）取ることである」という言葉が，
その点をよく物語っている。

　したがって，管子の政治は，為政者が道徳性によって民を感化する儒家の政
治姿勢とは，本質的に異なる。管子も道徳を説くが，それよりも結果としての
経済の充実を重視している。その意味で，管子の政治思想は，儒家よりも，結
果を重視する法家に近いと言えるかもしれない。事実，『**隋書**』経籍志という
図書目録以後，『管子』は法家に分類されることが多い。

## ② 『管子』の法家的側面と道家的側面

　『韓非子』五蠹篇[16]には，管子が商鞅[17]とともに「商・管の法」と併称されており，桓公という覇者を輔佐した管子に何らかの法家的側面があったことは否めない。事実，現行本『管子』には，多様な法家的側面が認められる。例えば，法禁篇の，法制の確立・刑罰の厳正化・爵位や俸禄の適正化こそが内政の根本である，という主張がそれである。また，任法篇には，「法を生ずる者は君主であり，法を守る者は臣下であり，法にのっとる者は人民である。（しかしながら）君主も臣下も，上の者も下の者も，高貴な者も卑賤な者も，すべて法に従う。それを最上の治という」とある。すなわち，法の制定・維持・遵守と，それぞれ役割は異なるものの，君主も臣下も人民も，法に従うという点では同じである。それが理想の法治である，というのである。管子自身の思想とはもちろん断定できないが，興味深い法治論と言えよう。

　ところで，『管子』には，法家的側面とともに重要な，道家的側面がある。実は，『管子』は，『漢書』芸文志という最古の図書目録では，道家に分類されていたのである。現行本『管子』の心術上・心術下・白心・内業の四篇には，特にその傾向が顕著である。例えば，白心篇の，次のような主張がそれである。「知恵の働きが天地四方に及ぶ者は，生命を阻害されることになる。器に水を満たしたまま，持ち続けるのは危険である。名声が天下に広まれば，それでやめるのがよい。功名を遂げれば身を退くのが，天の道である。栄え過ぎている国に，仕官してはならない。栄え過ぎている家に，娘を嫁がせてはならない。おごり高ぶった乱暴者と，交際してはならない」。明哲保身の処世術を説く『老子』[18]との類似性は明らかであろう。

## ③ 後世への影響

　管子については，春秋末期，すでに孔子が様々な評価を行っている[19]。ここでは，次の言葉に注目したい。「管仲は桓公を輔佐し，覇者とならせて，天下を正した。人々は今もその恩恵を受けている。管仲がいなければ，我々は異民族の風俗に染まっていたであろう」（『論語』憲問篇）。孔子は，管子を全面的には認めないが，桓公を輔佐して，天下を異民族の侵略から救った功績については高く評価しているのである。

　最後に，現代への影響を指摘しておく。『管子』権修篇には，「一年を目安とする計画なら，穀物を植えるのが一番だ。十年を目安とする計画なら，木を植えるのが一番だ。一生を目安とする計画なら，人を植えるのが一番だ」とある。実はこの一節から，現代中国のことわざ「十年樹木，百年樹人（木を育てるには十年，人を育てるには百年）」が生まれた。人材育成には時間がかかること，また，その難しさを意味する格言である。

（佐藤一好）

方を説く弟子職篇，環境論としての地員篇など，独特の主張も多い。「稷下の学士」と呼ばれる斉の学者たちによって編纂された可能性がある。

▷4　雑家
古代の思想や学説を総合，折衷した学派。⇨ Ⅱ-1「『呂氏春秋』」

▷5　司馬遷（しばせん：前145?−前86?）
『史記』を著した前漢の歴史家。『史記』管晏列伝（管子と晏子の伝記）の末尾には，司馬遷自身『管子』牧民篇ほか数篇を読んだと明記している。

▷6　五蠹篇
『韓非子』の中でも，韓非子の自著とされる重要な篇。⇨ I-10「韓非子」

▷7　⇨ XI-3「商鞅の変法と法治主義」

▷8　『老子』第9章によく似た表現が見える。⇨ I-6「老子」

▷9　管子に対する孔子の評価は，『論語』八佾篇に一回，憲問篇に三回見える。八佾篇では「器が小さい」と述べている。

【参考文献】

柿村峻『管子』明徳出版社，1970年。遠藤哲夫『管子』全3冊，明治書院，1989・92年。松本一男『管子』徳間書店，1996年。

# I　春秋戦国時代

 老　子

## 1　老子の実在性

老子は，『老子』の著者とされる人物であるが，その実在に関しては明らかでない。

その原因の一つが，確かな伝記の不在である。老子を知る第一の手がかりとなるのは，『史記』老子韓非列伝であるが，李耳という人物の伝記のほかに，異説として，老萊子・太史儋という二者の伝記が併載されており，司馬遷（前145？-前86？）が『史記』を記した頃には，すでに老子の伝承が不確かになっていたことが分かる。さらに，李耳伝には，老子（李耳）の出身地を，楚の苦県厲郷曲仁里と記すが，「苦（くるしい）」県の「厲（はやり病）」郷の「曲仁（仁を曲げる）」里との地名は，逆説を駆使して儒家的価値観を否定した老子に合わせて創作されたものである可能性が高い。また，当時の思想家は一般的に，「姓＋子」と呼称されるが，老子は「李子」でなく「老子」と称される。ここから，「老子」とは「老先生」という一般名詞であり，特定の個人としての老子の存在を疑う説も提唱されている。

原因のもう一つが，『老子』に固有名詞が見えないことである。『老子』の論述は抽象性が高く，人名や地名，さらには事件や老子の言行といったものもいっさい見えず，ここから老子の実在を明らかにすることはできない。

おそらく，複数の人物の言説が長い時間をかけてまとめられたのが『老子』であり，老子とは，その著者として想定された架空の存在なのであろう。

## 2　『老子』とその思想

老子は道家の祖とされる。道家とは，文字通り「道」を説く思想家であり，『老子』も多く道を説いている。儒家も道を説くが，儒家が主として説く道とは，人が社会において踏み行うべき規範であり，いわば「人道」である。これに対して，老子や荘子といった道家の説く道とは，人間や自然を含めた万物の根源たる原理・原則であり，いわば「天道」である。『老子』に記された，「道が一を生み出し，一が二を生み出し，二が三を生み出し，三が万物を生み出す」（第42章）といった宇宙生成論は，このことをよく示している。

また，『老子』が重視するのが，「無為自然」「無用の用」といった思想である。「無為自然」とは，「人の営為が加わらない自然な状態」を指す。儒家は人

▷1　思想家の呼び名の「子」とは「先生」の意。例えば，孔子は姓が孔，名が丘のため，孔（姓）＋子（「先生」）で「孔子」と称される。荘子は姓が荘，名が周のため「荘子」，孫子は姓が孫，名が武なので「孫子」となる。

▷2　20世紀末，新たに出土した道家系文献の郭店楚墓竹簡『太一生水』には，「太一が水を生み出し，水が万物を生み出した」と記されており，当時，道家の中にも様々な宇宙生成論が存在したことが分かる。

為（人為的努力）を重んじるが，道家は人がその知識を振り回し，完成された自然状態の調和を乱すことこそが，すべての問題の根幹だと考えるのである。

また，「無用の用」とは，役に立たないと思われているものが，実は大きな役割を果たしているという意味で，固定された物の見方を離れて，価値観を逆転させることを主張している。

これらが，『老子』に特徴的な，柔弱・謙譲・無知・無欲などを尊ぶ逆説的な論法として成立する。例えば人生観としては，儒家の説く積極性に対して，「学ぶことをやめれば憂いもなくなる」（第20章）といった消極的な方策を推奨し，儒家の重んじる仁義に対しては，「大いなる道が廃れたために仁義が主張される」（第18章）として，そもそも仁義といった人間の道徳が評価されるような現状こそが望ましくないと否定する。

ただ，『老子』は単なる消極性を是とするのではなく，こうした消極的に見える方向こそが実は真の幸福につながる道である，との考えをその根本に有する。「足るを知る者は富む」（第33章）といった論法はそれをよく表している。

『老子』において，水はこうした考えの象徴とされており，「水は万物の生長を助けて，しかも競い争うことがなく，多くの人が蔑む低い場所に止まっている。だからこそ道に近い」（第8章），「天下に水より柔らかく弱いものはないが，堅く強いものを攻めるのに水に勝るものはない」（第78章）などとされる。

さらには，消極性を根拠とした強い政治への関心も見え，国土が小さく住民も少ない国こそが理想郷であるとする「小国寡民」，無為を会得した聖人の政治こそが理想郷を実現できるとする「無為の治」を主張する。

## ③ 老子のその後

先秦時代に成立したと考えられる『老子』は，前漢初期には，伝説上の聖王である黄帝の思想と並べて「黄老」と称されたが，魏晋以降には『荘子』と並べた「老荘」との呼称が一般的になる。このころ老荘思想および易学をベースにした世俗を離れた高踏的な哲学議論が流行し，これを清談という。また，五斗米道や太平道といった民間信仰や神仙思想が老荘思想と一体となり，中国固有の宗教である道教が生まれた。道教において老子は神格化され，**太上老君**の名で神仙として尊崇された。その後，道家思想（道教）は，「昼（公的生活）は儒教，夜（私的生活）は道教」と言われるほど人々にとって一般的なものとなってゆく。唐代に至ると，皇家の姓が李であったことから老子（李耳）がその始祖とされ，道教は王朝から篤く尊崇・保護された。老子には，皇帝より，太上玄元皇帝・大聖祖高上大道金闕玄元天皇大帝といった尊号が贈られた。

20世紀後半より，中国で盛んに遺跡の調査が行われるようになると，『老子』の古代写本が相次いで発見され，新たな研究の進展が見込まれている。

（佐野大介）

▷3 『老子』には，「車輪が回転できるのは，その中心に何もない空間があるからで，器で役に立っている（物が入る）のは，器本体ではなく器に囲われた何もない空間である。同様に，部屋で役に立っている（物が入る）のも，壁や床など部屋を構成する物質ではなくそれらに囲われた何もない空間である」といった例があげられている。この「何もない空間」こそが『老子』のいう「無」にあたる。

▷4 この他，赤子・女性なども，「一見弱く見えて実は最も強いもの」の例とされる。

▷5 ⇨Ⅱ-5「清談・玄学」

▷6 太上老君（たいじょうろうくん）

（『三才図会』）

▷7 ⇨Ⅻ-5「新出土文献の発見」

（参考文献）

金谷治『老子』講談社学術文庫，1997年。加地伸行編『老子の世界』新人物往来社，1987年。湯浅邦弘『入門　老荘思想』ちくま新書，2014年。

# Ⅰ　春秋戦国時代

##  7　荘　子

（『三才図会』）

▶1　荘子の伝は，老子韓非列伝の附伝。

▶2　荘子（そうし：前365？−前290？）
名は周。

▶3　⇨ Ⅰ-8 「恵施・公孫龍子」

▶4　「猿使いが猿に餌をやる際，朝三つ夕方四つ与える，と言うと猿は皆怒ったが，朝四つ夕方三つ与えると言うと猿は皆喜んだ」（斉物論篇）。

▶5　「私は夢の中で蝶となり，自由に飛び回ったが，目覚めるとやはり私であった。これは，私が夢で胡蝶となったのだろうか，胡蝶が夢で私となったのだろうか」（斉物論篇）。

### ① 荘子の人物像

　『史記』の荘子伝によれば，荘子は，文事が巧みで，世事や人情の本質をつかみ，儒家や墨家を攻撃して，誰もその舌鋒を逃れることはできなかったという。荘子は俗世の政治や己の栄達には何の興味も示さず，何事にも囚われず，自然の心のままに生きることを求めた。楚の威王が荘子に政治を任そうと考え使者を送ったが，荘子は楚の宝とされる亀の甲羅を例にとり，「亀は，死んで宝物として敬われるより，生きて泥中に尾をひきずっている方を望むだろう。自分も泥の中にいたい」と述べて使者を追い返した（『荘子』秋水篇）。また，魏の宰相であった恵施（生没年不詳）が，荘子が己の立場を脅かすのではないかと心配するので，「鳳凰は竹の実しか食べず醴泉の水しか飲まないが，鼠の腐肉を得たトビ（フクロウとも）が鳳凰を見て，腐肉を奪われるのを恐れて威嚇した，という話を知っているか」と告げたという（『荘子』秋水篇）。

　恵施は名家に分類される思想家で，荘子の論敵かつ友人として深い交誼を結んでいた。荘子の妻が死んで恵施が弔問すると，荘子はあぐらをかいて土の瓶を叩きながら歌を歌っており，咎める恵施に，「死生は四季のように移り行くもので嘆く必要はない」と語った（『荘子』至楽篇）。だが先に死去した恵施の墓を通りがかった際には，「恵子の死後，私の相手となれる者はおらず，議論しあえる者がいなくなってしまった」と悲しんだという（『荘子』徐無鬼篇）。

　後世，荘子は老子と並んで道家の祖とされ，道家思想の中心的人物とされた。また，道教が興隆すると，荘子が昇仙して仙人になったとの伝説が生まれた。仙人としての荘子を「南華老仙」と呼ぶ。唐代に至り，道教が国家の尊崇・保護を受けるようになると，朝廷より荘子に対して「南華真人」という尊号が贈られ，その著書『荘子』は『南華真経』とも呼ばれるようになった。

### ② 『荘子』の思想

　荘子の著書が『荘子』である。常識に対する逆説的な価値観を，寓言・比喩を多用して表現しており，その文章は名文として知られる。現行本は33篇で，内篇・外篇・雑篇の三部に分かれる。荘子の思想が最もよく表れているのが内篇，中でも冒頭の「逍遙遊」「斉物論」の二篇がその精髄であるとされる。

　『荘子』は，全長数千里もある巨大魚・鯤の寓話より始まる。「北の果ての海

には巨大魚・鯤がおり，あるとき巨大鳥・鵬に変化する。鵬の翼は雲のようで，飛び上がると南の果ての海に至るが，その際海上が波立つこと三千里，舞い上がる高さは九万里に及ぶ。下界には様々な生物が息づいているけれども，鵬の目から見れば青一色に見えていることだろう」（『荘子』逍遙遊篇）。まず，壮大なスケールの寓話で常識に基づく固定観念を叩き壊しつつ，荘子の中心思想である「万物斉同（万物は斉しく同じ）」より説き起こすのである。

「万物斉同」とは，「彼我・是非・善悪・生死・美醜などのあらゆる相対的区別に囚われず，それらを超越した視点（「道」の次元）から物事を見れば，万物は等価であること」を意味する。故事成語「朝三暮四」の出典となった寓話が意味するのもこのことで，猿の次元では「３＋４」と「４＋３」とには大きな差異があるが，道の次元から見ればどちらも等価（「７」）であることを寓意している。同様に，「胡蝶の夢」の寓話は「夢現」，「沈魚落雁」の寓話は「美醜」，麗姫が後宮に入る際の寓話は「生死」に関して述べたもので，これらの区別はすべて人の知が生み出したものに過ぎず，「道」の次元から見れば差異がないことを示している。こうした固定的な価値観の束縛を超克した境地こそが，「逍遙遊（とらわれのない境地に心を遊ばせること）」である。

万物斉同の思想から「有」と「無」とが等価であることが導かれる。ここから，「無用があって初めて有用が役に立つ」，「己が無用であることが己にとっての真の有用である」，「有用であることが却って害となる」といった「無用の用」が説かれる。

## ❸ 『老子』と『荘子』との関係

後世，『荘子』は『老子』とともに道家に分類され，その思想は「道家思想」，あるいは両者の名を取り「老荘思想」とも称される。直接の師承関係にない両者が並称されるのは，当然その思想に類似性が認められるためである。

両者の共通点としては，①「道家」の名の由来である「道」を説くこと，②常識に対する逆説的な言説を多用すること，③「無」を強調すること，などがあげられる。

ただ，相違点も多く，(1)『老子』が「道」を万物の根源・本体論的実在として説き，「道」という本源から万物が生まれるという生成論的な視点が見られるのに対し，『荘子』は，万物は見方によって変わり，「道」の次元から見ればすべてが等価であるという認識論的な視点が見られること，(2)「無為」に関して，『老子』は主として「何も行わない」という外的・物的な捉え方をするのに対し，『荘子』は主として「何にも囚われない」といった内的・精神的な捉え方をすること，(3)『老子』が政治に強い関心を示すのに対し，『荘子』はまったく関心を示さないこと，などがあげられる。　　　　　（佐野大介）

▷6　「美女を見ると，人は美しいと思うが，魚は水中深くに隠れ，鳥は空高く飛び去り，鹿は一目散に逃げ出す。いったい誰が本当に美を知っているといえるのだろうか」（斉物論篇）。

▷7　「貧家の娘であった麗姫は，後宮に入る際泣いて悲しんだ。ところが後宮で贅沢な暮らしを送るようになると，泣いたことを後悔した。これと同様に，死者が，生前死にたくないと考えていたことを後悔していないと言い切れるだろうか」（斉物論篇）。

▷8　「大地は広大だが，実際に有用な部分は足が踏んでいる部分だけだ。では足の形を残してそれ以外の無用な地面を黄泉に至るまで掘ったら，残った足の形の地面は有用だといえるだろうか」（外物篇）。

▷9　「ある大木は，舟を造れば沈み，棺桶をつくれば腐り，道具を作れば壊れ，門にすると樹脂が出，柱にすると虫がわく，まったく使いものにならない木だが，だからこそ人に伐られず長寿を保てた」（人間世篇）。

▷10　「木は材木となるため伐られ，灯火は照明となるため焼かれ，肉桂は食用になるため伐られ，漆は塗料となるため伐られる」（人間世篇）。

(参考文献)

福永光司『荘子——古代中国の実存主義』中公新書，1964年。金谷治『荘子』岩波文庫，1971～83年。加地伸行編『老荘思想を学ぶ人のために』世界思想社，1997年。

## Ⅰ　春秋戦国時代

 **8　恵施・公孫龍子**

### 1　名家とその時代

　春秋から戦国時代にかけて，思想界では「名」（名称・概念）と「実」（内容・実体）との対応関係に関して思索し，両者のずれを正そうとする議論（名実論・正名論）が盛んになった。これは，現代の論理学にもつながる思考であり，様々な学派に属する思想家たちによって論じられたが，中でもこれを専門に追求したのが名家である。『史記』の六家要指は名家について，「名家の学は，人々を名に拘われさせて，真実を失わせる。しかし，その名実を正す点については，よく洞察しなければならない」と評している。

　また当時は百家争鳴の時代であり，思想家たちは，為政者の説得や学派間での論争など，言語・弁論技術の向上が必須となっていた。名家は，論理を専門とし，それを表現するという学派の特徴から，特に議論における弁論技術に秀でていたため，時に詭弁を操る者と見なされた。『漢書』芸文志は名家について，「他人の非をあばくのを好む者が名家の術を行うと，ただ他人の言葉を破り，真実を分析して乱すのみとなる」と評している。

　名家の先駆的人物とされる鄧析は，鄭の人で，弁舌に巧みで，是を非と非を是と言いくるめる方法などを広めたため，鄭国の法秩序を乱した罪で刑せられたという。名家の代表的人物としては，恵施（生没年不詳）と公孫龍（生没年不詳）とがあげられ，他に，斉の宣王の時の稷下の学士であったという尹文や桓団（生没年不詳）などが名家とされる。

### 2　恵施とその学問

　恵施は名家の思想家として知られる。魏の宰相となったとも言われるが明らかでない。多芸多才で，蔵書は車五台分にも及んだという。『漢書』芸文志には，著書として『恵子』一篇があったとされるが散佚して伝わらない。『荘子』天下篇を中心として，『荀子』『説苑』といった諸書にその思想が散見しており，特に『荘子』には荘子の論敵として幾度も登場している。また，恵施の死後，彼の墓を通りがかった荘子が，「恵子が死んでから，私の相手となれる者がおらず，議論しあえる者がいなくなってしまった」と語っており，両者が深い交誼を結んでいた様子を見てとることができる（『荘子』徐無鬼篇）。

　『荘子』天下篇には，「歴物十事」と呼ばれる恵施の主張した論理学的な命題，

▷1　六家要指
『史記』太史公自序に引かれた司馬談（?-前110, 司馬遷の父）の言葉で，陰陽家・儒家・墨家・名家・法家・道家の六つの学派に対する批評。Ⅱ-2「『淮南子』」も参照。

▷2　鄧析（とうせき：?-前501）
刑法を定めて竹札に記したという伝承がある。その著書とされる『鄧析』二篇は，『漢書』芸文志では名家に分類されるが，『四庫全書』では法家に分類されている。

▷3　稷下の学士
斉が各地より国都である臨淄に呼びよせた学者のこと。臨淄の城門である「稷門」の近くに邸宅を与えられたことから，この名がある。

▷4　尹文（いんぶん：生没年不詳）
著書として『尹文子』二篇が伝わるが，後世の偽作であるとの説が有力。

22

および，恵施が桓団や公孫龍たち弁論家と議論したという21の命題が記されており，ここから恵施の思想の一端をうかがうことができる。

「歴物十事」よりいくつか例をあげると，「無限大にはその外側が存在せず，これを大一という。無限小にはその内側が存在せず，これを小一という（両者は同じく無限であり移行可能）」，「大きな類概念と小さな種概念とでできる同異，これを小同異という。万物は同じでもことごとく異なること，これを大同異という（同・異という違いは意味をなさない）」，「天と地は同様に低く，山は沢と同様に平らである（無限の空間という次元から見れば違いはない）」といったもので，命題のみで証明が記されていないため詳細は未詳だが，おおよそ時間・空間の区別を相対的なものと見なし，無限大と無限小やそれらに象徴される万物が一体であること，無限という視点から見ればあらゆる差異は存在しないこと，などについて述べたものと考えられる。

## ❸ 公孫龍子とその学問

公孫龍は，戦国四君の一人平原君が召し抱えた食客の一人であったが，陰陽家の鄒衍（前305?‐前240）との白馬論の論争に敗れて退けられた。その著書とされる『公孫龍子』（跡府・白馬論・指物論・通変論・堅白論・名実論の六篇）が現代に伝わる。第一篇にあたる「跡府」は公孫龍の略伝および入門書になっている。

公孫龍の説としてよく知られたものに，「白馬非馬論」「堅白同異の弁」があるが，「白馬非馬論」は，色彩・形状の複合概念である「白馬」と形状の単一概念である「馬」とは概念としての位相が異なることを示したもので，『公孫龍子』第二篇の「白馬論」に見える。「堅白同異の弁」は，「堅」「白」「石」の三概念のうち「堅」と「白」とは属性（「堅」が本質的属性・「白」が偶有的属性）であり「石」は実体である。これらは「堅い石」「白い石」としてのみ存在し，「堅」「白」「石」の三つが独立して存在するのではないということを示したもので，第五篇「堅白論」に見える。

このほか，『公孫龍子』には，「物はすべて，認識されないで存在するものはない」ことを論じた第三篇「指物論」，「鶏の足は三本である（現実の足が二本，「足」という概念が一つ，合せて三）」ことを論じた第四篇「通変論」，「物（物体）の名（名称）は実（物質・内容・質料）を意味するものである」ことを論じた第六篇「名実論」より成る。

これらは，「名」と「実」との関係を根本とし，概念の精密な分析や個物と概念との弁別，および概念の重複・包摂関係などを整理し，当時の認識論を体系的に論じたものと言える。

（佐野大介）

▷5　「蝸牛角上の争い」は，無限の空間という視点から見れば，人間の国同士の争いも，カタツムリの角の上にある極小世界の国の争いも大差ないという，『荘子』則陽篇の寓話から生まれた格言。この寓話は，恵施の思想を反映しているとされ，恵施が宰相であった際，魏の恵王に伝えさせたものと伝承される。

▷6　歴物十事
「一尺の箠を，毎日その半分ずつ切り取っていくと，永久に無くなることはない」「飛ぶ矢は，進みも止まりもしない時がある」など，ゼノン（前490?‐前430?）のパラドックスを彷彿させるものも見える。

▷7　『韓非子』外儲説左上篇に，「宋人の弁論家である兒説（生没年不詳）が，白馬非馬論を唱えて稷下の学士たちを屈伏させたが，白馬に乗って国境を越えようとして馬の通行税を徴収された」とのエピソードが見え，当時の論題であったことがうかがわれる。

【参考文献】

福永光司『荘子』朝日新聞社，1966～67年。天野鎮雄『公孫龍子』中国古典新書，明徳出版社，1967年。江連隆『諸子百家の事典』大修館書店，2000年。

# I　春秋戦国時代

# 9　蘇秦・張儀

## ▶1　合従策

「従」は「縦」に同じ。「従（縦）に合（同盟）する策」の意。秦以外の六国は大まかに南北に並んでいるため、戦国の七雄の秦以外がすべて同盟すると、結果巨大な縦方向の同盟が一つできる。

## ▶2　連衡策

「衡」は「横」に同じ。「衡（横）に連（同盟）なる策」の意。秦は西にあり、他の六国はその東にあるため、秦とその他の国とが同盟すると、結果横方向の同盟が六つできる。

## ▶3　鬼谷子（きこくし：生没年不詳）

（『三才図会』）

蘇秦と張儀との師で縦横家の開祖とされるが、実在には疑いがある。

## ▶4　楚の荘王を諫めた伍挙の言葉にも同モチーフが見える（『史記』楚世家）。

## 🅵 縦横家とは

　戦国時代に至り、諸侯国は戦国の七雄と呼ばれる七国に収斂し、互いに覇を競っていた。各国は天下統一を目指し、これを実現するために、国内外より貴賤を問わず優秀な人材を求めた。こうした状況下において、各国を巡り、富国強兵や外交政策といった政策論を説いたのが、縦横家と呼ばれる人々である。外交辞令に巧みで権謀術数を事とするその性質から、『漢書』芸文志は縦横家を、「邪な人がその術を使うと、詐言を用いて人を欺き、信義を失わせる」と評している。縦横家の「縦」は南北を意味し、蘇秦（?-前284?）の説いた合従策を指す。また「横」は東西を意味し、張儀（?-前309?）の説いた連衡策を指す。この「縦」「横」の名が示すように、縦横家の代表的人物とされるのが、蘇秦と張儀とである。

　他の縦横家として、蘇秦と張儀とが学んだことから後世縦横家の祖とされる鬼谷子（鬼谷先生）、蘇秦に先立ち合従策を唱えた公孫衍（生没年不詳）、成語「三年飛ばず鳴かず」に関する逸話（『史記』滑稽伝）で知られる淳于髡（生没年不詳）、蘇秦の弟で、成語「漁父の利」（『戦国策』燕策）の由来となった寓話を語った蘇代（生没年不詳）や、さらにその弟の蘇厲（生没年不詳）などがいる。

　縦横家に関しては、これまで『史記』の各種列伝、『戦国策』などが主たる資料であったが、1973年、湖南省長沙市の馬王堆と呼ばれる土塚から、馬王堆漢墓帛書と呼ばれる文献群が発掘され、この中に『戦国縦横家書』と名づけられた文献が含まれていた。これは、蘇秦・張儀ら縦横家の言説や書簡がまとめられたもので、これまで知られていなかった内容を多く含んでおり、出土以後、縦横家および『戦国策』研究の重要な資料として扱われている。

## 🅶 蘇秦と合従策

　合従策を説いたことで知られる蘇秦は、若いころ張儀とともに鬼谷先生のもとで学んだ。それから数年遊説するも、困窮して故郷に戻ると、兄弟・兄嫁・妹、さらには自身の妻や妾にまで嘲笑されたという。蘇秦は戸を閉じて再度勉学に励み「揣摩の術」を開発する。その後、周・秦・趙へ向かうも採用されず、燕へ赴く。ここで趙との同盟を説いて信任され、趙へ派遣される。趙では、戦国の七雄のうち、秦を除いた六カ国が同盟を結び、一丸となって秦に対抗す

ることを主眼とする合従策を説き，趙王はこれに従う。次に韓に赴いて同じく合従策を説く。この時，蘇秦が韓王に対して用いた喩えが，「鶏口となるも牛後となるなかれ（鶏口牛後）[9]」である。さらに，魏・斉・楚を訪ねて君主を説得し，六国の合従が成立する。これより先，秦の軍は，15年間その国境である函谷関を越えることはなかったという。蘇秦は六国同盟の長となり，六国の宰相を兼ねた。功成り名を遂げて故郷に帰った蘇秦に対し，兄弟・兄嫁・妻らは，目を合わせることもできず，扱いが丁寧になった理由を問うた蘇秦に対し，兄嫁は這いつくばって，「貴方が位が高く金持ちになったから」と答えた。蘇秦は嘆息しつつも，一族・友人らに大金を分け与えたという。

　その後，合従が解体に向かい，燕より斉に移った蘇秦は，政敵の放った刺客に刺される。蘇秦は死に臨んで斉王に，「蘇秦は他国のスパイで斉に内乱を起こさせようと企んでいたと判明した」と，自身の死後，事実と異なる発表をするよう依頼する。斉王がそれに従うと，果たして刺客は褒美が貰えるものと考え名のり出，斉王はその者を蘇秦殺害の犯人として死罪とした。『史記』蘇秦伝には，「蘇秦は貧しい村より身を起こして六国の合従を成功させた。これはその知恵が人並み外れて優れていたからである」と総評されている。

### 3　張儀と連衡策

　連衡策を説いたことで知られる張儀も，蘇秦とともに鬼谷先生に学んだ。縦横家として遊説を始め，用いられず困窮していた頃，遊説先で泥棒と間違われて袋叩きの目にあった。妻が縦横家などになったせいだと嘆くと，「私の舌を見てくれ，まだあるか。舌があれば充分だ」と述べたという。必ず弁論で成り上がるのだ，という決意を示したエピソードである。その後，張儀は趙で出世していた蘇秦に口ききを頼みに行くが，侮辱され追い返される。張儀はそれに発憤して秦に行き，そこで取り立てられたが，実はこの成功は，蘇秦が陰ながら旅費の援助や根回しをしていたためであった。当時，蘇秦は秦による合従策への妨害を警戒しており，信頼できるまともな人間を秦に送り込みたいと考えていた。そこでわざと張儀を発憤させ，秦で成功するよう謀ったのであった。蘇秦の使者より真相を聞かされた張儀は，「ああ，私は蘇秦に及ばない」と語り，蘇秦が存命の間，自分は合従策の邪魔はしないと誓ったという。

　張儀の説いた連衡策とは，秦が六国それぞれと同盟すること，つまり，秦と燕・秦と趙・秦と韓・秦と魏・秦と斉・秦と楚といった六同盟が並立することを指し，小国にとっては秦に臣従することに等しかった。秦の宰相となった張儀は各国を巡って合従策を崩壊に導き，次々と同盟を成立させたが，張儀を好まぬ武王が即位するに及んで魏に移り，魏の宰相となって一年後に死去した。司馬遷（前145?-前86?）は，「つまりは，蘇秦も張儀も，なんと危険な人物であったことか」（『史記』張儀伝）と述懐している。　　　　（佐野大介）

▷5　『史記』や『戦国策』で六国同盟とされる合従策が，『戦国縦横家書』では五国同盟であったとされるなど。

▷6　蘇秦は，「張儀は天下の賢士である。私は全く及ばない」と語っていたという（『史記』蘇秦伝）。

▷7　錐で自分の太股を刺して眠気を覚ましながら勉学に励んだと伝わる（『戦国策』秦策）。

▷8　揣摩の術
「揣」は情をはかる，「摩」は意を推すという意味で，一種の読心術，人心操作の術とされる。

▷9　鶏口牛後
「大きな集団の中で下位にいる（牛の尻＝強大な秦に臣従する）よりも，小さな集団であっても長となる（鶏の口＝小国であっても独立国の王である）方がよい」の意。

【参考文献】
常石茂『戦国策』上・中・下，平凡社，1966年。沢田正煕『戦国策』上・下，明徳出版社，1988〜89年。市川宏他『戦国の知者』講談社，1998年。近藤光男『戦国策』講談社学術文庫，2005年。

# I　春秋戦国時代

# 10　韓非子

---

▷1　**韓非子**（かんぴし：？-前233）

姓が韓，名が非。人名・書名ともに初め「韓子」と称されていたが，唐に至って詩人・文人・政治家として著名な韓愈（768-824，⇨Ⅱ-6）が「韓子」と称されるようになり，その後，韓愈と区別するため「韓非子」と呼ばれるようになった。

▷2　⇨I-2「孟子」

▷3　**子産**（しさん：？-前522）

（『三才図会』）

鄭の政治家。中国史上初の成文法を制定した（青銅製の鼎に鋳込んだ）ことで知られる。孔子も面識があると伝わり，孔子は子産を，「恭」「敬」「恵」「義」の四つの「君子の道」を備えた人物と称している（『論語』公冶長）。

▷4　⇨I-3「荀子」

---

## 1　韓非子とその時代

　**韓非子**とは，戦国時代末期の法家の思想家で，その著書として『韓非子』が知られる。韓非子すなわち韓非が活躍した戦国末期には，互いに覇を競っていた諸侯国は戦国の七雄と呼ばれる七国に収斂し，中でも秦が飛びぬけて強大となっていた。

　韓非は韓の公子として生まれたが，生国の韓は，春秋時代の前375年に**子産**が活躍した鄭を併呑し，昭侯（在位前362-前333）の頃には法家の申不害（？-前337）が活躍した，法治の伝統のある土地柄であった。

　韓非が学んだのは儒家である荀子であったが，荀子の考えを発展させ，自身は法家として大成した。当時韓は，大国である秦や楚と国境を接していたため日々弱体化しており，それを憂えた韓非は，幾度も父である韓王に献策したが，その進言が用いられることはなかった。ところが，その韓非の著作を目にした**秦王政**は感激し，「この作者に会って語り合えるなら死んでもよい」と語ったとされる。政は韓非との会見を目論み，韓を襲撃し，使者として韓非を派遣するよう韓に要求した。こうして両者の会見が実現したが，韓非と同じく荀子に学んだ同門であり，当時秦の宰相となっていた李斯が，己の地位が脅かされるのを恐れ，政に韓非が韓のスパイであると讒言したため，韓非は投獄された。政はすぐに投獄したことを後悔して釈放しようとしたが，その時には，韓非はすでに李斯の陰謀によって自害に追い込まれた後であった。

## 2　戦国思想における韓非子の位置

　『韓非子』に記された内容は，韓非以前の法家の思想を継承・発展させたものであり，法家思想の集大成と称される。その主なものが，商鞅（？-前338）の「法」，申不害（？-前337）の「術」，慎到（？-前315）の「勢」である。「法」とは，法律であり，公布された成文法により賞罰を厳格に規定することを意味する。その法を君主自身が実行すること，さらにその実行は君主の恣意的な判断を挟まず厳密に法に従うものであることが重要とされ，また「信賞必罰」とも表現される。「術」とは，臣下掌握術であり，君主が臣下の職掌や発言・計画（名）と臣下の実際の行動・成果（形）との一致を重視することを意味し，また「**刑名参同**」とも表現される。「勢」とは，権勢であり，君主がその地位

に伴う権勢を掌握することを意味する。『韓非子』には，臣下は君主の人徳を慕って信服しているのではなく，その権勢・権力に服従しているのであるから，君主は権勢を維持することが大切であると説かれている（五蠹篇）。

『韓非子』に貫徹する韓非の人間観は，「人はすべて己の利益のためにのみ行動する」というものである。人間を経済的合理性（自己利益の極大化）を唯一の行動基準とし，個人主義的（利己的）に行動する存在と見なすその考え方は，現代の社会学・経済学にも通じるものと言える。この人間観が，「人を従わせるには，内在的な愛や情ではなく，外在的な法や術によらねばならない」という法家的な理念の根幹に存在する。

統治理念として，孟子[9]は「徳治」を唱えた。これは，内在的な規範である徳に従って政治を行うという考え方で，最終的に民衆が道徳的に成長して己の心の内にある徳に従うようになることを目指すが，規制に反する行為に罰が存在せず，きわめて強制力の弱いものであった。荀子は「礼治」を唱えた。これは，外在的な規範である礼（社会的規範）に従って政治を行うという考え方で，罰は存在するが，社会的非難といった強制力の弱いものにとどまっていた。これに対して韓非ら法家が唱えた「法治」は，外在的な法律に従って政治を行うという考え方で，刑罰という強い強制力を持ち，きわめて実効性の高いものであった。

### 3 法治思想のその後

韓非の死後秦王政が打ち立てた秦帝国は，法家思想に則り，法治を徹底した。この秦を滅ぼし漢王朝を打ちたてた劉邦は，「法は三章のみ（殺人・傷害・窃盗の罰則）」と称して法治万能主義を排した。ただ，政治における法治の有用性は明らかであり，実際には漢王朝も，秦法を基礎とした多くの法律を制定している。こうして，以後の中国社会においては，徳治を建て前としつつ実際には法治を行うといった形で，儒家的な統治理念と法家的な統治理念との併用が図られることとなる。

### 4 現代社会と『韓非子』

韓非は吃音[10]のため著述に力を傾注したと言われ，その著作である『韓非子』はきわめて論理性の高い優れた文章として知られる。また人を説得するという目的から，寓言や説話による喩えが多用されており，そこで用いられた「守株」「矛盾」「蟻の穴から堤も崩れる」などの語句は，現代においても故事成語として用いられている。また，国家を運営する方策について解説するというその性質から，現代では「リーダー論」「組織経営」といった観点からも注目されている。

（佐野大介）

▷5 『韓非子』の孤憤篇・五蠹篇であったとされる。

▷6 秦王政（しんおうせい：前259-前210）

（『三才図会』）

後の始皇帝。その政治手法は法家流の強力な法治主義であった。⇨Ⅺ-4「秦の始皇帝による焚書坑儒」

▷7 ⇨Ⅺ-3「商鞅の変法と法治主義」

▷8 刑名参同
「刑」は「形」の意味で，「刑名一致」ともいう。名称と内容とが一致することを指す。

▷9 ⇨Ⅰ-2「孟子」

▷10 吃音
発話障害の一種。

**参考文献**

狩野直禎『「韓非子」の知恵』講談社現代新書，1987年。加地伸行『韓非子――「悪」の論理』講談社，1989年。金谷治『韓非子』全4冊，岩波文庫，1994年。冨谷至『韓非子――不信と打算の現実主義』中公新書，2003年。

## Ⅱ　秦漢から隋唐時代

# 『呂氏春秋』

### 1　呂不韋と『呂氏春秋』

『呂氏春秋』（図 1 ）は秦の宰相呂不韋（？-前235）が，学者を集めて書かせた一書である。

呂不韋については『史記』呂不韋列伝や秦本紀からその生涯を知ることができる。彼は戦国末期に諸国を巡る豪商であったが，趙国に人質として囚われていた始皇帝の父の子楚（後の荘 襄 王）を奇貨として投資し，彼を秦王へと導いた。そのため秦国において，呂不韋が大きな権力を持つに至ったことは言うまでもない。

さて，『呂氏春秋』の成立は始皇 8 年（前239）とされるから，構想され執筆されていたのは始皇帝が未だ統一を果たす前の，呂不韋が権力の絶頂期の頃と考えてよい。この書の執筆に数多くの学者が関わったであろうことは，その内容の豊富さからも想像に難くない。哲学的・思想的なものから，政治・経済や音楽・農業に至るまで，実に多彩な内容となっている。『漢書』芸文志が同書を百科全書的な雑家に分類したのも当然のことと言える。ただ，『漢書』芸文志は前漢末期の文化・思想に基づいて分類されており，それは儒教国教化が進む前漢末の見方であることを考慮せねばならない。それでは『呂氏春秋』は著述された秦代にはいかなる意味を持っていたのであろうか。

同書は十二紀・八覧・六論の三つの部門からなり，全216巻160篇より構成される。同書を理解する上で重要なポイントの一つである十二紀を構成する時令説を説明しよう。

### 2　時令説

図 1 　『呂氏春秋』（百子全書）

時令説とは，もともとは農事暦から展開してきたもので，月ごとに何を為すべきかということが記されている。後にそれに陰陽説や五行説が加味されて最終形態へと至る。これらは君主が天の運行を規範として政治を行うためのマニュアルと言ってよく，月ごとに天の規範に反した政治を行った場合には天殃（天災）の記述が伴うことを特徴とする。代表的な時令説を伝える文献として，

▷ 1　呂不韋が失脚したのが『呂氏春秋』完成の翌年（前238）であり，秦が中国を統一したのが始皇26年（前221）である。

▷ 2　『漢書』芸文志
『漢書』の一篇で，当時の図書目録。前漢末の劉 向が編纂した『七 略』がベースとなっている。『七略』は当時王宮の図書館に存在した数多くの文献を劉向・劉 歆父子が内容別に七分類（輯略・六芸略・諸子略・詩賦略・兵書略・数術略・方技略）して記録したもので，これを『漢書』の著者班固が採録したものが『漢書』芸文志である。

▷ 3　雑家
『漢書』芸文志による諸子分類の一つ。儒家・道家・陰陽家・法家・名家・墨家の次に雑家が入れられる。残りは農家と小説家。雑家は諸子百家のいずれにも分類されない複合的な内容を持つ書物のグループである。

▷ 4　時令説
人間の社会的・政治的な営みの規範を四季の推移と連動させようという思想に基づき，12カ月の時間の流れの中で人間が行動すべき内容が提示される。

1 『詩経』豳風・七月
2 『管子』幼官篇・四時篇・五行篇
3 『呂氏春秋』十二紀
4 『淮南子』時則訓
5 『大戴礼記』夏小正
6 『礼記』月令

などがある。素朴な記述の『詩経』に始まり，次第に陰陽説や五行説の要素が加味されていき，『呂氏春秋』十二紀が完成型と言え，これ以降は微調整のレベルとなる。

この時令説の特徴は，人間が他の自然物と同じく天（天帝）によって生み出され，それらと構造およびバイオリズムを等しくするという考え（天人同体論）が根底にあるとするところにある。すなわち自然の一年周期のバイオリズムを手本として，それに従うことによって天の意向に添った統治を行おうというのである。

### ③ 注目すべき諸篇

では『呂氏春秋』の諸篇に見られる重要な論説をいくつか紹介しよう。

上記した十二紀は12カ月の時令（孟春・仲春・季春・孟夏・仲夏・季夏・孟秋・仲秋・季秋・孟冬・仲冬・季冬）を各巻の冒頭に置き，その後にそれぞれの諸篇に入る。各巻に配置された諸篇がすべてまとまりを持って配置されているわけではないのだが，例えば学問の重要性について論じる孟夏紀の勧学・尊師・誣徒・用衆の諸篇や，音楽に関するまとまりを持つ仲夏紀の大楽・侈楽・適音・古楽の諸篇，季夏紀の音律・音初・制楽・明理の諸篇，さらに戦争について論じる孟秋紀の蕩兵・振乱の諸篇などがまとまったものとしてあげられる。

さらに八覧（有始覧・孝行覧・慎大覧・先識覧・審分覧・審応覧・離俗覧・恃君覧）と六論（開春論・慎行論・貴直論・不苟論・似順論・士容論）に視野を広げると，まず注目すべきは，時勢の変化を敏感に察知し，それに対応すべきことを主張している慎大覧の貴因・察今篇。また当時すでに知られていた思想家たちの評価を述べている審分覧の不二篇。さらに初期医学資料として貴重な身体論を展開する季春紀の尽数篇，戦国時代の諸子百家の一つ農家の思想を伝えるものとされる士容論の務大・上農・任地・弁土・審時の諸篇なども重要な篇としてあげられる。

これらはいずれも初の統一王朝成立を目前にした統治企画書として呂不韋が企図したものと言え，当時にあっては最新の政治マニュアルであって，決して百家全書の制作を目的として編纂されたものではなかったのである。

（有馬卓也）

▷5 農事暦
農業を行う際の目印となる自然現象を集めたもの。例えばホトトギスが鳴き始めたら田植えを始めるなど。

▷6 ⇨ Ⅶ-4「陰陽五行説」

▷7 例えば「季冬に秋令を行へば，則ち白露蚤く降り，介虫（甲殻類）妖を為し，四鄙（四境の外敵）保（とりで）に入る。春令を行へば，則ち胎夭（胎児や生まれたての児）多く傷れ，国に固疾（治りにくい病気）多し。之を名づけて逆と曰ふ。夏令を行へば，……」（『礼記』月令）などとある。

▷8 天（天帝）
周王朝以降に特に発展した信仰対象。もともとは人間を取り巻く自然現象を成立させるものという性質も持ち，『呂氏春秋』では「之（これ）を使むるもの」とか「然（しか）らしむるもの」などと表記されることもある。時に「天帝」とも呼ばれるが，人格神ではない。

▷9 天人同体論
天と人とは同一のメカニズムを持った存在であり，天に四時・五行・九解（八方位と中央）・三百六十六日があるように，人には四支・五臓・九竅（九つの穴）・三百六十六節があるといったような説。人を天のミクロコスモスと見なし，そのバイオリズムを等しくすると言う。『淮南子』精神訓にまとまった記述がある。

（参考文献）

町田三郎『呂氏春秋』講談社学術文庫，2005年。楠山春樹『呂氏春秋』上・中・下，明治書院，1996・97・98年。

## Ⅱ　秦漢から隋唐時代

# 2 『淮南子』

▷ 1　⇨ ⅩⅡ- 1 「科挙の開始」

▷ 2　郡国制
前漢が採用した，全国を皇帝が治める直轄地と諸侯（劉氏一族や楚漢抗争の際の功臣）が治める国に分割し，直轄地のみ郡県制を採用したシステム。諸侯国の統治形態は封建制度のそれにほぼ等しい。

▷ 3　呉楚七国の乱
前 154 年（景帝 3），呉王劉濞（りゅうび）（劉邦の甥にあたる）をリーダーとして，同じ劉氏の七国で起こした反乱。

▷ 4　劉安（りゅうあん：前179-前122）

（『列仙全伝』，左が劉安）

『史記』淮南衡山列伝，および『漢書』淮南衡山済北伝に劉安の伝がある。

▷ 5　劉長（りゅうちょう：前199-前174）
劉安の父劉長は劉邦の子。恵帝の死後，呂后（劉邦の妃）の一族に一時政権が集中した。その呂氏一族の勢力を一蹴した後，次の皇帝

## 1　劉　安

　秦帝国滅亡の後に成立した前漢王朝は，表向きは秦の法治を反省材料として反秦の立場を取り，秦の中央集権体制（郡県制）とは異なる**郡国制**という統治システムを採用した。もちろんこれは項羽との楚漢抗争に助力した有力者たちへの論功行賞の結果でもあるのだが，これが前漢当初に諸侯王問題をもたらすこととなった。景帝の時に起こった**呉楚七国の乱**などはその代表と言えよう。

　さて，『淮南子（えなんじ）』の編纂者淮南王（わいなんおう）**劉安**は，高祖劉邦の孫にあたる人物であり，父**劉長**は文帝期にクーデターを起こして自殺するという経歴を持つ。ただ劉安は「好文（学問好き）の王」と評され，全国から学者を集め広範な分野の著作が為された。『漢書』芸文志に記載があるものだけでも，現在の『淮南子』である『淮南内』のほかに，『易』の解釈書とされる『淮南道訓』，天文学の書とされる『淮南雑子星』，淮南国で盛んであった詩賦集が『淮南王賦』ほか二篇見られる。

## 2　漢代道家

　『淮南子』は『呂氏春秋（りょししゅんじゅう）』とともに『漢書』芸文志では雑家とされるが，儒家色の強かった『呂氏春秋』に対し，『淮南子』は道家色が強い。ただ，一口に道家と言っても，それは戦国時代の『老子』『荘子』とも，魏晋南北朝期の老荘思想とも異なる。漢代道家は黄老思想とも呼ばれ，その概要は『史記』太史公自序の「**六家要指**（りっかようし）」にうかがうことができる。では「六家要指」が言う漢代道家の特質は何かというと，戦国時代の道家を軸として，陰陽・儒家・墨家・法家・名家の長所を融合させた点にあるとする。そして，その漢代道家の特質を「無為」「虚無」「因循（いんじゅん）」の三点にあるとし，さらに「因循」については「時に因る」「物に因る」と展開させ，多様化させている。『淮南子』はこの漢代道家の特質を具現化したものと言ってよい。ただ，この戦国諸子を道家を中心に習合した形の漢代道家は，前漢末期においては劉向が雑家に配置していることからも明らかなように，前漢期の前半でその役割を終えた。

## 3　『淮南子』の思想

　『呂氏春秋』の十二紀の時令説に相当するものとして『淮南子』には時則訓（じそく）

がある。ただ，時令説については，『呂氏春秋』とは少し役割を異にする。というのも，『淮南子』には時則訓の前に天文訓・地形訓の両篇があり，この天文と地理と時間を詳説するこの三篇をもって天地人を説明しているからである。『淮南子』の核は時令説にはなく，冒頭に据えられ，道家的な「道」について論述する原道訓にあると言ってよい。この相違は統一王朝成立前に完成した『呂氏春秋』と，前漢期も半ばの絶頂期を迎えようとしていた時に完成した『淮南子』という，両書の背後に存在した国家の影響がある。また『呂氏春秋』が秦王朝の宰相呂不韋のもとに制作され，『淮南子』が劉氏の一族の年長者で武帝の叔父にあたるものの，前漢王朝の一諸侯王に過ぎなかった劉安のもとで制作されたことも，見逃してはならない。同書の構成は以下の通りである（「訓」は「篇」の意）。

原道訓　俶真訓　天文訓　地形訓　時則訓　覧冥訓　精神訓　本経訓
主術訓　繆称訓　斉俗訓　道応訓　氾論訓　詮言訓　兵略訓　説山訓
説林訓　人間訓　脩務訓　泰族訓　要略

編集後記と目される最後の要略では「道」と「事」が同書の統一テーマであると述べる。不変的な「道」と，その下で千変万化する「事」。両者を論じることで，すべてを説明しつくすという。そして，同書のもう一つのテーマが「無為の治」であり，ここには中央集権化が進む時代への，一諸侯王からのメッセージが込められている。

それでは「無為の治」とは何かというと，中央集権を進めようとする武帝に対抗して，道を体得した聖人（君主）のみが為し得る統治形態であり，臣下を有為としてその能力を国政に発揮させ，君主（聖人）は無為を保つというものである。この「無為の治」を『淮南子』は詮言訓のほかに，法家言を多く採用する主術訓や，儒家言を多く採用する泰族訓などにおいて，道の説明，聖人（君主）の説明，道と聖人（君主）の関係の説明，聖人（君主）と人（臣民）の関係の説明という四方面から，先秦諸子の学説を縦横に利用しながら行っている。

また，このほかに説話を『老子』言で解説する道応訓，兵家言を多く採用する兵略訓，当時の迷信・俗説を網羅する説林訓，人生訓を説く人間訓など，多彩な内容を有している。

二代目の統一王朝が，その初期に担わされた諸問題を解決し，国家が安定的に継続することを企図して書かれた一書であった。　　　　（有馬卓也）

の位を劉恒（文帝）と争った人物であった。

▷6　⇨Ⅱ-1『呂氏春秋』

▷7　六家要指
『史記』の最終巻である太史公自序の冒頭にある「六家の要指を論ず」と題された文章。この部分は司馬遷の父司馬談が書いている。六家（陰陽・儒・墨・法・名・道徳）の長所と短所を論じたもの。

▷8　各家の長所について，それぞれ陰陽は四季の流れを秩序立てている点，儒家は君臣・父子の礼と夫婦・長幼の区別を秩序立てている点，墨家は農業を根本とし商業を枝葉としている点，法家は君臣上下の区分を正している点，名家は物の名称と実態の関係を正している点にあるとしている。

▷9　無為は人為や作為の対極にある処世を，虚無は無為にも通じる聖人の無私なる処世を，因循は時令説の天に従う立場に類似するが，この場合は道に従うことを意味する。いずれも「道」の属性を理想的人間である聖人の処世術へと波及させたものと言える。

▷10　⇨Ⅱ-1『呂氏春秋』

（参考文献）
金谷治『淮南子の思想』講談社学術文庫，1992年。楠山春樹『淮南子』上・中・下（新釈漢文大系），明治書院，1979・82・88年。池田知久『訳注「淮南子」』講談社学術文庫，2012年。

## Ⅱ　秦漢から隋唐時代

 鄭　玄

▷1　董仲舒の献策
『漢書』董仲舒伝に見ることができる。武帝の三つの諮問に対して，董仲舒が一つひとつ献策している。⇨
Ⅶ-6「董仲舒」
▷2　儒教国教化はすぐに完了したのではなく，徐々に固められていったと見るべきで，その完成は後漢期に降ると考えられている。
▷3　挟書の律
書物の所蔵を禁じた秦の法律。
▷4　本会議の議論の内容は「議奏」としてまとめられたが，現在は伝わっていない。『漢書』芸文志に「議奏」を載せるものとして，『書』『礼』『春秋』『論語』がある。
▷5　本会議の議論の内容は『白虎通義』として後漢の班固によってまとめられ，現在も伝わっている。
⇨ⅩⅠ-7「白虎観会議」
▷6　緯書
前漢末期に忽然と姿を現した書物群で，経書を補完するものとして，孔子の著述という触れ込みで一気に学界を席捲した。各経書に対して複数の緯書が存在する。例えば『易経』には『易緯乾鑿度』『易緯稽覧図』など八種の緯書がある。すべてが前漢末期に制作されたわけではなく，後漢・魏晋期に制作されたものもある。内容的には経書の注釈的なものや，予言・俗説など多

### 1　前漢から後漢に至る経学の流れ

経学者たちの系譜の頂点に立つと言われる鄭玄（127-200，字は康成）について説明する前に，前漢から後漢への経学の流れについて重要なポイントが三つあるので，先にそれを概説しておこう。

儒教の経典である『易』『書』『詩』『礼』『春秋』。これらの中のどれか一つに習熟し，その教学を職掌とするのが五経博士である。前漢景帝の時に『詩』『易』『春秋』の博士官が置かれ，これが五経博士の始まりと言われる。通常，儒教国教化と言えば，**董仲舒の献策**を採用した武帝の時を始まりとするが，その胎動は景帝の時代にすでにあった。

さて，秦の始皇帝が焚書を行い，経書もその禍を免れ得なかったわけであるが，そのことによって伝承が途絶えたわけではなく，学者たちは口伝という形でその命脈を保っていた。そして恵帝4年（前191），**挟書の律**が廃止されたことによって始皇帝の焚書令が解除され，学者たちは口承によって伝えられていた経書を再び文字化し始める。その際，彼らは漢代の新しい文字（今文）でそれらを筆記したので，その時に再生した経書を今文経と言う。景帝期以降に立てられた博士官も，この今文経をテキストとしていたので，彼らを今文博士とも言う。

ところが武帝期の末に至り，孔子の旧宅の壁の中から秦以前の文字（古文）で書かれた経書が次々に発見された。焚書の際に秘匿されたものであろう。ここに今文経と古文経という二種のテキストが並立することとなった。しかし博士官はすべて今文博士で占められており，古文系の学者が入り込む余地はなかった。このことは今文学者と古文学者による両テキストの優劣論争へと拡大していった（今古文論争）。国家レベルの規模の論争であったこの問題は，前漢宣帝期の石渠閣会議（前52），後漢章帝期の白虎観会議（79）と，二度にわたる今古両経の優劣を討論する会議が催されるほど重大なものであった。漢王朝が儒教を国教とする以上，当然のことであった。以上が一点目のポイントである。

二点目は前漢期の儒学者は『易』なら『易』，『書』なら『書』と，一経のみを専門とするのが常であったのに対し，後漢期に至ると複数の経書を修得するようになった点である。そして三点目は，前漢末期に経書を補完するものとし

て**緯書**が登場し，後漢の儒学者たちは緯書の知識も有しているという点である。前漢と後漢の儒教を比較した時，以上の三点が着目しておかねばならない重要ポイントと言える。

## ② 鄭玄の儒学

　鄭玄の経学の特色を示すと，上記したポイントの，まず今文・古文を両方とも修得し，両者を利用して経書解釈を行っている点，五経をあまねく修得していた点，緯書も経書解釈に利用していた点をあげることができる。鄭玄は五経・今古文・緯書を有機的に連携させることによって，重厚な経書解釈を為し得たのである。もちろんその融合的スタンスは突然現れたわけではなく，儒教国教化が進む中で，あまたの儒学者たちが醸成していったと見るべきであろう。この流れは『漢書』や『後漢書』の**儒林伝**という儒学者たちの列伝で知ることができる。特に鄭玄の師に当たる**許慎**や**馬融**，**何休**らの存在があって，鄭玄の登場は必然であったとも言える。

　鄭玄が残した著作として，現在伝わっているものとして三礼（『儀礼』『周礼』『礼記』）の注，『詩経』の箋（『詩経』の毛亨や毛萇の注に付せられたコメント）などがある。また断片的ではあるが，『駁五経異義』『六芸論』などがあり，これらも看過できない。

## ③ 鄭玄の注釈

　上述した三礼注の具体例をいくつか提示し，彼が施した注の大例を紹介しよう。鄭玄の学問は訓詁学とも言われ，経書の語句解釈を中心とする。まず『礼記』曲礼上篇の「賢者は狎れて而も之を敬す」に対して，「狎は習ふなり。近きなり。附きて近きを謂ふ。其の行ふ所を習ふなり。月令に曰く，貴戚・近習ありと雖も，と」との注がある。「狎」の味の説明に始まり，同じ『礼記』月令篇の引用に終わる。月令篇からの引用は途中で終わっているが，本文は「禁ぜざること有る母からしむ」と続き，全体を現代語訳すると「宮中の規則は，たとえ王室の親族や天子の近臣であっても，必ず守らせるように厳正に保つ」という意味となり，曲礼上篇の本文と同じ意味となる。全文を示さなくとも，理解を求める意図である。こういった語釈的なものから，『礼記』檀弓上篇の「伯魚の母死す」に対して「伯魚は孔子の子なり。名は鯉」といった注釈的なものもある。つまり，文字の意味，他の部分の類似する文を引用しての意味の説明，人名・地名・事件の説明などである。こういった緻密な注釈態度が彼の学問の特徴であった。

（有馬卓也）

様である。隋の煬帝によって禁書となり，現在は『易緯』の一部以外は断片的にしか存在しない。

▷7　儒林伝
儒学者たちの列伝。五経それぞれの学派の系譜という形で記されている。

▷8　許慎（きょしん：58?-147?）
字は叔重。『説文解字』『五経異義』などの著作がある。鄭玄の『駁五経異義』は後者への反論である。

▷9　馬融（ばゆう：79-166）
字は季長。鄭玄の師にあたる儒学者。

▷10　何休（かきゅう：129-182）
字は邵公。六経を修めた鄭玄と同時期の儒学者。『春秋公羊解詁』のほか，『公羊墨守』『左氏膏肓』『穀梁廃疾』などの著作がある。後半の三著作については，鄭玄が『発墨守』『鍼膏肓』『起廃疾』を著して反論した。

▷11　『詩経』には四家の注があった。それぞれ斉詩・魯詩・韓詩・毛詩という。このうち現存するのは『毛詩』のみである。ただ韓詩については，注釈書の『韓詩内伝』は滅びてしまったが，サブテキストの説話集『韓詩外伝』が現存している。

**参考文献**

井ノ口哲也『後漢経学研究序説』勉誠出版，2015年。
竹内照夫『礼記』上・中・下（新釈漢文大系），明治書院，1971・77・79年。安居香山『緯書』明徳出版社，1969年。

## Ⅱ　秦漢から隋唐時代

# 4 王　充

▷1　王充（おうじゅう：
27-？）
字は仲任。

（於越先賢像賛）

▷2　天人相関説
董仲舒によって理論化・体
系化された思想の一つ。洪
水・干ばつ・蝗の害など
の災害や，日食・月食など
の自然現象は，政治や王侯
の悪行が原因となって起こ
るとする説。その具体的用
例は『漢書』五行志に見る
ことができる。

▷3　これらの篇で批判さ
れる俗信は，年・月・日に
まつわる禁忌，様々な占い
による吉凶の判断，たたり
やその魔除けとされるもの
などである。

## 1 王充の生涯と著作

　王充[1]の主著は『論衡』である。その自紀篇によれば，『譏俗節義』十二篇・
『政務』・『養性』十六篇などの著述もあったようである。残念ながらこれらの
書物は伝わっていない。

　主著『論衡』の自紀篇は自らの生い立ちを述べた篇であり，『後漢書』王充
伝とともに彼の生涯を知る手がかりとなる。これらの資料では貧しいながらも
清廉に生きつつも，なかなか思うように歩めない王充の生き様が語られている。
『論衡』の冒頭に配置された逢遇・累害・命禄・幸偶などの諸篇には，遇不
遇・運不運や，命の長短や貴賤・富貴が天命に因るものであるとする王充の意
見が人生訓的につづられており，そこから自らの不遇に対する王充のまなざし
を見て取ることができる。また対作篇では『論衡』の著作態度や方法が記され
ており，『論衡』理解の一助となる。

## 2 合理主義的批判

　さて，よく王充は異端と称されることがあるが，それは彼がまったく別な方
向を向いていたということではない。論及の対象は当時の儒者たちとほぼ等し
い。要は彼の思考がスタンダードではなかったという意味での異端であった。
『論衡』はおおむね当時の一般的なものの考え方を提示した上で，王充がそれ
に反論を加えるという形をとる。この反論される側の言説が当時のスタンダー
ドな思考と言ってよい。その内容は多岐にわたり，ここですべてを紹介するこ
とはできないが，例えば当時流行していた**天人相関説**[2]に対する疑義（変虚・譴
告・変動・自然などの諸篇），孔子・韓非子・孟子らに対する疑義（問孔・非韓・
刺孟などの諸篇），霊魂に対する迷信への疑義（論死・死偽・紀妖・訂鬼などの諸
篇），雨乞いに対する疑義（明雩・乱龍などの諸篇），当時流行していた占いや吉
凶禁忌の俗信に対する疑義（四諱・讕時・譏日・卜筮・弁祟・難歳・詰術・解除な
どの諸篇）[3]などがある。

## 3 批判されない前提・王充への視角

　王充は合理的思考で当時の迷信・俗説などを否定したとも言われるが，これ
も王充がすべての場面において合理的であったわけではない。その用例を一つ

提示してみよう。

　用例は不老不死の仙人に関する俗説を批判する道虚篇に見える『淮南子』の[4]
編纂者淮南王劉安が死後に天に昇って仙人になったという伝承の批判である。
まず冒頭で伝説の内容を提示している。

　「儒書に言う。[5]『淮南王は，道を学び，天下の有道の人を招き集め，淮南王の
地位を以て，その道術の士にへりくだった。こういうわけで，道術の士がこ
ぞって淮南国に集まり，多くの奇方異術が出そろった。淮南王はとうとう道
を体得し，家を挙げて昇天した。その時，家畜もすべて仙となり，犬は天上
に吠え，鶏は雲中に鳴いた』と。これは仙薬に余りがあって，犬や鶏がそれ
を食べ，一緒に天に升ったという事である。道術を好み登仙を学ぶ人は，皆
真実だと言うが，これは虚言である」（『論衡』道虚篇）。

　これは淮南王劉安が，かねて制作中であった仙薬が完成し，実は自殺したの
ではなく登仙したのだとする伝承の批判である。興味深いのは，そのとき仙薬
に余りができて，飼っていた犬や鶏もそれを食べて登仙したとするところであ
る。Ⅱ-2 の挿絵はこのことを表した後世の絵である。

　冒頭の儒書が具体的に何を指すのかは分からないが，当時劉安登仙が文章と
して残されていたことは疑いあるまい。そして以下の三点について疑義を唱え
ている。

　　①すべての生き物は必ず死ぬのだから，人間が不老不死の仙人になれるわけ
　　　がない。
　　②人間には羽がないのだから天に昇れるわけがない。仮に羽があったとして
　　　も鳥ですら天まで飛ぶことはできないのだから，人間が昇天するなど不可
　　　能である。
　　③昇天するならば天門のある西北の**崑崙山**[6]より昇るはずだが，劉安が崑崙へ
　　　行ったという記述などない。

　上記の疑義の中で注目したいのは③である。ここで昇天するならば天門のあ
る崑崙山から，ということが前提として語られているのである。この崑崙山は
実在しない山であり，もちろん天門も存在はしない。ところが崑崙山は王充の
批判の対象となっておらず，王充自身も認める当時の通念であったことが分か
る。

　一口に合理的精神とは言っても，やはり背景となる時代や文化の影響下のも
のであることが理解できよう。この点は見落としてはならない。

　また古代の文献は知識人の手による知識人のためのものであって，そこに民
間レベルの文化はなかなか見出し難い。[7]その意味において『論衡』の論述は貴
重である。
　　　　　　　　　　　　　　　　　　　　　　　　　　　　　　（有馬卓也）

▷4　⇨ Ⅱ-2 「『淮南子』」

▷5　儒家の書という意味
ではなく，道術（不老不死
や登仙，占いなどの技術）
を身につけた者が著した書
を指す。

▷6　崑崙山
天界へと通ずる天門がある
場所とされ，死者が赴くと
された伝説上の山。戦国末
期から前漢期において，棺
桶や副葬品などにその画像
を確認することができる。
これについては曽布川寛氏
の『崑崙山への昇仙──古
代中国人が描いた死後の世
界』（中公新書，1981年）
が分かりやすい。

▷7　このほかに古代にお
ける民間文化を知る手がか
りを提供する文献として，
後漢の応劭『風俗通義』や
作者不詳（晋の葛洪とする
説もある）の『西京雑記』
などがある。

**（参考文献）**

大滝一雄訳『論衡』東洋文
庫，平凡社，1965年。山田
勝美訳『論衡』上・中・下，
明治書院，1976・79・84年。
冨谷至・吉川忠夫『漢書五
行志』東洋文庫，平凡社，
2003年。中村璋八・清水浩
子『風俗通義』明德出版社，
2002年。福井重雅『西京雑
記・独断』東方書店，2000
年。

## Ⅱ　秦漢から隋唐時代

 # 5　清談・玄学

### ▷1　竹林の七賢
この呼称は東晋時代に成立したとされる。したがって，彼ら自身が名乗ったものではない。

### ▷2　青木正児の「清談」
（『岩波講座・東洋思潮』岩波書店，1934年，後に『青木正児全集1』春秋社，1969年）による。

### ▷3　「道論」は『列子』天瑞篇の張湛（生没年不詳）の注に引用され，「無名論」は『列子』仲尼篇の張湛の注に引用される。

### ▷4　傅嘏は何晏を，鍾會は嵆康を死に至らしめたことで知られる。背後に曹氏と司馬氏の権力争いがあった。

### ▷5　『世説新語』
南朝宋の劉義慶（403-444）が編纂したもので，後漢末から東晋までを生きた人々の言行を集めている。

### ▷6　代表的なものとして陶淵明（365-427）の「五柳先生伝」，袁粲（420-477）の「妙徳先生伝」などがある。

### ▷7　河上公は伝説上の人物で，本注も成立時期は不明。ただ，長い時間をかけて成立したものと思われ，様々な要素が混在している。

## 1　清　談

　清談とは魏晋期に流行した老荘思想に基づく哲学的な談論で，清談を行った思想家としては，**竹林の七賢**がその代表である。清談は，その特色によって，さらに析玄派・曠達派・名理派に分類される。析玄派は何晏（？-249，字は平叔）・王弼（226-249，字は輔嗣）などに代表され，『老子』『荘子』『易』などの注釈の中に自らの思想を展開するという特徴を持つ。また儒家と道家の協調に努める傾向をも併せ持つ。何晏の『論語集解』『老子注（未完）』「道論」「無名論」，王弼の『老子注』『周易注』，向秀（生没年不詳，字は子期）の『荘子注』などの著作がある。曠達派は阮籍（210-263，字は嗣宗）・嵆康（223-262，字は叔夜）などに代表され，老荘思想を擁して，儒家的礼教を排撃する。また神仙説や養生論も話題とする。名理派は傅嘏（208-263，字は蘭石）・鍾會（225-264，字は士季）ほかに代表される。ちなみに玄学はその中の析玄派に含まれている。彼らを知る手がかりとなる資料として正史の『晋書』や『世説新語』などがある。

## 2　竹林の七賢

　竹林の七賢と称されるのは以下の七名である。人名の後に本人の伝記を載せる正史とその巻数，および生没年を記しておく。

| | | |
|---|---|---|
| 山濤 | （『晋書』43） | 後漢・建安10〜晋・太康4（205〜283） |
| 阮籍 | （『晋書』49） | 後漢・建安15〜魏・景元4（210〜263） |
| 嵆康 | （『晋書』49） | 魏・黄初4〜魏・景元3（223〜262） |
| 向秀 | （『晋書』49） | 生没年不祥 |
| 阮咸 | （『晋書』49） | 生没年不祥 |
| 劉伶 | （『晋書』49） | 生没年不祥 |
| 王戎 | （『晋書』43） | 魏・青龍2〜晋・永興2（234〜305） |

　ここではまず詩人としてよく知られている阮籍を紹介しよう。思想家としての側面はあまり知られていないが，『通易論』『通老論』『達荘論』と題した『易』『老子』『荘子』という玄学を構成する三つの古典への論及がある。『通老論』『達荘論』は単なる『老子』や『荘子』の注釈書ではなく，『老子』や『荘

子』の言を引用しながら自らの理想を語るという性質が強い。自らを語るという形式は当時多く見られ，この時代の特色の一つと言えるだろう。また嵆康には「養生論」という神仙へと至るための養生について説く著作があり，そこでは「心」の平静について論じている。これは唐代の道士司馬 承 禎（643-735，字は子微）の『坐忘論』へと接続する道教的著作である。

## ③ 玄　学

　玄学を代表する思想家王弼は，阮籍と同時代人である。王弼の『老子』と『易』への注は現代最もスタンダードなものとされている。ただ，スタンダードとは言っても，玄学の反映でありさらに王弼の思想の反映であることは否定できない。また何晏は同時期にあって『論語』に注を施している。この時期にあっても，すでに儒家・道家というような枠組みは基準としての価値を失っており，あらゆる知見が渾然一体となって時代思潮を形成していると見るべきである。

　さて，一口に玄学と言っても，その特質を説明することは難しい。そこで具体例として『老子』第6章「谷神不死」を例にとってみよう。以下にあげるのはその王弼注[7]・河 上 公注[8]・想爾注である。まず注を示し，それに従った本文の読み方を示そう。

　王弼注は「谷神」を谷間の空虚な空間と捉え，本文を「谷神は死せず」と読み，そこから「無」「無形」「無逆（逆らわない）」「無違」「処卑（卑しきに居る）」「不動」「守静」「不衰」「成物」など，実に多くの属性を導き出し，それがいわゆる「道」に近いものとしている。河上公注は「谷」を「養う」の意味で解釈し，本文を「神を 谷へば死せず」と読み，体内の五臓を守る五神を大切にすれば，体調が損なわれることもなく丈夫になるとしている[10]。そして想爾注では「谷」を「欲す」の意味で解釈し，本文を「神を谷すれば死せず」と読み，体の「精」「神」を守ることを言うとする[11]。上記の三注を見比べれば，同じ『老子』の文にまったく異なる解釈がなされていることに気づくであろう。特に河上公注と想爾注は道教の影響を受けた注文となっている。この時代は，道教や仏教が大きな影響を与えた時代でもあったのである。

　玄学や清談として括られる思想家たちは，儒教国家であった漢王朝の崩壊後，新たな生きる指針の模索期に登場した。しかも魏晋期の不安定な政治状況下に生き，さらに道教や仏教など新たに台頭してきた宗教とも無関係ではなかった。新たなスタンダードが模索された時代に生きていた。　　　　　（有馬卓也）

▷8　1900年，敦煌で発見され，1907年オーレル・スタインが大英博物館に持ち帰った写本（スタイン6825）。『老子』3章〜37章までの本文と注が存する。

▷9　王弼注の原文は以下の通り。「谷神とは，谷の中央の無なる者なり。形なく影なく，逆ふなく違ふなく，卑しきに処りて動かず，静を守りて衰へず。物は之を以て成るも，其の形を見ず。此れ至物なり。」

▷10　河上公注の原文は以下の通り。「谷とは養ふなり。人能く神を養へば則ち死せず。神とは五蔵の神を謂ふ。肝は魂を蔵し，肺は魄を蔵し，心は神を蔵し，腎は精を蔵し，脾は志を蔵す。五蔵 尽く傷つけば，則ち五神去る。」

▷11　想爾注の原文は以下の通り。「谷とは，欲するなり。精結びて神と為る。神をして死せざらしめんと欲せば，当に精を結びて自ら守るべし。」

（参考文献）

大上正美『世説新語で読む竹林の七賢』朝倉出版，2019年。目加田誠訳『世説新語』上・中・下（新釈漢文大系），明治書院，1975・76・78年。川合康三『中国の自伝文学』創文社，1996年。吉川忠夫『風呂で読む　竹林の七賢』世界思想社，1996年。神塚淑子『道教思想10講』岩波新書，2020年。

## Ⅱ　秦漢から隋唐時代

# 6　韓　愈

▷1　**韓愈**（かんゆ：768-824）
字は退之。

（『三才図会』）

▷2　**唐宋八大家**
中唐の韓愈・柳宗元のほか，宋の欧陽脩（1007-72）・蘇洵（1009-66）・蘇軾（1037-1101，蘇洵の子）・蘇轍（1039-1112，蘇軾の弟）・曾鞏（1019-83）・王安石（1021-86）を指す。

▷3　**六朝**
三国時代の呉，東晋，南朝の宋・斉・梁・陳の，建康（現在の南京）に都を置いた六つの王朝の総称。呉が成立した222年から陳が滅亡した589年までの368年間を指す。

▷4　**四六駢麗文**
六朝から唐にかけて流行した文章のスタイルで，四字・六字で一句を形成するところに特徴がある。

▷5　**安史の乱**
安禄山の乱とも言う。唐の節度使安禄山と配下の史思明が起こしたクーデター。755年に始まり，鎮圧されたのは763年。九年にわたって続いた。

## 1　韓愈とその時代

　**韓愈**[1]は**唐宋八大家**[2]の一人として，同じ八大家の柳宗元（773-819，字は子厚）や詩人の白居易（772-846，字は楽天）らと同時代の人である。

　さて唐宋八大家とは，そもそも何を基準にして選ばれた人々なのであろうか。**六朝**[3]以来の貴族制の中で発展した美文とされる**四六駢麗文**[4]（駢文とも）という形式が唐に入って起こった**安史の乱**[5]や**科挙制**[6]の浸透などを契機として，形式よりも内容を重視した文章を書こうという風潮に移行していく。その流れの中で興ったのが古文復興運動であり，韓愈・柳宗元らはその代表であった。八大家は唐代と宋代における八名の古文家に他ならない。

## 2　五　原

　韓愈を詩文家として論じる書物は多いが，思想家としての側面にスポットを当てたものは意外に少ない。以下，韓愈の五原と言われる「原道」「原人」「原性」「原鬼」「原毀」という五つの著作を紹介し，彼の老荘批判や仏教批判，儒教の正統性の主張などを見ていこう。

　「五原」の「原」とは「たずねる」の意であり，道・性・人・鬼・毀の五つを究明するというものである。まず「原道」では仁義を小（つまらないもの）として否定する老子を「一人（個人的な・少数派の）の私芸」として批判し，孔子が説く仁義道徳の意義を明らかにする。そして仁義道徳によって国を治めればうまくいくと，儒教の効用を主張する。次の「原性」では性と情にそれぞれ三品（上中下の三種類）があるとして論を展開する。これについては次の**3**で説明する。続く「原人」では人間のあるべき姿は「仁」であり，それこそが人道に他ならないとする。そして「原鬼」は上の「原人」と対をなし，鬼（死後の人の霊魂・亡霊を指す）について論じる。この文の主意は不可思象の原因を「鬼」ではなく「物（もののけ）」にあると主張するところにある。最後に「原毀」では人の「毀（そしり）」は嫉妬心から生まれたものであると主張する。

　この「五原」の記述は，同時に当時の文化的・思想的な状況を我々に教えてくれる。すなわち韓愈が生きていた時代は老荘思想と仏教の勢力が強く，さらに霊魂や亡霊といった迷信が信じられていた時代であったのである。そのことを韓愈は鋭く指摘していたのである。

とりわけ唐王朝は太祖李世民が老子（李耳）と同じ李氏であったことから，老子の末裔を自称していたこともあって，老荘思想の勢力が強い時代であった。と同時に，この時代は仏教も盛んな時代であった。特に韓愈が生きていた当時は，唐王朝中興の祖とも言われた憲宗（在位805-820）が皇帝であったが，道教に心酔し不老不死の仙薬を常用すると同時に，仏教にも耽溺し，30年に一度開帳される法門寺の仏舎利を供養すれば福徳を得られるという伝承を信じていた。そのことを諫めるために韓愈が著したのが「仏骨を論ずるの表」である。韓愈の訴えは憲宗の心を動かすことはできず，憲宗は莫大な費用をもって法門寺の仏舎利供養を行った。しかし，その憲宗も韓愈存命中に仙薬常用のため精神に異常をきたし，臣下に暗殺されるという事態に至る。そういう時代であった。

## ❸　性三品説

　韓愈が生きていた当時，儒教がまったく精彩を欠いていたわけではない。唐の太祖李世民の時，五経が勅命によって校定され（630），そのテキストを学者に学ばせていた（633）。さらに五経の正統な解釈書として『五経正義』がまとめられ，それを全国に頒布させていた（654）。ここに魏晋南北朝時代に諸説が氾濫していた五経は，その解釈が統一見解としてまとめられるに至った。

　韓愈の生きた時代は，そういった文化的背景も持つ。そこで，儒教のテーマの一つであった性説について，以下韓愈の思想を見てみよう。

　上の「原人」の記述にあったように，韓愈の思想の特徴として性三品説をあげることができる。性説とは人間が生まれながらに持っている本性がいかなるものかという議論で，古くは『論語』陽貨篇の「性相近きなり，習えば相遠きなり（人間の生まれつきの本性は似たり寄ったりだが，その後の教育によって差異が生じる）」「唯だ上知と下愚とは移らず（しかし上知と下愚は変わらない）」に始まり，孟子の性善説[7]，荀子の性悪説[8]が有名である。また，性三品説は韓愈のオリジナルではなく，前漢中期の董仲舒[9]や前漢末の揚雄[10]，後漢の王充[11]や荀悦[12]も唱えていた。この三品説は人間の本性を上中下の三つに分類するもので，中人をどのように設定するかによってさらに意見が分かれていく[13]。韓愈の三品説は，性を情と区別し，生まれつきの性を上中下に三分し，教え導くことで中は上にも下にもなり得るとした上で，さらに性は仁・礼・信・義・智の五つの心の働きを設定して，より儒教的議論が深化しているところに特色があると言えよう。

（有馬卓也）

▷6　科挙制
六朝の貴族が世襲によって官僚となる現状を刷新すべく，隋の文帝の時に始まった官吏登用試験。唐代においても引き継がれ，清王朝末期まで続いた。⇨ⅩⅡ-1「科挙の開始」

▷7　⇨Ⅰ-2「孟　子」。性善説は『孟子』公孫丑上篇による。

▷8　⇨Ⅰ-3「荀　子」。性悪説は『荀子』性悪篇による。

▷9　⇨Ⅶ-6「董仲舒」

▷10　揚雄（ようゆう：前53-18）
字は子雲。中人の性善悪混説を唱えた。

▷11　⇨Ⅱ-4「王　充」。性有善有悪説を唱えた。『論衡』本性篇による。

▷12　荀悦（じゅんえつ：148-209）
字は仲豫。その著書『申鑒』雑言下の第九節において，ある人の「天命・人事」に関する質問に対し，「三品」ありと答え，性説の流れを概説している。

▷13　参考として示しておくと，『後漢書』に古今人表という一篇があり，そこでは五帝の時代から前漢に至るまでの人物を上上・上中・上下から下下に至る九ランクに分類して表にするという試みがなされている。

（参考文献）

星川清孝『唐宋八大家文読本（一・二）』明治書院，1976年。堀池信夫総編集，渡邉義浩・菅本大二編『知のユーラシア3　激突と調和』明治書院，2013年。

## Ⅲ　宋明清代

# 北宋の五子

▷1　周敦頤（しゅうとんい：1017-73）
字は茂叔。濂溪先生と称される。湖南省道州営道の人。著述に『太極図説』，『通書』がある。朱子は，周敦頤を宋代理学（「道学」）の創始者として位置づける「道統」論を展開した。

▷2　太極
『易経』繋辞伝に由来する概念。宇宙の究極の根源，本体。朱子は，この太極を「理」の最も根源的な位相を表現したものと解釈した。

▷3　邵雍（しょうよう：1011-77）
字は堯夫，諡は康節。河南省共城の人。中年以降，洛陽に移り住む。生涯仕官することなく，隠者的生活を送った。著述には『皇極経世書』，独特の思想詩集『伊川撃壌集』などがある。

▷4　張載（ちょうさい：1020-77）
字は子厚。横渠先生と称される。陝西省鳳翔郿県の人。程顥，程頤の母方の叔父にあたる。38歳で科挙に合格。著述には『正蒙』『経学理窟』『易説』などがある。

▷5　太虚
『荘子』知北遊篇に見える言葉。張載は，この太虚を気の本体的位相と捉え，この世界のあらゆる存在は太虚に淵源すると理解した。

## 1　朱子学の先駆けと周敦頤の思想

　唐代以前の儒学は，経書の文献学的解釈を重視する「訓詁の学」が主流であったが，宋代になると仏教（禅）や道家・道教思想の刺激を受け，経書の哲学的解釈を重視する「義理の学（道学）」が主流となっていく。南宋になると，この義理の学の流れから朱子が現れ，朱子学として結実していくわけであるが，その布石となったのが北宋の五子，すなわち周敦頤，邵雍，張載，程顥，程頤の思想である。朱子学は，この北宋五子の思想を集大成したものだとも見なすことができる。

　北宋五子の一人目，**周敦頤**▷1は，『易』と『中庸』の思想をベースに，「誠」を最高の道徳概念とする内省的な思想を展開した思想家である。彼は，これまで政治的統治者としての意味合いが強かった「聖人」という存在を，「誠」を体現した人格的完成者として捉え直し，努力すれば誰もが「聖人」になれるのであり（「聖人学んで至るべし」），学問とは，「聖人」の精神的境地を学ぶことに他ならないと主張した。

　また，周敦頤は，「太極図説」を著し，この宇宙は「**太極**」▷2を根源・本体とし，太極から陰陽の二気を生じ，陰陽の変化から五行が派生し，五行が交わり合って万物が生み出されるとする宇宙生成論を打ち出した。この「太極図説」は，朱子によって重視され，朱子学的な理気論，宇宙論を構築する上で大きな役割を果たすこととなった。

## 2　邵雍と張載の思想

　**邵雍**▷3は，易学をベースとして，「数」を宇宙生成変化の根本原理と見なす独特の思想を構築した。彼は，この宇宙は，「一元（12万9600年）」を一つの周期として生滅し，それが無限に繰り返されているとするスケールの大きな歴史観を展開した。また，邵雍は世界認識の方法として，「我を以て物を観る」立場と「物を以て物を観る」立場とを対比し，前者では物と我とが対立し，物の表面しか理解できないのに対して，後者では物我一如の無我の境地となり，かくしてはじめて物の本質を見抜くことができるのだとする「観物」論を主張した。

　**張載**▷4は，この世界を気の変化・運動によって説明する「気」の哲学を展開し，朱子の存在論に大きな影響を与えた。張載によれば，気には集散するはたらき

があり，万物は，気が凝集すると生成し，離散すると死滅するわけだが，死滅とは決して「無」に帰することではなく，気の本来の状態，すなわち「太虚」[15]に戻ったに過ぎない。張載にとって，万物の生滅とは，同一の気が変化して異なる状態になることにほかならなかった。この世界をすべて同一の気で構成されていると見なす張載は，「西銘」[16]という文章を著し，あらゆる存在は自分と血のつながりのある親族，心が通じあった友人のようなものであり，シンパシーを感じずにはいられないという「万物一体」の思想を展開した。

## 3 程顥と程頤の思想

程顥[17]と程頤[18]は兄弟であり，二人を区別せずに「二程子」としてその思想が論じられることも多い。ただ，弟程頤が厳粛な性格で，分析的・理知的傾向の強い学風であったのに対し，兄程顥は包容的な性格で，その思想は渾一的，直感的な傾向が強いものであった。

程顥の学説で最も注目すべきは，天を「理」と捉える「天理」観を打ち出したことであろう。程顥によれば，この宇宙は，自然界から人間界に至るまで一つの偉大なる摂理（「理」）によって貫かれており，この理こそが「天」にほかならない。そして程顥が捉えたこの「天＝理」の本質は，万物を生成してやまない「生生の徳」，すなわち「仁」であった。かくして程顥は，いかなる道徳（義・礼・智・信など）も，この「仁」から派生したものにほかならないと捉え，根本たる「仁」を識得・体現することの重要性を説いた。仁を体現した時，人は宇宙の生意と通じ合い，「人為」が宇宙のはたらきそのものと化して「自然」となる。ここに自他の対立は消え去り，あらゆる存在が一つにつながって我が身の一部となる。これが程顥の理想とした「万物一体の仁」の境地であった。

程頤の思想に特徴的なのは，二元的思考である。程頤は，目に見える現象には，その根拠となっている目に見えない原理が存在しているとし，その原理こそが「理」であると捉えた。そしてこの世界を認識するには，「理」の次元での深層的理解が不可欠だと考えた。人間の心で言えば，「愛」（惻隠の心）という感情が生まれるのは，心に「仁」という「理」が備わっているからで，この理こそが人間の本性なのだとして，「性即理」を説いた。程頤は，このように形而上の原理と形而下の現象を分けて考えたが，決して両者を対立的に捉えていたわけではなく，両者は「本体」と「作用」の関係にあり，切り離して考えてはいけないとし，それを「体用一源，顕微無間」[19]と表現した。

こうした程頤の考え方は，その「居敬涵養」「格物窮理」[10]といった学問修養論とともに，朱子によって受け継がれ，発展させられていった。朱子の思想は，北宋五子の中でも特に程頤の学問をベースとして構築されている側面が強いため，朱子学は「程朱学」とも称されている。

（藤井倫明）

▶6 「西銘」
『正蒙』乾称篇に所収。程顥はこの「西銘」を「秦漢以後の学者の文章で最も優れたもの」と絶賛した。

▶7 程顥（ていこう：1032-85）
字は伯淳。明道先生と称される。河南省洛陽の人。26歳で科挙に合格。青年期，弟程頤とともに周敦頤に師事して影響を受ける。程顥の言葉や文章は，朱子によって編纂された『程氏遺書』『程氏外書』『程氏文集』などに収録されている。

▶8 程頤（ていい：1033-1107）
字は正叔。伊川先生と称される。河南省洛陽の人。著述には道徳的観点から『易経』を解釈した『程氏易伝』などがある。兄の程顥同様，程頤の残した言葉や文章は，『程氏遺書』『程氏外書』『程氏文集』に収録されている。なお，朱子学理解の重要なテキストとされる『近思録』は，朱子と呂祖謙が，周敦頤，張載，程顥，程頤の遺文の中，主要なものを選んで編纂したものである。

▶9 体用一源，顕微無間
目に見えない本体が目に見える形で現れたものが作用（現象）であり，両者はつながっており，切り離すことができないこと。

▶10 ⇒ Ⅲ-2 「朱子」

参考文献

楠本正継『宋明時代儒学思想の研究』広池学園出版部，1962年。島田虔次『朱子学と陽明学』岩波新書，1967年。進藤英幸『伊洛淵源録』明徳出版社，1989年。

# Ⅲ　宋明清代

 **朱　子**

▷1　朱子（しゅし：
1130-1200）
名は熹，字は元晦・仲晦，
号は晦庵。福建省の尤渓で
生まれる。19歳で科挙試験
に合格し，進士となるが，
官途に就いていた期間は短
く，生涯，研究と教育，著
述に専念した。朱子の思想
には変遷が見られ，40歳頃
に定論が確立する。主著・
編著に『四書集注』『詩集
伝』『周易本義』『近思録』
『小学』などがあり，その
詩文は『朱文公文集』にま
とめられている。また門人
たちと交わした対話の記録
が『朱子語類』として残っ
ている。
▷2　偽学
正統と認められない異端の
学問のこと。寧宗の慶元2
年（1196），韓侂胄は朱子
の学問的立場を偽学として
弾圧した。世に「偽学の
禁」と称される。
▷3　⇨Ⅴ章「経書の成立」
▷4　⇨序-1「中国思想
の誕生と展開」
▷5　⇨Ⅲ-1「北宋の五
子」
▷6　四徳
仁，義，礼，智の四つの徳。
朱子はこの四つを理として
の性の最も重要な内容と考
え，四徳と称した。
▷7　四端
惻隠，羞悪，辞譲，是非の
四つの感情。惻隠はあわれ
みの感情。羞悪は不善を恥
じ憎む感情。辞譲はへりく

## 1　北宋五子の思想の集大成と儒学の再構築

　北宋五子の思想を集大成し，体系化したのが南宋の**朱子**[1]である。朱子によっ
て再編成され，新たな精神を吹き込まれた儒教思想は，後世「朱子学」（「宋
学」とも称される）として継承されていった。朱子学は，彼の在世当時には**偽学**[2]
として弾圧されたが，元代以降には体制教学として権威化され，東アジア世界
における学問のスタンダードとして，大きな影響を及ぼした。

　朱子学の登場により，儒教経典の中心は五経[3]から四書[4]へと移り，経典解釈の
スタンスも，テキストに即した一字一句の解釈を中心とする「訓詁の学」から
テキストの奥に潜んでいる聖人の真意を悟得しようとする「義理の学」へと変
貌を遂げた。また仏教や道家思想と対抗しつつもその影響を受けることで哲学
的にも深まりを見せ，儒教独自の存在論，心性論，修養論などを確立するに
至った。ここに儒教は新たな姿で甦ったとも言える。欧米で朱子学が新儒学
（Neo-Confucianism）とも称されているのはこのためである。

## 2　この世のしくみ：存在論

　朱子は「理」の概念を程顥・程頤から，「気」の概念を張載から引き継ぎ，
この世界は理と気の二つの基本要素によって成立しているとする存在論（「理
気二元論」）を展開した。

　理とは，存在を成り立たせている超越的な根拠，原理である。この理は，形
而上的な次元の要素であり，究極的には一つであるが，実際には様々に限定さ
れて個別の理となり，具体的な事物・事象の本体・法則として機能する。これ
を「理一分殊」と言う。なお，究極的一者としての理を，朱子は「太極」[5]と
捉え，あらゆる存在にこの太極が，完全な形で備わっていると見なした。一方，
気とは，存在を構成している物質的，エネルギー的側面を意味し，形而下的次
元の要素である。この世界の具体的なはたらきは気によるものだとされる。

　この理と気は，概念としては厳格に区別されるが，実際には相即不離の状態
で存在しているとされ，また，理は気がなければ実際に機能できず，気は理が
なければ存在意義を失うというように，両者は対立関係ではなく，協働・依存
関係にあるものとして捉えられている。理は純粋至善であるが，気には偏・正，
清・濁といった質的相違があるとされ，万物が同じく完全な理（太極）を内在

させていながら人間や動物，植物といった相違を生じるのは，こうした気の質的相違によると考えられている。

## ❸ 心のしくみ：心性論

　朱子は『中庸』の「天の命ずる，これを性と謂う」および程頤の「性即理」のテーゼをふまえ，天理が人に内在したものが「性」，つまり人間の本性であり，この性が外に現れたものが「情」であると見なした。性と情は本体と作用の関係にあり，本来は連続していて切り離すことができない一物である。この連続性，一物性に焦点を当て，両者を統括的にとらえた概念が「心」となる。よって，心の本体が性，心の作用が情であるとも理解でき，朱子はこうした心と性・情の関係を張載の言葉を援用して「心は性情を統ぶ」と表現した。

　なお，朱子は『孟子』に基づいて，性の最も重要な内容を「仁・義・礼・智」の「四徳」[46]であるとし，この四徳が顕現したものが「惻隠，羞悪，辞譲，是非」といった「四端」[47]の情であると見なした。これまでの『孟子』理解では，個人的なレベルでの四端の情を拡充していくことで普遍的な「四徳」が実現されると捉えられていたが，朱子においては両者の関係が転倒し，四徳は人が生まれつき持っている性（理）であり，四徳があるからこそ四端の情が生じるのだと捉え直された。これはつまり，あらゆる人は本来，完全な道徳性を内在させているということであり，ここに儒教の性善説はより徹底したものとなった。

## ❹ 理想的な人間への道：修養論

　人は誰もが完全な理（性）を内在させているのだが，上述したように，理と気は相即不離の協働関係にあり，実際には「気質の性」[48]として機能することになるため，それは必然的に気の質的状態の影響を受けることとなる。気が濁ったり偏っていたりすると，理（性）は十全に発揮できず，その結果，本体である理（性）の現れ，つまり作用としての情にゆがみや過不及が生じ，ここに私欲も出現することになる。人は本来（本体）的位相では完全（聖）でありながら，現実（作用）的位相では不完全（凡）な姿となるのはそのためである。

　この本来的な姿と現実的な姿との乖離を見据え，朱子は学問・修養の必要性を説いた。それが「格物窮理」[49]と「居敬存養」[410]である。格物窮理とは，外在する事物の理を究明していくことで，完全なる理（性）の内在を自覚し，本体としての機能を発揮できるようにはたらきかけていくことであり，居敬存養とは，身を引き締め，心を安定させることで，身心を構成している気を理想的な状態に導き，理（性）が自然に発揮できるようにすることである。朱子は，こうした学問・修養を通して，人は本来の理想的な姿を回復することができると考えたのである。「学問することにより誰もが聖人になれる」，これこそ，北宋五子の思想を継承した朱子学のスローガンであった。　　　　　（藤井倫明）

だり人に譲る感情，是非は善悪を見分ける感情。朱子は，四徳は形而上の性（理）であり，四端は形而下の情であるとし，両者を明確に区別した。

▷8　気質の性
性はそもそも理であり，純粋至善であるが，実際には気と一体となって機能しており，それを「気質の性」と呼ぶ。気と切り離し，性（理）だけを単独で見た場合には「本然の性」と呼ぶ。

▷9　格物窮理
もともと程頤が提唱した修養方法。「格物」は，『大学』の言葉で，古来さまざまな解釈がなされてきたが，程頤，朱子は事物に即してその理（原理，道理）を明らかにしていくこと，つまり「窮理（理を究明する）」のことだと理解し，「格物窮理」と称した。具体的な方法としては，経書を読んで，道理を識得することが重視される。

▷10　居敬存養
もともと程頤が提唱した修養方法。我が身に内在している天理（性）に畏敬の念を抱き，天理が妨げられることなく自然に顕現できるよう，身心（気）の状態を整える工夫。具体的方法としては，威儀を正すこと，意識を分散させないこと，静坐などが説かれた。

（参考文献）
荒木見悟『朱子・王陽明』中央公論社，1978年。三浦國雄『朱子』講談社，1979年。木下鉄矢『朱子学』講談社，2013年。小島毅『朱子学と陽明学』筑摩学芸文庫，2013年。垣内景子『朱子学入門』ミネルヴァ書房，2015年。

## Ⅲ　宋明清代

# 陸象山

---

▷1　心学
心そのものを理と見なし，あらゆる価値基準の根源，成立基盤と捉える思想。一方，朱子学は，心そのものではなく，心の本体である性のみを理と認める立場であるため，「理学」あるいは「性理学」と称される。

▷2　**陸象山**（りくしょうざん：1139-92）
名は九淵，字は子静，号は象山。江西省の金谿で生まれる。陸家は何世代もが同居する大家族であり，象山は九人兄弟の末子であった。34歳で科挙試験に合格し，進士となるが，科挙のための名利を目的とした学問には批判的であった。象山は朱子の論敵として，生涯，朱子と論争を重ねたが，歴史上，最もよく知られているのが江西鉛山の鵝湖寺で行われた「鵝湖の会」である。朱子と象山は学説の次元では対立したが，人間的には互いに尊敬しあっており，朱子は自分の書院に象山を招いて講義を依頼している。その時の講義（「白鹿洞書院講義」）は，朱子を含め聴衆を深く感動させたと伝えられている。象山の残した文章や言葉は後世『象山全集』36巻に整理・収録されている。

▷3　『中庸』
もと『礼記』の中の一篇であったが，朱子によって取り出され，独立した一書と

---

## 1　心学の誕生

　南宋の時代，朱子の理学とは異なる**心学**を打ち立て，朱子の論敵として活躍したのが**陸象山**である。陸象山は，その心学思想を『孟子』を読んで自得し，孟子の教えを継承したものだと位置づけている。孟子によれば，人の心の本来の姿（「本心」）は，善なる道徳意識（良心）そのものである。ただ，この本心が，何らかの原因で妨げられたり，見失われたりすると，正しい道徳判断ができなくなり，悪が生じることになる。そこで孟子は，本心を取り戻し，大切に保持することの重要性を説いた。象山はこのような孟子の心の思想を受け継ぎ，人の心は本来，この宇宙のあらゆる道理を円満に備えており，心こそが道徳の源泉であるとし，本心の覚醒を第一義とする学問・修養を主張した。

## 2　何が本質か：根本志向

　朱子が，「居敬存養」という心を対象とした内向きの修養だけでなく，「格物窮理」という宇宙（客観世界）の原理を追求する外向きの学問の必要性も主張したのに対して，象山は，この宇宙内における事柄は，そのまま自己の心の内部の事柄にほかならないのだと見なし，心を対象とする修養に全精力を注ぐべきだと主張した。象山によれば，心の広がりはそのまま宇宙と重なっているのであり，すべては心の問題として捉えられることになる。朱子学では，心そのものではなく，心の根底にある本体としての理（性）を究極的な価値の源泉と認め，その理を外在する事物を通して理解しようとする立場であったが，象山は心と理（性）とを分けず，心の本来の姿（「本心」）そのものが理にほかならないと捉え（「心即理」），学問・修養の目的は，この本心を取り戻すこと以外にはないと主張した。自己の本心を取り戻し，それを覚醒させることが，とりもなおさず「理」を明らかにすることなのであり，朱子が提唱した「格物窮理」のように，正しさの原理を心外の事物に求めるのは，本末転倒であり，根本ではなく枝末にこだわるものだとして批判した。『中庸』に学問・修養のスタンスとして，「**尊徳性**」と「**道問学**」の二つが説かれており，朱子は両者どちらも欠くことのできない重要なものだと強調したのだが，象山は，本心の修養と関わる「尊徳性」の方があくまでも根本であり，「尊徳性」がなければ「道問学」も意味を失うとして，「尊徳性」の優位を主張した。このように，象山は，

どこが根本で，何が本質なのかをわきまえる重要性を説き，もし根本を押さえていれば，学問・修養は「易簡[16]」となり，ダイレクトに効果を期待できるのに対し，根本を押さえていないと，学問・修養は「支離[17]」となり，やればやるほど，本質から遠ざかってしまうと警戒した。

## ③ 義か利か：志の識別

　根本を押さえる学問・修養の具体的方法として象山が主張したのが，自己の「志」が何に向かっているのかを見極めることであった。『論語』に「**君子は義に喩り，小人は利に喩る[18]**」という言葉があるが，象山は，同じく人でありながら，君子と小人とに分かれてしまう根本的原因は，志にあると考える。志が道義に向かっていれば，道義に馴染んでいくことになり，その結果，道義に通暁して君子となるが，志が利欲に向かっていれば，利欲に馴染むこととなり，その結果，利欲に通暁して小人となってしまうのである。よって，まず自己の志が何に向かっているのか，その是非を識別しなければならない。この「志を弁ずる」ということが象山にとって学問の出発点であった。

## ④ 「自立」せよ：主体性の確立

　象山によれば，心は完全無欠であり，この宇宙のあらゆる道理は，自己の心に備わっている。よって，自己の心はそのまま宇宙全体を包摂していることとなり，古今東西，いかなる時代，いかなる地域に現れた聖人の心も今現在の自己の心と異なることはない。かの聖人の心に体現されていた道理は，この自己の心に備わっている道理とまったく同一のものなのである。古代の聖人が書き残した経書は，この普遍的なる心に内在している道理を，書物として外在化したものにほかならない。その意味で，経書とは自己の心の「註脚」，つまり心の内容を具体的に解説したものに過ぎないのだ。象山は生涯，経書の注釈書を書き残さなかったが，それは，自己の心の方が「根本」である以上，直接，内なる心を見つめさえすれば道理は自然と明らかになるわけで，わざわざ「枝末」である経書を通して理解するという迂回路を取る必要はないと考えたからである。

　このように，自己の心がもともと完全無欠であるならば，善を実現できない原因を，自己の先天的能力，生まれつきの素質に帰することはできなくなる。善が実現できないのは，自分で自分を見限り，見捨てているからだということになってくる。すべては自己責任なのだ。外在する権威や規範によりかかる必要はない。やるべきことは自己の本心を信じ，主体性を確立すること以外にはない。象山の心学は，我々にひたすら「自立」を迫るものであった。

　なお，こうした象山の心学の立場は，明代になると王陽明によって再確認され，さらに発展を遂げることとなる。後世，陸象山の思想は，王陽明の思想と合わせて「陸王心学」と称され，大きな影響を与えていった。　　（藤井倫明）

して重視されるようになった。『大学』『論語』『孟子』と合わせて四書とされる。

▷4　尊徳性

「徳性を尊ぶ」とは，自己が生まれつき持っている道徳本性を信頼し，それを発揮させてやる修養のこと。

▷5　道問学

「問学に道る」とは，学問を通して道徳的理解を深めていく修養のこと。具体的には聖賢の残した経書の内容を学ぶこと。

▷6　易簡

シンプルでストレートなこと。象山は自己の修養・学問は，最も大切な根本から手をつけるものなので，複雑になったり，回り道をしたりせずに済み，「易簡」であり得るのだと自負した。

▷7　支離

本質を見失い錯乱している状態。象山は，「格物窮理」や「道問学」を重視する朱子のやり方は，根本ではなく，枝末から手を付けるものなので「支離」に陥りやすく，やればやるほど本質から遠ざかってしまう危険があると批判した。

▷8　君子は義に喩り，小人は利に喩る

『論語』里仁篇の言葉。立派な人物は，道義にかなっているかどうかという点にこだわるが，ちっぽけな人物は，利益を得られるかどうかという点にこだわるものだ，という意味。

（参考文献）

福田殖『陸象山文集』明徳出版社，1972年。吉田公平『陸象山と王陽明』研文出版，1990年。小路口聡『即今自立の哲学』研文出版，2007年。

## Ⅲ　宋明清代

 **王陽明**

### ▶ 1 『五経大全』『四書大全』『性理大全』
明の永楽13年（1414），勅命を受け，胡広らによって編纂された一大叢書。「永楽の三大全」と言われる。科挙受験のための国定注釈書として広く普及した。

### ▶ 2 王陽明（おうようめい：1472-1528）
名は守仁，字は伯安，陽明はその号。浙江余姚に生まれる。「豪邁不羈」な性格で，青年期には任侠，騎馬，文辞，神仙，仏教などに惑溺するが，儒教の人倫の立場に落ち着く。弘治12年（1499），科挙に合格し，官界に入る。文官でありながら数々の反乱，流賊を平らげて功績をあげるが，たびたび弾圧を受け，苦難の人生を送る。その思想は『伝習録』を通してうかがうことができる。『伝習録』を含む著述は，『王文成公全書』にまとめられている。

### ▶ 3 正徳元年（1506），
陽明は，宦官劉瑾を弾劾して不当に逮捕された人士を救うべく武宗に上奏した結果，かえって武宗の怒りを買うこととなり，投獄され，さらに未開の辺境の地である龍場に配流されることとなった。

### ▶ 4 陸象山の心学は，王陽明によって再評価され，

### ① 理学から心学へ

　明代の前期は，朱子学が隆盛をみた時代であった。経書理解も朱子学的解釈こそが正統なものだと見なされ，科挙試験用の国定教科書として『**五経大全**』『**四書大全**』『**性理大全**』▷1 などが編纂された。若き日の**王陽明**▷2 も，朱子学を真摯に学び，朱子学が提唱する修養法「格物窮理」の実践につとめ，理想とする聖人の境地を目指したが，挫折する。その後，陽明は貴州の龍場に配流▷3 されることになるが，そこで深い内省を行うことで，これまで努力して実践してきた朱子学的学問・修養が誤っていたことに気づく。これを歴史上，「龍場の大悟」と言う。ここで陽明は，朱子学的な「知」のあり方そのものを根本的に問い直し，「心即理」という観点を打ち出すとともに，陸象山の思想を再評価▷4 することとなる。「心学」の再興である。この「心即理」説は，その後，異なる視点から鍛え直され，内容を深め，「知行合一」説，「致良知」説，「万物一体」説などとして展開していった。

### ② 心そのものが価値基準である：「心即理」説

　陽明の理解では，朱子学とは，心と理とを二つに分け，理は自己の心の外に存在していると見なす立場であり，外在する理を一つひとつ明らかにして，その理によって心を適切にコントロールしていく，それが朱子学的学問・修養であった。これは是非善悪の基準を外に求める立場にほかならない。ところが陽明は，「龍場の大悟」によって，理（正しさ）とは心の外に客観的な形で存在しているものなのではなく，心によってその都度見出されていくもので，心そのものが理を生み出している根源，是非善悪という道徳的判断を成り立たせている基体なのだと気づく。これを陽明は「心即理」と表現した。陽明によれば，何が正しく，何が間違っているかを判断する基準は，内なる心に生まれつき備わっているのであり，わざわざ外に向かってその基準を求める必要はないのである。自分の心が基準（ものさし）そのものなので，いかなる事態に直面しても，ただちに是非善悪を判断し，的確に対応していくことができるのである。

### ③ 知と行は分けられない：「知行合一」説

　心と理を区別し，心の外に理があると考える朱子学では，心が理を認識する

というインプットの段階（「知」）と心が理に準拠して行動を起こすというアウトプットの段階（「行」）が二つに分かれる構造になっていた。ところが，心そのものが理にほかならないとする陽明においては，理をインプットするという意味での「知」は必要なくなり，心が，善か悪かを誤りなく判断する側面が「知」であり，心が，善を好んで行い，悪を憎んで去るという側面が「行」と捉え直された。両者は，形態は異なるものの，そもそも同一の心（「知行の本体」）の展開（アウトプット）に他ならず，「知」が成立することは，「知」を成立させている基体としての心が確立していることであり，それはとりもなおさず「行」が成立することを意味し，どちらか一方だけが成立することは原理的にあり得ないと考えられた。これが「**知行合一**」説である。

## ❹ 良知を信じ，発揮する：「致良知」説

　理そのものである心は，それ自身が価値判断の基準となり，道徳センサーのように，世の中の是非善悪を明晰に見分け，いかに行動すべきかを的確に判断していくことができる。このような心の霊妙なはたらきを，陽明は『孟子』に由来する「**良知**」という言葉で表現した。我々はこの良知を信じ，良知の判断に身を任せれば，自然と正しい行動ができるはずなのである。我々が時に過ちを犯したり，正しい行動ができなかったりするのは，「私欲」に妨害されて道徳センサーとしての良知の感度が鈍り，正しい判断ができなくなっているために他ならない。鏡が曇ったりさびたりすると物を正しく映し出すことができなくなるのと同じように，良知も私欲に妨げられると正しい判断ができなくなってしまうのである。よって，我々が為すべきことはただ一つ，私欲を取り除いて，良知本来の輝き，感度を取り戻してやること，そしてその良知の判断を欺かず，素直に従うということだけである。これが「致良知（良知を致す）」ということであり，陽明において，この「致良知」以外に学問・修養というものはあり得なかった。

## ❺ 人民救済の願い：「万物一体」説

　陽明の「致良知」説は，晩年，「万物一体」の思想として結晶していく。心，良知が私欲によって曇らされることなく，完全に発揮できている状態では，この宇宙のあらゆる存在が自己とつながり，「万物一体」の境地が出現することになる。ここでは，自他の区別は消滅し，人民の苦難がそのまま自己の苦難として切実に受け止められることとなり，すべての人民を救済せずにはいられないという社会的・政治的実践へとつながっていく。陽明において「良知」とは，機械的に是非善悪を見分けるだけの冷たい道徳センサーなのではなく，「**真誠
惻怛の心**」と表現されるような，血の通った暖かい道徳エネルギーであったのである。

（藤井倫明）

顕彰されることになったわけであるが，陽明の心学は，直接陸象山の心学思想を継承するという形で形成されたものではなく，あくまでも陽明自身が朱子学と格闘することによって生み出されたものである。

▷5　知行合一
陽明は知と行の関係について，本当に知れば必ず行える，知は行の始まりであり，行は知の完成であるなど，様々な視点から説明しているが，陽明が言いたいのは，知も行も，その根源（「知行の本体」）は同一の心（理，良知）なのだから，知行云々よりも根源である心の方により関心を向けなければならないということだと思われる。

▷6　良知
『孟子』に「其の慮らずして知る所の者は，其の良知なり。」とあるように，孟子は，親を愛する気持ちなど，人が生まれつき持っている道徳意識を「良知」と表現している。

▷7　真誠惻怛の心
人の苦痛を我がことのように痛み，思いやる真情。陽明は「誠愛惻怛の心」とも表現している。

（参考文献）
楠本正継『宋明時代儒学思想の研究』広池学園出版部，1962年。荒木見悟『朱子・王陽明』中央公論社，1978年。岡田武彦『王陽明と明末の儒学』明徳出版社，1970年。島田虔次『朱子学と陽明学』岩波新書，1967年。吉田公平『陸象山と王陽明』研文出版，1990年。

## Ⅲ　宋明清代

# 　黄宗羲

▷1　黄宗羲(こうそうぎ：1610-95)

（『清代学者象伝』）

▷2　劉宗周（りゅうそうしゅう：1578-1645）
明末の陽明学者。「慎独」すなわち内省により良知（本来の心）を得ることを重視した。また，気が万物の根源であるという主張を行った。清に対する明の敗北が決定的になると，絶食し自死した。

▷3　黄宗羲の著書『日本乞師紀』によれば，1649年に副使として長崎に来訪し，江戸幕府に援軍を要請したものの，鎖国政策の影響もあり，実現しなかったという。同書には，日本の政治体制や国内事情の記述も含まれ，黄宗羲が日本への関心を持っていたことがうかがわれる。

▷4　⇨[Ⅲ-4]「王陽明」

## ❶　黄宗羲の生涯

　**黄宗羲**[1]は明末清初期を代表する思想家であり，清朝考証学の先駆となる人物である。字は太沖，浙江余姚の人であり，その父黄尊素は科挙官僚であった。黄宗羲が十代の頃，明の朝廷では士大夫を中心とする東林党という政治結社が宦官と闘争を行っており，東林党の主要人物の一人であった尊素は政争の過程で獄死した。後に政局の変化により父の名誉が回復されると，父を陥れた人物を断罪し，復讐を果たした。

　その後まもなく帰郷し，高名な陽明学者**劉宗周**[2]のもとで勉学に励みつつ，歴史書をはじめとする様々な書物を読破した。またこの時期，「復社」という勉強会に参加し，交友関係を広げた。

　1644年，35歳の時に明朝が滅亡。黄宗羲は政治的立場の悪化により，南方に逃れ，明の復興活動に加わった。しかしながら，清朝の圧倒的な勢力には抗しがたく，1649年には，来日し援軍を要請したと記録されている[3]。

　その後は軍事活動から退くが，しばらくの間は身の危険にさらされ続ける。清朝の支配が決定的となり，自身の生活が安定した後も，民間での学問活動を続ける一方で，最後まで清朝に仕えることはなかった。

## ❷　『明儒学案』

　黄宗羲には著作が多く，その中でも，『明儒学案』および『明夷待訪録』は特に有名であり，前者はその哲学思想を，後者はその政治思想を伝えるものである。『明儒学案』は，明代の儒者を学派ごとに分類，その継承関係を明らかにし，また各儒者の思想の概略を示すという形式で，明代儒学思想史を体系的に説明する著作である。これは中国史上初の体系的思想史であり，明代思想史の基礎資料となっている。

　この著作において，黄宗羲は明代の儒学の発展を高く評価し，陽明学の祖である王守仁[4]（1472-1529），その先駆となった**陳献章**[5]，それらに続く陽明学右派の学者たちを賞賛する一方で，陽明学左派については，道徳を退廃させる傾向や禅宗紛いの唯心的傾向を認め，これを退けている。

　また師である劉宗周の「蕺山学案」および父である黄尊素の属する「東林学案」を陽明学の正統な流れに置き，それらの教えを受け継ぐ黄宗羲自身をも，

正統な陽明学者として位置づけている。

　なお，宋代・元代の学術史『宋元学案』も執筆していたが，生前には未完であり，後に**全祖望**らにより完成された。

## ❸　『明夷待訪録』

　『明夷待訪録』は，黄宗羲が54歳の時に完成した著書であり，彼の政治思想を示すものである。その論じる内容は，教育・兵制・財政など多岐にわたるが，その中でも，「原君」「原臣」篇等で主張される君臣論は，宋代以降の中国で行われた皇帝による専制に批判を加えており，特徴的である。

　そもそも，君主とは民衆のために存在するものであり，君主個人の利益を天下の利益に優先させることは本来あってはならない。そのような理想的な君主の位は，苦労が多く利益が少ないため，一般的な人情としては即きたくはない。それゆえ，古の**許由**や堯・舜といった人物は，君主の位に固執しなかったのである。ところが今の君主は，自らや子孫の利益のために天下を犠牲にしている。君主の位から個人的利益を得ているのならば，人々は皆その位を欲し，争うことになる。このように，黄宗羲は君主制度自体を否定はしないものの，君主の役割を天下に奉仕するものと考え，その役割を果たさない君主を厳しく批判するのである。

　また，この「天下のため」という考えは，臣下の側にも適用される。臣下の本来の存在意義は君主やその一族に奉仕することではなく，天下全体に奉仕することである。君主の心を忖度することや，君主個人に殉じて死ぬことは，妾や親族の行為であり，臣下にふさわしい行為ではない。そもそも君主と臣下とは，いずれも天下に奉仕するということが目的であり，名は違えども実は同じなのである。ここでも黄宗羲は，世俗の君臣観を非難し，一貫して「天下のため」を主張する。

　以上の君臣論に加えて，黄宗羲はさらに，丞相の廃止といった明代の各種政策，また明代の法律に対しても，君主の専制権力を強化し，君主の一族が天下の利益を独占することを助長しているとして厳しい批判を加える。また，学校や学者たちに政治を監督させることや，**方鎮**制度を復活させ，中央すなわち君主の専制権力を弱めることなど，独特の提言を行っている。

　天下の利益を重視し，君主の専制に反対するという，後世の民権主義にも通じ得る黄宗羲の政治思想は，特に清末民初の**梁啓超**や孫文などの革命思想家により，民主的・啓蒙的であるという高い評価のもと，革命思想の宣伝に活用された。また，黄宗羲の政治思想は社会契約説を提唱したフランスのルソーの思想との類似性が指摘され，「中国のルソー」とも称されている。

（鳥羽加寿也）

▷5　**陳献章**（ちんけんしょう：1428-1500）
明代の高名な儒者であり，白沙先生とも称される。はじめは朱子学を学ぶが，後に「静」を重んじ，「静坐」によって道を得るという方向性を確立し，明代心学の基礎を築いた。

▷6　**全祖望**（ぜんそぼう：1705-55）
清代の儒者であり，浙東学派の主要人物の一人。黄宗羲に私淑し，経学のみならず，史学方面でも優れた業績をあげた。

▷7　**『明夷待訪録』**
「明夷」は『周易』（⇒Ⅴ-1）の卦の一つ。明夷の卦の形は䷣であり，明るい火（☲）が地（☷）に覆われていることを意味する。『明夷待訪録』の書名は，その明かりが地中から出で，明君が現れることへの期待を込めたものである。

▷8　**許由**（きょゆう）
古代中国の伝説上の高士。堯から天子の位を譲られるが，拒絶して山中に隠居したと伝えられる。

▷9　**方鎮**
唐代の地方行政組織。節度使により管理され，中央から半ば独立した勢力となっていた。

▷10　**梁啓超**（りょうけいちょう：1873-1929）
清末民初期に活動した思想家・政治家。康有為（⇒Ⅲ-7）とともに変法運動を起こすが失敗し，日本に亡命。帰国後は民国政府のもと，政治や研究を行う。

（参考文献）

山井湧『黄宗羲』講談社，1983年。西田太一郎訳『明夷待訪録』平凡社，1964年。

## Ⅲ　宋明清代

# 6 戴　震

（『清代経学図鑑』）

▷1　戴震（たいしん：
1724-77）

▷2　『四庫全書』
乾隆帝の命により編纂された，全3万6000余冊にも及ぶ，中国最大級の叢書。

▷3　小学
訓詁学・音韻学・文字学など，経典の解釈のための周辺的学問分野の総称。

▷4　⇨Ⅲ-2「朱子」

▷5　『爾雅』
戦国〜秦漢にかけての時代に成立した，中国最古の辞典。

▷6　『説文解字』
後漢の許慎（生没年不詳）が著した，文字の構造を六書（指事・象形・形声・会意・転注・仮借）に基づき解説する字書。文字学において最も権威を持つ字書である。

## ❶　戴震の生涯

　**戴震**は，清代を代表する考証学者・思想家の一人。字は東原，安徽休寧隆阜（現在の安徽省黄山市）の人である。若い頃から経書に精通し，20代の頃にはすでに高名な学者である江永（1681-1762）と交流を持ち，『六書論』や『爾雅文字考』『考工記図注』等の著作を行った。その後33歳で上京し，恵棟（1697-1758）や銭大昕（1728-1804）らと交友した。晩年には**『四庫全書』**の編纂に加わり，制度・地理・天文暦法・音韻などの分野の著作を整理することで，その完成に大きく貢献した。戴震は生涯で六度も会試（都で行われる科挙の二次試験）に参加し，合格することはなかったものの，53歳の時，その名声により，特別に殿試（科挙の最終試験）に参加することが許され，進士（科挙合格者に与えられる学位）を賜った。その後55歳で北京にて病没した。

## ❷　戴震の小学

　戴震の著述の範囲は，天文や数学から哲学思想まで多岐にわたるが，その基礎となっているのは，**小学**による経書の正確な読解を求める態度である。戴震の小学の特徴は，宋代の学者の説だけではなく，場合によっては，漢代の権威ある解釈をも疑うことをためらわなかった点にある。

　朱熹をはじめとする宋代の儒者たちの説は，経書に対する曲解であり，より古い漢代の注釈によって経書を解釈すべきという考えは，同時代の多くの学者に共通する，いわば時代の風潮であって，同時代の恵棟などは，漢代の注釈のみを絶対視した。

　一方で，戴震は『答江慎修論小学書』において，「『説文解字』に収録された九千余りの字体は，（古代の）小学が廃れた後のものであり，その全てが古の解釈に合うわけではなく，『爾雅』もまたよるに足りない所が多い」と述べ，『爾雅』や**『説文解字』**といった漢代の権威すらも絶対視せず，それらが経書の記述と矛盾すれば，徹底して拒絶するという姿勢を示した。これは戴震の小学の大きな特徴であった。この精神は段玉裁（1735-1815）をはじめとした考証学者に受け継がれ，皖派と呼ばれる学派を形成し，清朝考証学の潮流となった。

# ③ 思想家としての戴震

② で述べた通り，戴震の学問の基礎は，経書の正確な読解にあった。戴震は読解で得た解釈をもとに，宋代の学問，特に程朱（**程子**と朱子）を直接批判することで，自らの思想を表現した。その思想がよく表現されているのは，晩年の著作である『孟子字義疏証』や『緒言』『孟子私淑録』である。

『孟子字義疏証』で自ら述べるように，戴震は程子や朱子らが経書の解釈に老子や仏教の説を混在させたことにより，後世の学者たちが知らぬ間に，経書や孔子・孟子の説と老子や仏教の説とを混同してしまい，正しい教えが失われたと考えていた。ゆえに戴震にとっては，当時の経書解釈に混入していた朱子学的要素を除き，純粋な本来の儒学を回復させるという目的が重要であった。

そこで戴震は，儒教において重要な概念を表す様々な語について，その古典の中での本来の用法と，程子や朱子の解釈とが矛盾することを示し，それらが経書に対する牽強付会であるということを明らかにしようとした。ここでは例として，『孟子字義疏証』における「理」の解釈を見てみよう。

「理」は朱子学で常用される概念であり，万物に先天的に備わった性質を指し，「理」が人の心においては「性」であるとされる。朱子はこの「天より得て心に備わる理」を「欲」と対立させ，欲をなくすことが正しいのだと説く。これに対して戴震は，経書における「理」を「人々がみな共有する価値観」と解釈し，理と欲とは決して相反する概念ではないと述べ，欲を退けない。

戴震は続けて，「欲」を退けることの非合理性を述べる。そもそも孟子も，「心を養うには欲を少なくするのが最も良い」と述べており，欲を抑えることは推奨されるが，なくすことは説いていない。また古代の聖人が天下を治めていた際にも，民の欲を満たすことができたからこそ，その治世が称えられたのだとも述べる。

経書における本来の「理」が，朱子学における「理」へと変貌してしまった原因を，戴震は宋代の儒者が，老子や仏教の思想を儒学へ持ち込んだためであると断言する。老子や仏教の思想では，まさに欲を減することが理想とされる。「理」が誤解されたまま権威を持ち，その結果，「理」は単なる学問上の概念に留まらず，現実世界にも影響を及ぼすまでになったのである。

誤った「理」の概念が権威を持つことにより，人間本来の「欲」を抑え込むことを求められる。戴震はこのような状況を，「過酷な刑吏は法によって人を殺し，後代の儒者は理によって人を殺す」「法によって殺された人には，憐みの目を向ける人がいるが，理によって殺された人を，憐んでくれる人はいない」と嘆き，宋学に厳しい目を向けるのである。

戴震のこのような思想は，後に梁啓超（1873-1929）などによって，中国思想上の革命と評され，高く評価されることとなる。

（鳥羽加寿也）

---

▷7 **程子**
朱子の先達である程顥（1032-85）・程頤（1033-1107）の兄弟。⇨ Ⅲ-1 「北宋の五子」

▷8 ⇨ Ⅳ-7 「理」

▷9 ⇨ Ⅰ-2 「孟子」

▷10 「心を養うは寡欲より善きはなし」（『孟子』尽心下篇）。

▷11 「酷吏法を以て人を殺し，後儒理を以て人を殺す」（『与某書』）。戴震は朱子学者と「理」との関係を，酷吏（過酷な刑吏）と法律との関係にたとえ，「理」を振りかざして民を圧迫する儒者たちを批判している。

▷12 「人法に死すれば，猶お之を憐れむ者有り。理に死すれば，其れ誰か之を憐れまん」（『孟子字義疏証』）。高位者が低位者を，年上が年下を，「理」によって責めれば，理由が不当であってもかまわないとされ，逆に低位の者が高位の者を，年下が年上と争えば，理由が正当であっても，「理」によって反逆であるとされる。このような風潮を戴震は批判している。

**参考文献**

安田二郎・近藤光男訳『戴震集』（中国文明選）朝日新聞社，1971年。橋本高勝『朱子学体系の組み換え』啓文社，1991年。

## Ⅲ　宋明清代

# 康有為

### 1　康有為の生涯

　**康有為**▷1は，清代末期から民国期にかけて活動した政治家・思想家。字は広厦，広東南海の人。官僚の家庭に生まれ，朱次琦（1807-81）に師事し，宋明学を学ぶが，その後西洋の学問に触れる機会を持ち，伝統的学問に飽き足らずに思索を続け，後の**変法**▷2につながる思想を得た。1891年には，広州にて私塾万木草堂を開き，**梁啓超**▷3（1873-1929）などの，後に戊戌の変法で活躍する門人を教育した。

　1895年，日清戦争に敗北した清朝が日本と講和する際に，清朝に不利な条約（下関条約）を締結したことに抗議（公車上書），これは受け容れられなかったものの，康有為は間もなく科挙に合格，変法の必要性を主張し続けた。

　1898年，**光緒帝**▷4のもとで変法の主導者と認められた。しかし同年，西太后が光緒帝を幽閉し実権を掌握（戊戌の政変），変法運動は失敗に終わり，康有為は日本へと亡命した。翌年には日本からカナダへ向かい，政治結社「保皇会」を結成，世界各地を歴遊しつつ立憲君主制の樹立を目指し続けた。しかし，1911年には辛亥革命が勃発，翌年中華民国が成立，康有為の目標は達成不可能となった。1917年には清朝再興を目指す運動に参加するが，その失敗の後，政界から引退した。

### 2　孔子教

　清朝の学問で，康有為以前の時期において最も発達したのは，実証的な手法により，古典の正確な読解を目指す考証学であった。考証学では，後漢の鄭玄▷5（127-200）や許慎▷6の解釈を尊重するが，康有為はその風潮に異を唱えた。彼は『新学偽経考』という書を著わし，後漢以降流行したいわゆる「古文」なるものは，すべて漢を簒奪した新に仕えた**劉歆**▷7の偽作であり，それに解釈を施した鄭玄や，清朝の考証学もすべて孔子学派の本来の教えを害し，その実現を妨げるものであると主張した。

　その後康有為はさらに孔子と経書に関する主張を発展させ，1897年には『孔子改制考』を著した。伝統的な考えでは，孔子は**六経**▷8の編纂者であり，決してその著者ではなく，また諸制度の創作者でもない。しかし康有為は，六経はみな孔子の手によるものであり，堯・舜や周公といった古人に仮託して，孔子

（『晩清七百名人図鑑』）

▷1　**康有為**（こうゆうい：1858-1927）

▷2　**変法**
議会の開設や科挙の廃止等の一連の制度の近代化を主眼とした改革。明治維新により列強入りした日本の改革を模範とする。

▷3　**梁啓超**
⇨Ⅲ-5「黄宗羲」。梁啓超は康有為に師事したが，「孔子教」をめぐる見解の相違や，急進的革命思想への転向等により，二人の間には確執も存在した。

▷4　**光緒帝**（こうしょてい：在位1875-1908）
清朝第11代皇帝。叔母である西太后に実権を奪われる。甥は清朝最後の皇帝溥儀。

▷5　⇨Ⅱ-3「鄭玄」

▷6　⇨Ⅱ-3「鄭玄」

自身の思想を述べ，当時の社会を改革しようとしたものであるという，新たな経書観を提示した。これによって孔子は，中国のありとあらゆる制度を自ら創作した人物となり，中国の唯一の教主とされたのである。

　康有為の活動した時代は，まさに西欧諸国や日本といった列強が中国を侵略しつつある，危機の時代であった。そのような状況のもとで，中国の国民を団結させる精神的支柱として，康有為は欧米におけるキリスト教のような，統一された宗教の必要性を感じていた。そこで中国の風習に合致する新たな宗教として，孔子教を提唱したのである。このような新説は，古典での根拠に乏しいものであり，康有為の独創である。ゆえに弟子の梁啓超は，康有為を宗教家でもあると評している。

## ③ 『大同書』と大同三世説

　康有為はまた，人間社会の発展の段階に関しても独自の理論を有していた。彼は漢代の**公羊学**[9]の学説に基づき，社会は不安定な「拠乱世」→目下安定した「升平世」→理想的な「太平世」の順序で進歩すると考えており，これが「大同三世説」と呼ばれるものである。康有為は当時の中国を「拠乱世」と位置づけ，これを進歩させることが自らの任務であると見なしており，その最終的な目標は，「**大同**[10]」の理想の実現された社会である「太平世」であった。「太平世」において行われるべき制度と，そこに至るまでの道のりを述べるのが，康有為の代表的著作である『大同書』である。

　「大同」の理想とは，平等と民主が徹底され，不平等や分断によるあらゆる苦痛から人類が解放されることである。具体的には，まず，世界のあらゆる国家を廃止し，全世界統一政府を設置，その政府の役職は民主的選挙により選出する。また，結婚制度や家族制度を廃し，男女の同居を制限，さらには生まれた子供の教育もすべて統一して行い，平等を目指す。私有財産についてもこれを否定し，財産を公有化することで，社会全体での生産力を向上させる等の政策が提言されている。

　このような理想は，後の革命運動にも通じるところがある。しかしながら，康有為自身はあくまで清朝の皇帝を戴く立憲君主制を支持し，革命には反対の姿勢を示しており，一見すると言動不一致である。しかしこれは当時の国際社会の状況を考えれば当然であった。当時の中国にとって目下の問題は，日本等の列強による侵略であり，康有為としては，理想的な「大同」社会の実現の前に，中国を清朝皇帝のもと，とりあえず安定した「升平世」の状態に移行させ，侵略に対抗する必要があったのである。君主制の廃止をはじめとする社会の急激な変革を目指す革命と，段階的に緩やかに「大同」を目指す康有為の思想は，その目標は同じであっても，過程が異なるため，相容れ難かったのである。

（鳥羽加寿也）

▷7　**劉歆**（りゅうきん：？-23）
前漢〜新の経学者。その著書『七略』は，後の図書分類法に大きな影響を与えた。古文を重視し，学官とすることを主張しており，王莽による新朝成立の際には重用された。

▷8　**六経**
『詩』『書』『礼』『楽』『易』『春秋』の総称。早期に散逸した『楽』を除いて五経という。Ⅴ章「経書の成立」も参照。

▷9　**公羊学**
漢代の董仲舒や何休により提唱された，『春秋』を『公羊伝』という注釈によって解釈し，それによって孔子が『春秋』を編纂した意図を明らかにしようとする学問。清末になると，それまでの考証学重視への反動から，常州学派により，再び今文である『公羊伝』が注目された。康有為もまた，常州学派の学者たちの影響を受け，三世説を確立した。

▷10　**大同**
『礼記』礼運篇において提示される概念であり，理想的な社会を指す。『大同書』の書名はこれに由来する。また康有為に限らず，中華民国の建国者である孫文もこれを重視し，中華民国の国歌にも「大同」の語が謳われている。

### 参考文献
坂出祥伸『康有為・ユートピアの開花』集英社，1985年。坂出祥伸『大同書』明徳出版社，1976年。

# 第 2 部

# 中国思想の本質

*guidance*

　世界を構成する最小単位を，中国思想では「気」という。気候，雰囲気，病気など，今も多くの言葉の中に残っている。この部では，この「気」をはじめ，中国思想史を貫く重要概念「道」「仁」「義」「礼」「孝」「理」について解説する。いずれも平易な漢字で表記されるが，実は深く難解で，中国思想のエッセンスが凝縮されている。

　また，「五経」として知られる儒教の最重要経典を改めて取り上げ，ここに別格として『論語』を加え，解説する。これらは文人の必読書とされていて，日本の歴史と文化にも大きな影響を与えている。

　さらにこの部では，中国思想の本質を表すキーワードとして「学び」と「天」に注目する。『論語』には，「学びて時に之を習う」と，「学習」の重要性が説かれ，人は学ぶことで成長すると考えられた。「学び」は中国思想の根幹を形成している。また，西洋世界の「神」に近いものとして中国では「天」があった。そして天と人とは密接な関係があると考えられた。「天命」「天運」「天寿」などの象徴的な言葉として残る。

## Ⅳ　思想史の重要概念

気

### ❶　気とは

　気とは，人間を含む自然界全般の機能や構造などを意味する中国思想史上の概念である。その原義は，天地の間に充満・流動する自然現象としての風（大気）や霧や雲のような空気状のものと考えられている。気は息（呼気）を通じて人間の体内にも充ちており，天地自然における気と人間の身体内部の気とは同質とされた。こうして気は，外在性と内在性との二つの性質を持ち，天地そのものや人間を含む万物を構成する要素とされた。特に人間を構成する要素としての気は，血気・気息として生命力や精神力，活動力の根源とも考えられた。

　気概念が成立したと考えられる周代においては，気は**天人相関説**[1]を補完するものであったと考えられる。『**国語**』[2]周語に見える気においては，天地自然の間の気は，天と人間とを媒介するものとして機能している。王が不徳であれば，天地の気の秩序が乱れ，災害が発生する。また，身体内部の気は，口にあっては言語となり，目にあっては視覚となっており，この身体内部の気の調和が乱れれば，不正な言語や視覚の異常が発生するとも言う。

　天・人ともに，気の秩序が人の不徳・不正によって乱されると，よくない事態が発生するという認識であると言える。

### ❷　諸子における気概念

　戦国末期以降，中国の思想界において，万物の生成や存在についての思索が深まり，気は重要な概念とされた。

　『**易**』[3]や陰陽五行説[4]の考え方からは，陰気と陽気の二種類の気と，その二気から形成される五行（木・火・土・金・水）の気が措定され，これら各種の気の離散・集合およびその循環・消長などによって，世界に存在する万物の生成・あり方・変化・死滅などが説明された。

　道家においては，多様な気の根本となる元気・太一・太極などが想定され，様々な宇宙生成論が説かれた。**古佚文献**[5]である『**恒先**』[6]は，宇宙の始原は無であるところの「恒」であり，気は様々に運動して天地さらには万物を生成し，万物が天地に盈ちて世界が生成されるとする。同じく古佚文献である『**太一生水**』[7]では，宇宙の根源は「太一」とされ，太一が水を生じ，太一と水は天を，天は地を生成し，天地から様々なものが順次生成され，世界が完成する。また，

▷1　天人相関説
天と人が互いに影響を及ぼしあうという考え。「天人感応説」とも言う。「天は，人の善行には福を，悪行には禍を降し，正しい政治が行われていれば気候が時節に適ったものになる」という考え方を基本とする。ここから，為政者は災異が起こらぬように善政に努めなければならないという，権力者の行動を規制する観念としても作用した。⇨Ⅶ-6「董仲舒」

▷2　『国語』
西周より春秋末期までを記述する歴史書。国ごとに，「周語」「魯語」「斉語」「晋語」「鄭語」「楚語」「呉語」「越語」の計八部で構成され，各国の事件が記録されている。

▷3　⇨Ⅴ-1「『周易』」

▷4　⇨Ⅶ-4「陰陽五行説」

▷5　古佚文献
古くに散失した文献。また「古佚書」。

地は土によって，天は気によって成るとの説も見える。

　『老子』は，根源たる道が一を，一が二を，二が三を，三が万物を生じると
し，万物は陰陽二気を含み，それらが混じりあった沖気（ちゅうき）によって調和すると
説く。前漢に成立した『淮南子（えなんじ）[8]』は，これら道家系の生成論を継承し発展させ
たが，人と動物，また各人の性質や能力の違いは陰陽の気の濃淡によるとされ，
また，風土の差は自然界の気の違いに基づくとされた。後漢では，根源となる
一つの気である「元気」が想定され，道が元気を生じ元気が万物を生じるとい
う図式で宇宙の生成が説明された。また，人間の生死は気の離合集散によると
の考え方から，気を養うことによって生を全うしようとする養生論が説かれた。

　兵家では，天地間の物質的存在としての気を観測して勝敗や敵情を占う，陰
陽流の兵学と，こうした天人相関思想に基づく兵学を否定し，人事を重視して
兵の志気を説く孫武（そんぶ）（前535-?）・孫臏（そんぴん）（生没年不詳）・呉起（ごき）（前440-前381）・尉繚（うつりょう）
子（生没年不詳）などの兵学が存在した。

　儒家は，主として身体内部の気について説き，『論語』においては，闘争心
や色欲に関係する「血気」や，言葉を発することに関係する「辞気（じき）」の存在が
説かれる。『孟子』の説く「浩然（こうぜん）の気」は，身体内部の気でありながら，天地
の間に行きわたるともされ，この両者の性格を兼ねている。

## ③ 宋学における気

　北宋五子[9]より朱熹[10]に至る宋学（道学）においては，気概念を用いた宇宙生成
論が説かれ，個物を構成する物質的な要素としての気が強調された。**周敦頤[11]**は
『太極図説』において，陰陽二気と，そのはたらきから生じる五行の気により，
四時（春夏秋冬）や万物が構成されると説いた。張載（ちょうさい）（1020-77）は，気に陰陽
や五行といった区別を認めず，単一の気が集まって万物を構成し，気が散ずる
と物は無形になるとして，気の集散によって万物の生成・死滅を説明する気一
元論を説いた。程顥（ていこう）（1032-85）は，陰陽の消長によって万物の生成や変化が起
こるとする存在論や，気概念を用いて人間と物との違いや人間の性質の違いに
ついて解説する，人性論などに関する思索を深めた。程頤（ていい）（1033-1107）は，事
象の背後には理が存在し，事象は理の作用であるとして，理気二元論を説いた。

　これらの考えを受けて宋学を集大成した朱熹は，事象を規定する形而上の理
と，事象を構成する形而下の気とは不可分であり，両者の組合せによって万物
が構成されるとして理気二元論を発展させた。また，人の本性に関しては，理
気は不可分であり，理のありようは気を通じてのみ具現化されるとして，人の
性を純粋な理が現れた「本然（ほんぜん）の性」と，理と気とが結びついた「気質の性」と
に分析した。こうした人性論における気概念の導入は，人の性に関する説明を
より精緻にしたと言える。
　　　　　　　　　　　　　　　　　　　　　　　　　　　　　　　　　（佐野大介）

▶6　『恒先』
1994年，上海博物館が香港
の古玩市場で購入した戦国
時代の楚竹簡である上海博
物館蔵戦国楚竹書の一つで，
道家系の思想が記されてい
る。上海博物館の発表によ
り，その存在が初めて知ら
れた。

▶7　『太一生水』
1993年，郭店一号楚墓より
出土した郭店楚墓竹簡の一
つで，道家系の思想が記さ
れている。出土により，そ
の存在が初めて知られた。

▶8　⇨ II-2 『淮南子』

▶9　⇨ III-1 「北宋の五
子」

▶10　⇨ III-2 「朱子」

▶11　周敦頤（しゅうとん
い：1017-73）

（『三才図会』）

（参考文献）
小野沢精一ほか編『気の思
想』東京大学出版会，1978
年。池上正治『「気」の不
思議』講談社現代新書，
1991年。

## Ⅳ　思想史の重要概念

 **道**

### 1　道とは

　道とは，普遍的法則（道理）や倫理規範（道徳）などを意味する中国思想史上の概念である。原義である「道路」の持つ，「まっすぐに続く」「通るべき道筋」といった語義が拡大されたものとされる。大別して，天地万物においてまっすぐにすべての存在を貫通する法則である「天道」，人間社会において人が通るべき道筋である「人道」という二つの側面を有する。

### 2　先秦両漢の道

　春秋戦国時代，諸子百家は様々な道概念を展開させた。

　道家は，道を，自然の法則および天地万物の生成の本源や存在の根拠といった「天道」として理解し，原始の混沌（こんとん）や普遍的法則・根源的真理としての道を説いた。『老子』には，「道は一を生じ，一は二を生じ，二は三を生じ，三は万物を生ず」として，原始の混沌であり宇宙生成の根源としての道と，「弱さ」や「無為」といった作用を持つ，万物を超越した本質的存在としての道との両義的な道が見られる。『荘子』は，道は天地に普遍的に存在しており，道の次元から見れば，万物は等価（斉同（せいどう））であることを説いている。

　儒家は道を，人間社会において人が踏み行うべき規範といった「人道」として理解し，倫理規範としての道を説いた。儒教において，真の学問とは道の探究を意味し，道を体得した者は聖人（先王）と呼ばれる。この聖人の行った理想の学問・政治は「先王の道」と呼ばれ，修己（先王の道を学んで聖人に至る）および治人（先王の道に基づく政治を行う）は，儒家が目指すべき目的とされた。また，儒家系文献である『易』は，道を，陰陽の消長という，相反する二つのものの相互作用の過程，または，具体的形象を持たない形而上の法則であると説き，儒教が存在論を持つ端緒となった。

　法家においては，『韓非子』が，道を万物の存在根拠とする道家の生成論的・存在論的な道観念を取り入れ，法の根源としての道を想定している。

　これら先秦の道概念は，前漢の『淮南子（えなんじ）』に総括されており，道は天地四方を包括する時間空間そのもので，かつそれを生む法則でもあるとされ，性が道に合した者を真人（しんじん）と呼んでいる。

　また，道は，これら思想以外の，政治・医学・宗教・文学・芸術といった中

▷1　⇨ Ⅰ-6「老子」

▷2　⇨ Ⅰ-7「荘子」

▷3　⇨ Ⅴ-1「『周易』」

▷4　⇨ Ⅰ-10「韓非子」

▷5　⇨ Ⅱ-2「『淮南子』」

国文化史の諸方面においても重要な概念とされた。

## ❸　玄学・仏教・道教における道

　魏晋南北朝期，老荘思想を主軸としつつ三玄（『易』『老子』『荘子』の三種の書物）を解釈する玄学[16]が盛んとなり，道が主要なテーマの一つとされた。そこでは，道・無・有といった概念の関係性についての思索が深められ，道に関して，「道は無である」「自然であることが道である」「自然は道より上位にある」「道は無名無形の状態で万物を生み出した」などの見解が現れた。玄学の雄である何晏（かあん）（？-249）の『論語集解（しっかい）』には，『論語』に見える「道」が「無」を意味するとの解釈も見られる。

　当時の仏教は，布教に玄学や老荘思想を利用しており，こうした仏教を「格義（かくぎ）仏教」と呼ぶ。格義仏教においては，「仏」が「道を体得した者」などと解説され，道の概念が仏教に取り込まれている。

　道教においては[17]，宇宙の法則である道との合一によって不老長生が得られると主張された。また，道自体を神格化し，「道君」「太上道君（たいじょうどうくん）」といった最高神が創り出された。道教思想と不可分である中国医学においても，陰陽の滞ることのない循環とバランスとが道であり，道である陰陽に則るという養生論が説かれた。漢代に成立したと考えられ，現存する中国最古の医学書である『黄帝内経（こうていだいけい）』[18]では，老荘思想における理想的人格である上古の真人・至人は，道に合一し，道をまっとうしたことによって長寿を得たと解説されている。

## ❹　宋学における道

　宋学は道学とも呼ばれ，哲学性・形而上性に優れた道を説く，『易』繫辞伝（けいじでん）の「一陰一陽を之（これ）道と謂う」「形而上なる者，之（これ）を道と謂い，形而下なる者，之（これ）を器と謂う」といった文章の解釈を通じて道に関する思考を深化させていった。

　北宋五子[19]のうち，邵雍（しょうよう）（1012-77）は，道を天地万物の根源とし，天地万物は道においては一つだと考え，張載（ちょうさい）（1020-77）は，天地も人の心も陰陽二気の変化である道に貫かれていると説いた。程顥[10]は，陰陽と道とを一体と捉え，陰陽する根拠が形而上の存在である道であり，陰陽は形而下の存在である気であるとした上で，また道は人間存在の根拠である性でもあるとした。程頤（1033-1107）は，心に道が内在し，心と道は渾然一体であるとして，天人一貫の道徳説を主張した。

　これらの説を総合し，朱熹は[11]，生成論においては，陰陽の根拠で万物の根源たる「太極」が万物を生成する道そのものであるとし，性情論においては，外在の秩序である天道と，内在の徳である人道とは一体であり，人はこの道に規定される存在であると説いた。

（佐野大介）

▷6　⇨ Ⅱ-5「清談・玄学」

▷7　⇨ ⅩⅢ-3「老荘思想と道教の成立」

▷8　⇨ Ⅷ-2「『黄帝内経』」

▷9　⇨ Ⅲ-1「北宋の五子」

▷10　程顥（ていこう：1032-85）

（『三才図会』）

▷11　⇨ Ⅲ-2「朱子」

（参考文献）

林田慎之助『「タオ＝道」の思想』講談社現代新書，2002年。湯浅邦弘編著『概説　中国思想史』第Ⅱ部第11章，ミネルヴァ書房，2010年。

## Ⅳ　思想史の重要概念

仁

### ❶ 孔子と仁

　仁とは，まごころや愛に基礎をおく精神性・道徳性を意味する中国思想史上の概念である。徳目として儒家が特に重視した。「仁」の字形は，もともと「人＋二」で人が互いに親しむさま，あるいは人が敷物の上で寛ぎ和むさまなどを表したとされる。孔子以前の文献では，人あたりがよくて口の巧いことや見映えのよさといった，外面における美点を表す語としての性格が強く，諸徳目の中で特に重視されるものではなかったが，孔子が人の内面における最も重要な徳目として儒家の道徳論に組み込んだ。『論語』においては，他の徳目と比べ言及が多く，孔子が仁を最高の徳目と認識していたことがうかがわれる。

　『論語』には，仁に関する問答が多く見られるが，「言行一致」「人を愛すること」「私欲を抑制して礼の規則を守ること」など様々な言葉で説明されており，仁が，徳目の中でも，包括的・根源的な性質を持つものと認識されていたことが見てとれる。また仁は，己が求めさえすれば即実現するとされ，己から遠く離れたものではないと考えられていた。『論語』における仁の明確な定義は困難であるが，自己に対しては己を律して礼の規則を遵守すること，他者に対してはまごころや思いやりを持って接することを意味しており，個人と社会との調和を推進する行動原理であったと考えられる。

### ❷ 仁の思想史

　孔子の後も，中国思想において仁は重要な概念であり続けた。孟子は，『論語』における包括的道徳としての仁の要素を，内面的な愛としての「仁」と，社会的な規制である「義」とに分析し，これらをあわせた「仁義」を主張した。また孟子は，「惻隠（他人を憐れみ同情すること）」を仁の萌芽，「羞悪（自身の悪行を恥じ不善を憎むこと）」を義の萌芽，「辞譲（へりくだって他人に譲ること）」を礼の萌芽，「是非（善悪や正邪を判断すること）」を智の萌芽と規定し，これら仁・義・礼・智の四徳は，万人が生得的に有するものだとする性善説を説いた。その他の先秦の解釈として，「仁とは愛である」（『墨子』経説上篇），「人を愛し物を利することを仁という」（『荘子』天地篇），「仁とは衷心から喜んで人を愛することをいう」（『韓非子』解老篇），「身を殺して志を成すのは仁である」（『国語』晋語）などがある。

▶1　⇨Ⅰ-1「孔子」

▶2　⇨Ⅰ-2「孟子」

▶3　⇨Ⅳ-4「義」

▶4　⇨Ⅳ-5「礼」

漢に至ると，董仲舒が，孟子の四徳に「信」を加えた仁・義・礼・智・信を「五常（五常の道）」と称し，以後の儒教において，五常は根本的な徳目であるとされた。『礼記』中庸篇に，「仁とは人である」という解説が見られるが，この「人」に対して後漢の鄭玄は，「互いに重んじ交わること」といった注釈を附している。このほか，漢代成立の『淮南子』では，「仁義は政治の根本である」といった政治や社会に関連づける言及がなされている。

また，唐の韓愈は，「博く愛することを仁といい，行って正しくすることを，義という」（『原道』）として，仁義を堯・舜より伝わる道であると主張した。

## ③ 宋明性理学における仁

南宋の朱熹は，北宋の五子の思想を発展させ，天地自然の法則の解釈である理気説と，それを人間の道徳性と関連づける「性即理」の考え方とを中心とする思想を発展させた。仁に関して，朱熹は，「仁は心の徳，愛の理」（『論語集註』など）と解釈する。これは，仁が人間が生得的に有する道徳性であるとともに，天地自然の法則であることを表している。理や気についての考究を深めた朱子学においては，仁は単なる愛ではなく，天の理かつ人の性であり，愛はそれが情として表れたものだと考えられた。

また，古くは『礼記』や董仲舒『春秋繁露』などにも見られる，仁・義・礼・智といった徳目を天地や万物と関係づけ，春・夏・秋・冬といった四季，生・長・収・蔵といった一年の消長，木・火・土・金・水といった五行などに当てはめる宇宙論的な考え方より，宋代には，仁―春―生―木，礼―夏―長―火，義―秋―収―金，智―冬―蔵―水，といった対応関係が想定された。

北宋の程顥（1032-85）は，仁を，孔子の考えた包括的な仁に近い「専言の仁」と，四徳・五常といった他の徳目と並列される「偏言の仁」とに分析し，朱熹もこれを受け継いだ。朱熹は，根源において天地の心としての「専言の仁」が作用して，自然万物において，春―仁，夏―礼，秋―義，冬―智として現れると考えた。程顥にはまた，「万物一体の仁」と呼ばれる，自己と万物との一体した境地こそが仁であるとする思想がある。自己と万物とを一体とする考え方は，『荘子』をはじめとする道家や仏教に多く見られるものだが，これに対抗する形で，宋代には儒家にもこうした思想が現れた。

明代に至ると，科挙の正学とされ形式化が進む朱子学に対して，儒教の道徳性を強調した陽明学が現れた。王守仁は，人は生得的な善性を自覚することで，天地と融合し万物と一体化できるとしたが，自身の説く仁は，肉親への愛を基礎として，それを他人・万物へと拡大するものであるとして，血縁性を捨象して万人を平等に愛するよう説く墨子の「兼愛」を批判した。 （佐野大介）

▷5 ⇨ Ⅶ-6「董仲舒」

▷6 ⇨ Ⅴ-4「礼記」

▷7 ⇨ Ⅱ-3「鄭玄」

▷8 ⇨ Ⅱ-2「淮南子」

▷9 ⇨ Ⅱ-6「韓愈」

▷10 ⇨ Ⅲ-2「朱子」

▷11 ⇨ Ⅲ-1「北宋の五子」

▷12 ⇨ Ⅰ-7「荘子」

▷13 ⇨ Ⅲ-4「王陽明」

▷14 ⇨ Ⅰ-4「墨子」

（参考文献）

金谷治『論語』岩波文庫，1963年。溝口雄三ほか編『中国思想文化事典』東京大学出版会，2001年。

# Ⅳ　思想史の重要概念

 **4　義**

## 1　義とは

　義とは，人の行動における正しさを意味する中国思想史上の概念である。「義」の字形は，上部の「羊」と下部の「我」との結合したものであり，ここから，我（自分）の美（「羊」に通じる）しい行為を表すという説や，我（のこぎりの意）で神に捧げる犠牲の羊を正確に切りわけることを表すといった説がある。これらが，儀式が威儀・礼儀に適っていることの意味となり，さらに「よい」「ただしい」などの意味が派生したと考えられる。また，「宜」と音が通じるところから，「宜」の有する「よい」の意味を導きだす解釈も多く見られる。後世，「義」はさらに多様な意味を持つようになったが，おおむね社会において自律的に規範や秩序に従うこと，また，その規範や秩序に従った行動を意味する。

## 2　義と利

　『論語』において，義は，その社会規範に従うといった公的（社会的）な性質から，「君子は義に明るく，小人は利に明るい」（『論語』里仁篇）などとして，私的な欲求である「利」と対置される。公的な義と私的な利とを対立的に捉える考え方は，以後の儒家に引き継がれ，孟子は，「利について考える必要があろうか，ただ仁義を行えばよい」（『孟子』梁恵王上篇）などとし，前漢の董仲舒は，「仁人は，義を正しくして利を得ようとしない」（『漢書』董仲舒伝）として，仁と義とが相補的な関係にあり，利がそれに対立すると想定した。宋代に至って，天理と人欲とを対立するものと見なした朱子学は，義を天理に，利を人欲に配当することによって，義と利との対立を理論化した。これを「義利の弁（義と利との弁別）」と呼ぶ。

　利を「私利（私的な利益）」の意と捉えるのではなく，「公利（天下万民にとっての利益）」の意と捉える場合，義と利との関係は儒家のそれとは異なったものとなる。「義は利である」（『墨子』経上篇），「義が利を生じる」（『左伝』成公十六年），「義はすべての事の初めで，すべての利を生じる根本」（『呂氏春秋』無義篇），「義は利を生じ，利は民を豊かにする」（『国語』晋語）などといった言説においては，義と利とが親和性を持つものとして扱われている。

▷1　利
「利」の字形は，「禾」と「刀」とが結合したものであり，そこから物事の順調な働きを指すようになったとされる。荀子が，利を求めることこそが人の性であるとするように，人性論においても重要な概念であった。

▷2　⇨ Ⅰ-2「孟子」

▷3　⇨ Ⅶ-6「董仲舒」

## 3 義と仁

孔子においては，仁[4]は他の徳目と比して群を抜いた地位に置かれたが，義は数ある徳目の一つに過ぎなかった。仁と義とを併せて「仁義」と並称することは，孟子より始まる。当時の思想界で儒家のライバルであった墨家は，天下万民を平等に愛する「兼愛」を唱えており，同じく儒家のライバルであった楊朱学派は，自分の利益のみを考える「為我（いが）」を唱えていた。これらは孟子にとって，道徳の存立根拠である親子関係や君臣関係を破壊するものに他ならず，両学派に対抗するために，家族道徳の中心としての仁と，君臣道徳の中心としての義とを並称して主張したものと考えられる。また孟子は，性善説の見地から，人間は仁[5]・義に礼[6]・智を加えた四徳を有すると主張し，その証拠として，万人が生得的に，仁の萌芽である「惻隠（そくいん）（他人を憐れみ同情すること）」，義の萌芽である「羞悪（自身の悪行を恥じ不善を憎むこと）」，礼の萌芽である「辞譲（へりくだって他人に譲ること）」，智の萌芽である「是非（善悪や正邪を判断すること）」の心を有しているとする四端説を唱えた。

仁・義が心の内にあるのか外にあるのかという問題に関して，孟子は，仁・義はともに心に内在すると主張したが，孟子と同時代の思想家である**告子**[7]は，仁は欲と同様に心の内にあり，義は心の外にあるという仁内義外説（じんないぎがいせつ）を唱えた。荀子[8]もまた仁義の並称を多用するが，仁を内的規範，義を外的規範とする傾向が見てとれる。また，荀子は性悪説を唱えて外的規範である礼を強調したことから，『荀子』には，「仁は愛であるから親しみ，義は道理であるから行い，礼は節度であるから物事が達成されるのである」（『荀子』大略篇）などといった，仁・義・礼を並べ用いる用例も見られる。

## 4 公に対する奉仕としての義

『論語』に，「君臣の義はどうして廃することができよう」（『論語』微子篇）とあり，孟子が「五倫（父子の親・君臣の義・夫婦の別・長幼の序・朋友の信）」を唱えたように，儒教的思惟においては，父子関係が血縁性に基づく親（親愛）によって成り立つ「天合（天に与えられた所与の関係性）」であるのに対し，君臣関係は規範性に基づく義によって成り立つ「義合（義に基づく意思的な関係性）」であるとされた。ここから，義は，特に君臣関係における徳目という意味が強まった。「義」を「忠」と並称し，「忠義」として用いるのはこのためである。

また，「義」には，郷村や宗族といった共同体内部で，災害・飢饉などの危機において共同体に奉仕することや，共同体における共用や共有といったことを意味する，「義倉」「義田」「義井」といった用法もある。これらは，義を君臣の関係性や共同体の福利と考えるものであり，公的な義と私的な利とを対立的に捉える考え方に添ったものであると言えよう。 （佐野大介）

▷4 ⇒ Ⅰ-1「孔子」

▷5 ⇒ Ⅳ-3「仁」

▷6 ⇒ Ⅳ-5「礼」

▷7 **告子**（こくし：生没年不詳）
戦国中期の思想家。著作が伝わらず，その思想の全体像は定かではないが，『孟子』告子篇に，人性に関する孟子との議論が見える。人性の善・不善に関して，告子は人の性を水にたとえ，水が水平移動に一定の方向性を有さず，東に傾ければ東に西に傾ければ西に流れ出すように，人の性も善悪という方向性を有していないとする「性無善無悪説」を主張した。

▷8 ⇒ Ⅰ-3「荀子」

**参考文献**
溝口雄三ほか編『中国思想文化事典』東京大学出版会，2001年。佐野大介『孟子』角川ソフィア文庫，2015年。

## Ⅳ　思想史の重要概念

# 5 礼

### 1 礼とは

　礼とは，社会秩序を構成する規範を意味する中国思想史上の概念である。個人的な礼儀作法から，家や宗族の慶弔儀式，国家における制度・機構・儀礼まで，人間が作り上げたあらゆるルールが含まれる。「礼（禮）」の本来の字形は，祭器（「豆」）に贄を盛った形（「豊」）であり，『説文解字』[1]は，福を得るために神に供える供物と解説する。礼は，鬼神・祖霊への祭祀を起源とし，これが社会的関係を律する概念へと転化したものと考えられる。

　礼の観念化を進めたのが儒教である。儒教思想における倫理性の重要概念は仁や孝[2][3]であり，政治性における重要概念は礼や楽と言える。儒家は仁や孝といった道徳は，心の内面に存するだけにとどめず，正しいやり方で外界に実践・実現させなければならないと考えた。その最も正しいやり方が，古の聖人[4]が民に対する節度として定めた礼である。その実践は，自律して己の人格を陶冶することから，政治に携わり人々を統治することに及ぶ。

　礼と楽（音楽）とが，時に「礼楽」と並称されるのは，礼は外面の動作に表れ尊卑を区別して秩序を形成するもので，楽は内面の心より生じ人を和するものだとされたことから，共に政治に有効だと考えられたことによる。

### 2 礼と政治

　儒家は，有徳の為政者が統治すれば，民衆は為政者の徳に感化され，己の心の内にある内在的な規範に従うようになり，天下の安寧が実現すると考えた。孔子は，「政治や刑罰によって治めれば，民は抜け道を求めて恥を忘れる。道徳や礼によって治めれば，民は恥を知って正しくなる」（『論語』為政篇）[5]と述べ，統治に武力や刑罰を用いず，徳によって民衆を帰服・感化させることを主張した。孟子は，徳治を古の王者の政治に準え，「王道」の実現を目指した。[6]これらの考えを，「徳治」と称する。ただ，儒家の正統的な主義である徳治は，個人的な自分の良心（内的規範）に従って自律するもので，破った場合のコストがほぼ存在せず，強制力がきわめて弱いという欠点を有した。

　人は利を好み害を避ける利己的な性質を持つと考え，性悪説を主張した荀子[7]は，徳治の強制力の弱さを改善するため，内在的で個人的な規範によって自律するのではなく，外在的で社会的な規範である礼（外的規範）の他律に従う

#### 脚注

▷1　『説文解字』
後漢の許慎（30-124）の手になる現存最古の漢字字典。9353字の漢字を見出し字とし，それを「一」部から「亥」部までの540の部首に分類する。

▷2　⇨ Ⅳ-3「仁」

▷3　⇨ Ⅳ-6「孝」

▷4　聖人
最高の徳性を有する人間の理想像。具体的には，神農氏・堯・舜・禹・殷の湯王・周の文王と武王・周公旦といった，帝・天子やそれに準ずる人物，および孔子を指す。性善を主張する儒教においては，究極的には学んで至ることができるものだと考えられた。

▷5　⇨ Ⅰ-1「孔子」

▷6　⇨ Ⅰ-2「孟子」

▷7　⇨ Ⅰ-3「荀子」

「礼治」を主張した。礼は社会共通の規範であり，破ると社会的な非難を受けるというコストを有するため，徳治に比して一定の強制力を有すると言える。

　一方，礼ではまだ強制力が不足していると考えたのが法家である。韓非をはじめとする法家は，法による統治，すなわち「法治」を主張した。法は外的規範による他律であるという点は礼と等しいが，破ると刑罰を受けるという点で，強制力において法治は礼治に大きく勝る。

　法治を徹底した秦が早く滅んだこともあり，その後の実際の政治においては，礼治（徳治）と法治との併用が謀られた。「礼とは未然に防ぐもの，法とは事後に罰するもの」（『大戴礼記』礼察篇）とされるように，礼による教化は事件以前に行われ，法による処罰は事件以後に行われる。またその対象に関しても，「礼は庶人に適用しない。刑罰は大夫に適用しない」（『礼記』曲礼上篇）とされ，礼が臣（為政者側）の秩序維持に働くものであったのに対して，法は民（被治者側）の秩序維持にはたらくものとされた。

## ❸ 礼　学

　礼は，五常（仁・義・礼・智・信）の一つであるとともに，五経（詩・書・礼・易・春秋）の一つでもある。『周礼』『儀礼』『礼記』が礼の経書とされ，総称して「三礼」と呼ぶ。

　『周礼』は，『周官』とも呼ばれ，現存最古の行政法典である。周公旦による制作と伝承されるが，実際の成立年代は箇所によって様々と考えられる。周代の官職を，天官・地官・春官・夏官・秋官・冬官の六部門に大別し，各部門に属する官職の職務内容について具体的に解説する。

　『儀礼』は，周代における儀礼の解説である。周公旦もしくは孔子の手になるものと伝承されるが，実際は春秋期から次第に整理され荀子以後に成立したと考えられる。士大夫（下級貴族）の冠婚葬祭における各儀礼の作法（「士礼」）の解説を中心として，卿大夫（上級貴族）や諸侯が主催する酒宴や弓道の作法，諸侯と天子との会見の作法など，多様な内容を持つ。

　『礼記』は礼に関する論説を集めた書物で，政治制度，倫理道徳，生活作法，音楽理論など，多様な内容を含む。前漢後期の戴聖の編で，書名は，礼の根本経典である「礼経」に対する「記（解説）」の意。

　礼に関する学問を「礼学」といい，経学の一分野を形成する。礼学の大成者とされる後漢の鄭玄は，三礼を整合的に解釈することに努め，魏の王粛（195-256）は鄭玄の説に多くの批判を加えた。北宋の王安石（1021-86）は，『周礼』を理論的根拠として政治改革を進め，『周官新義』を撰して科挙の教科書とした。南宋の朱熹は，普遍的道理である理の社会的具体化が礼であるとの考えから，古の礼制の研究として『儀礼経伝通解』を編纂し，また，実践的礼の考究として『小学』『朱子家礼』などの作成に力を注いだ。　　　　　（佐野大介）

▷8　⇒ Ⅰ-10 「韓非子」

▷9　徳治と礼治との境界は明確ではなく，実践においてその違いが意識されることは少ない。

▷10　中国思想において，臣と民とはまったく異なる概念である。臣は税より報酬を得て民の統治に携わる側の存在であり，民は税を納めて権力に統治される側の存在である。ために，「君臣」とは治める側内部の関係性，「君民」とは治める側と治められる側との関係性となる。

▷11　⇒ Ⅳ-4 「義」

▷12　⇒ Ⅴ-3 『詩経』

▷13　⇒ Ⅴ-2 『書経』

▷14　⇒ Ⅴ-1 『周易』

▷15　⇒ Ⅴ-5 『春秋』

▷16　⇒ Ⅴ-4 『礼記』

▷17　⇒ Ⅰ-1 「孔子」

▷18　⇒ Ⅱ-3 「鄭玄」

▷19　⇒ Ⅲ-2 「朱子」

( 参考文献 )

藤川正数『礼の話』明徳出版社，1993年。小島毅『東アジアの儒教と礼』山川出版社，2004年。

## IV　思想史の重要概念

 孝

### 1 孝とは

　孝とは，親に対する自発的従順を基礎とする行為・心情を意味する中国思想史上の概念である。「孝」の字形は，子が老人を背負う形に 象 ったもので，ここから子が父母によく仕えることを表すようになったとされる。儒家は天下の安寧を願い天下の乱れの原因を人倫（人間関係の秩序）の喪失に求めた。ために，最も基本的な人間関係である親子間の倫理，すなわち孝が人倫の根本とされた。

　孝の専論であり儒教経典である『**孝経**』[1]は，孝は「親を愛すること」と「親を尊敬すること」とであるとして，孝を「愛」と「敬」との二要素に分析する。親は，この世で最も近しい情緒的存在であると同時に，子に対する私的権威者でもある。親子関係は，生み生まれた者同士の愛情の 紐 帯であると同時に，「親」「子」という社会的役割同士の社会的関係でもある。このため，孝は自然の情愛であるのと同時に，権威に対する服従という文化的（人工的）な性格も有する。この孝の持つ二面性を表したのが，先天的に備わる情緒性である「愛」，後天的に獲得する社会性である「敬」である。愛は，孝の持つ私的・先天的・自然的・生物的・内在的・愛着的・情緒的な性質を象徴し，敬は，孝の持つ公的・後天的・文化的・社会的・外在的・服従的・儀礼的な性質を象徴する。孝が社会性を持つとの認識は，孝を親子関係以外の他の社会的上下関係に応用・拡大することが可能であることを意味しており，孝が社会性や政治性といった多様な性質を持つ原因となっている。

### 2 孝観念の本質

　一般的には，孝とは親に対する行為・心情であると理解されているが，儒家系文献においても，「孝とは畜（養う）なり」（『礼記』祭統篇）などとして，父母を養うことを孝の基本とする。ただ，「孝には三つの種類があり，大孝は親を尊ぶことで，その次は親の名を汚さないこと，さらに下なのが親を養うこと」（『礼記』祭義篇）などとして，「親を養う」，すなわち物質的な孝は孝の中でも最も当然で低級な行為であり，「親を尊ぶ」，すなわち精神的な孝が最大の孝であるとされる。また，「孝子の三つの道は，生きている親を養い，死ねば葬式を行い，葬式が終われば祭祀する」（『礼記』祭統篇），「子孫を残さないのが最大の不孝である」（『孟子』離婁上篇）などとして，目の前の親に尽くすこと

▷1　『**孝経**』
孝に関する儒教経典であり，孝を単なる道徳性のみならず，宗教性・社会性・政治性を併せ持つ思想として論じ，儒教の孝思想の一つの典型を示す。

▷2　『論語』（為政篇）に，「犬馬にさえ，養うということはある」とされるように，「敬」を伴わない単なる「養」は，犬や馬すら行う，もしくは，犬や馬に対してすら行うような低級な行為とされる。

（敬愛父母）に加えて，すでに死去した親（祖先）に対する態度（祖先祭祀），および子孫を将来に残すこと（子孫継嗣）も孝の重要な部分とされる。

　つまり儒教は，過去・現在・未来を貫く生命論として，「祖先祭祀」「敬愛父母」「子孫継嗣」の三者を合わせて「孝」と表現するのである。

　人の自己は不安定で，不安・迷妄・執着，また死の恐怖に常に揺れ動いているため，人は安定を求めて意識的無意識的に自己を拡大させようとする。血縁・地縁重視志向や権力欲・金銭欲は共時的な自己拡大の一環であり，名誉欲や作品などを後世に残したいといった欲求は通時的な自己拡大にあたる。孝は自己を，過去・現在・未来にわたる通時的な生命の連続の中に位置づけるという性質を持ち，人間の根源的な欲求である自己拡大欲求の一端を形成する観念であると考えられる。

## ③　孝の多様性

　家族内の倫理道徳より拡大した孝は，観念化され思想として体系化されるに伴い，様々な性質を有するようになる。

　親を愛し，助け，養い，また，親を敬い，従い，仕え，献身する，といった行為は，孝の持つ最も基本的な性質である道徳性である。

　また儒教では，血の連鎖を重んじ，自己の生命・肉体を，祖先より受け継ぎ子孫へと伝えるものと考える。ここから，人は，子孫の存在により，個人としての死を超えた血の永続性に与（あずか）ることができることとなる。また，祖先は，子孫が行う祖先祭祀によって疑似的な再生が可能とされる。孝は，このような死生観に基づいた観念として，また葬祭における儀礼として宗教性を有する。

　孝の部分である敬は，非血縁の上位者に対する態度へと拡大が可能であり，礼（社会規範）を守ることにつながる。「己の身体は親に頂いたものであり，これを傷付けないことが孝の第一歩である」（『孝経』開宗明義章）という考え方からは，身体刑の忌避，すなわち法の遵守が導き出される。また，社会体制の中で立身出世することは，親の名声を高めるという孝につながる。さらに，敬の持つ権威や規範に従うという性質は，君臣関係においても有効であると考えられ，これが「忠孝一致」「孝忠移行」といった思考の源泉となっている。これらが，孝の持つ社会性である。

　儒教には，民の統治は徳によって行われねばならないという「徳治」と呼ばれる思想があり，「孝徳を備えていること」が為政者の資格として重視される。天子が自ら孝徳を備え民の手本となりつつ民に孝を教える。これが孝の持つ政治性である。徳治における孝徳の働きを特に強調した概念を「孝治」と称する。

　孝が中国思想における一つの中心であり続けたのは，孝が単なる家庭内倫理ではなく，血の連鎖による死の恐怖の超克に基づく宗教性や，社会における社会性・政治性をも併せ持つ思想体系であったからだと言えよう。（佐野大介）

▷3　『孝経』では，君に敬が，母に愛が配当され，父はその両方を兼ねるとされる。父子関係と君臣関係とが，ともに権威や規範に従う性質である「敬」を共通して有することから，孝を拡大すればすなわち忠になるとされ，「忠孝一致」という概念が生み出される。

【参考文献】

桑原隲蔵『中国の孝道』講談社学術文庫，1977年。加地伸行『沈黙の宗教　儒教』筑摩書房，1994年。佐野大介『「孝」の研究』研文出版，2016年。

## Ⅳ　思想史の重要概念

# 理

## 1　理とは

　理とは，本来そうあるべきこと，すなわち物事の規範・道理や，あるものをあるべきようにあらしめているもの，すなわち存在の原理・根拠などを意味する中国思想史上の概念である。原義である玉の「すじめ」「あや」から，玉を磨いてその筋目模様を現すことを意味し，そこから「筋目づける」「正す」「治める」といった語義が拡大されたものとされる。天地万物さらには人間の生成，存在，性質に関わる概念であり，儒教や仏教を中心に，多く「気」「性」「情」といった概念との関係を含めて議論された。

## 2　朱子学における理

　理は，特に宋明代の儒教における最重要概念であり，この時代の儒教を指して，「理学」「性理学」などと言う。気一元論を唱えた北宋の 張 載（1020-77）は，心は性と情との統一体であると主張した。北宋の程頤は，理は究極的には一つだが，万物はそれぞれの理を有するという「理一分殊」という考えや，人間が生得的に有する性がすなわち理であるとする「性即理」を提唱した。

　これらの説を大成したのが，南宋の朱熹である。朱熹は，形而下において万物を構成し，経験的に知覚するものを気，形而上において気の運動の法則や存在の根拠となり，理論的に想定するものを理として，理気二元論を唱えた。理は，総体的には宇宙万物の道理や根拠であり，個別的には個物を個物たらしめる原理や根拠である。こうして朱子学においては，人間と天地万物のすべてがこの理気二元論で解説可能とされた。

　宇宙生成論においては，宇宙万物の存在根拠である理が，「太 極」と呼ばれる。朱熹も重んじた『太極図説』では，世界の生成の最初を，太極たる理に形而上性を意味する「無極」を附加して「無極にして太極」と表現し，この太極から，段階を踏んで世界万物が生成されたとされる。

　理は，また「天理」と呼ばれ，天の原理や存在根拠であり，その性質は至善とされた。朱熹は張載らの「心は性と情との統一体」「性即理」という説を受け継ぎ，心を性と情とに分析し，性を理，情を気に配当した。ただ，理は万物個物に共通であるから，これだけでは人間がそれぞれ異なった個性を持つことが説明できない。そこで朱子学では，人の性を，「本然の性」「気質の性」とに

▷1　⇨Ⅳ-1「気」

▷2　程頤（てい　い：1033-1107）

（『三才図会』）

▷3　⇨Ⅲ-2「朱子」

分析する。理は形而上の存在であるから，形而下においては，必ず気と結びついた形で存在する。人心における性のうち，天理そのままで至善の部分が「本然の性」，気と結びついて濁った部分が「気質の性」と呼ばれる。また，情には悪の性質の「人欲」が含まれる。これら心の，各部分の割合やありようによって，人における善悪や賢愚といった差異が説明可能となる。

　また，性（本然の性）は至善であるから，徳目でいう，仁[14]・義[15]・礼[16]・智・信の五常などに相当する。孟子は，「惻隠の心は仁の萌芽である。羞悪の心は義[17]の萌芽である。辞譲の心は礼の萌芽である。是非の心は智の萌芽である」（『孟子』公孫丑上篇）と述べたが，この考え方を当てはめれば，形而上にある仁などの徳目が，形而下において発動したものが惻隠などの四端に当たると言える。

　儒教の理念として，「修己治人（己を修め人を治める）」という語があるが，朱子学をはじめとする儒学の目標の第一は自己陶冶による徳性の涵養である。朱子学の修養論では，「天理を存し，人欲を減す」（『朱子語類』巻12）という語が知られるが，これは，人欲を抑え，濁った「気質の性」を澄清な「本然の性」（理・天理）に戻すことを意味する。

　また，朱子学の修養法としては，「居敬」「窮理」の二つの柱があげられる。「居敬」とは，常に「敬（心のつつしみ）」を守ることであり，その方法として，「静坐（静かに坐る）」がある。「窮理」は，外界の個々の事物について，その理を考究することであり，その最も基本的な方法は，聖賢の書，つまり儒教経典を学ぶことである。「居敬」とは内なる人心の理に向ける主観的内省，「窮理」とは外なる自然の理に向ける客観的学習と言えよう。

## ③　陽明学における理

　朱熹と同時代の儒者であり，朱熹の論敵でもあった陸九淵[18]は，朱熹の「性即理」に対して，「心即理」を唱えた。心を重視した陸九淵の学問は「心学」と呼ばれる。心学は，朱子学が心を性と情とに分析し，そのうちの性のみを理に対応させたのに対して，心をあくまで一体のものとして捉え，心がそのまま理であるとする。心には天理・人欲といった区別は存在せず，朱子学の「天理人欲の説」は否定される。陸九淵にとって，修養とは，その内なる本心を自覚し，まずその大なるものを立てるということ以外はない。

　明の王守仁[19]は陸九淵の学問を復興した。その学問は，彼の字をとって陽明学と称されるが，陸九淵の学問と併せて，「陸王の心学」との呼び名もある。陽明学もまた，「心即理」を主張し，理を外界の事物ではなく心の内面に求め，生得の良知（理）を発揮することを主張した。このため，修養法を表す「格物致知」を，朱子学が「物に格りて知を致す（心の外なる事物の理を究めて知識を深化させる）」と解釈するのに対して，陽明学は「物を格して知を致す（心の内なる意を修正して良知を発揮する）」と解釈する。
（佐野大介）

▷4　⇨Ⅳ-3「仁」

▷5　⇨Ⅳ-4「義」

▷6　⇨Ⅳ-5「礼」

▷7　⇨Ⅰ-2「孟子」

▷8　⇨Ⅲ-3「陸象山」

▷9　⇨Ⅲ-4「王陽明」

（参考文献）
島田虔次『朱子学と陽明学』岩波新書，1967年。垣内景子『朱子学入門』ミネルヴァ書房，2015年。

## Ｖ　経書の成立

# 『周易』

▷1　占いについてはⅦ章「天と人の間」参照。

▷2　⇨ Ⅴ-4 『礼記』

▷3　六経
儒家が重視した六つの経典（『易』『書』『詩』『礼』『春秋』『楽』）。ただし，『楽経』は早くに散逸したとされる。

▷4　八卦の卦名と卦画は次の通り。乾（☰）兌（☱）離（☲）震（☳）巽（☴）坎（☵）艮（☶）坤（☷）。

▷5　爻辞
一卦は陽爻・陰爻を六つ組み合わせた六爻（☰☷など）よりなる。各卦の爻辞は下から順に記述され，その際，卦画の陰（--）陽（─）はそれぞれ数字の六・九で表現される。また，爻辞は六十四卦×六爻で計384条となるが，乾坤卦には特別な爻辞が一つずつ付されているため，全386条ある。

▷6　経とは，もともとは織物の縦糸を意味し，その始終貫かれた一本の糸に不変の真理が擬えられた結果，聖人の著作を「経書」と呼ぶようになった（なお，後に経書を補うものとして，予言や神秘的内容が記された「緯書」も作成された。緯とは織物の横糸を意味する）。卦辞や爻辞の創作者

## 1　古代中国世界と占い

　古代中国では，天災・疫病などの苦難や，戦争・儀式などの国家の重要事に際して，為政者は亀甲・筮竹・夢・暦などを用いて占いを行った。『周易』ももともとはそのような「占いの書」であったと考えられている。『漢書』芸文志・術数略や『周礼』春官・簭人などには，様々な卜筮に関する内容が記されており，古来，いかに多くの占術が行われてきたかをうかがうことができる。しかし，その中で『周易』は他の占いにはない数理性・包括性・柔軟性を併せ持ち，孔子がその編纂に関与したとの伝承とも相まって，次第に儒教経典の地位に躍り出ることとなった。戦国時代には，すでに『周易』が六経の一つとして重視されていたことが，近年，新出土文献の発見により明らかとなっている。また前漢武帝期（前141〜前87）には，『易経（周易）』『書経』『詩経』『礼経』『春秋』の五経に専門の博士官が設置され，儒教が政治と強く結びつけられるようになった。『周易』に見られる哲学理論も，当時の政治・制度や文化に取り入れられて発展していったと考えられる。そして前漢末，ついに『周易』は森羅万象を説明する宇宙論の書として，五経の筆頭と評価されるに至った。

## 2　『周易』の構成と内容

　『周易』は，蓍（蓍萩や竹などの50本の棒）を用いた占いの書物であった。元をたどれば，伝説上の帝王伏羲が陰（--）陽（─）の符号を三つずつ組み合わせて八卦を作り，そこに万物を象徴させたことに始まるとされている。その後，八卦を互いに上下に重ねて六十四卦が作られ，さらに各卦に対する説明（卦辞。彖辞とも）や各卦を構成する爻にもそれぞれ占断の語（爻辞）が示された。これら六十四卦・卦辞・爻辞が『周易』の中心をなす経文である。

　ただし，『周易』の経文は象徴的な意を表す短文の羅列で，時に相反する内容が示されていることもあり，占者がそれらを読み解かねばならないという困難さがあった。そのため，後にこのおみくじの文言のような経文を説明するための「伝（十翼）」が編まれ，壮大かつ論理的解釈がなされるようになった。

　十翼の一つである繋辞伝には，象（易の卦）は万物を像り，爻は天下の変動に倣ったものと語られている。ここには，天地自然に則り人事もなされるべきという（天人合一）思想が見え，また天の運行や四季の移り変わりを模範とす

る陰陽の絶え間ない変化（循環）の思索が見て取れる。『周易』の根本には，泰（☷☰）・否（☰☷）のように「対」の思考があるが，それらは決して定まった関係を示すものではない。陽の中には必ず陰が含まれ，陽が極まれば陰へと転じる。逆もまた同様である。そのため，『周易』では対立的な見方を越えた「中庸」の立場も重視されている。

## ③ 『周易』の伝承

儒教が政策に組み込まれた漢代には，『周易』の占筮としての一面が重視され，八卦の象徴するものを読み解こうとする象数易が盛んに行われた。しかし，それは徐々に呪術的・技巧的なものへと転化していった。その後，魏晋南北朝期には，知識人の間に自由な精神性を秘めた老荘思想が流行した結果，儒教経典の中でも，深遠な哲学理論を展開する『周易』が『老子』や『荘子』とともに「三玄（三つの奥深い哲学）」として尊重されるようになる[8]。魏の王弼（226-249）は，こうした風潮の中，『周易』の占筮（象）を捨てて，本文の意味を捉えることを重視し，『周易』を純粋な思想書として解釈した（義理易）。王弼とその弟子韓康伯が作成した『周易注』は，儒教経典を老荘思想で解釈したとして批判されもしたが，唐代の官撰注釈書である『五経正義』[9]に採用され，以後の『周易』解釈に多大な影響を及ぼした。

北宋の程頤（1033-1107）[10]は，王弼の易解釈を基に，儒教的道義の立場から『周易』を捉えた『伊川易伝』を編纂して義理易を集大成した。しかし，南宋の朱熹（1130-1200）[11]は程頤が占筮を完全に切り捨てたことを批判し，自身の注釈書『周易本義』において，象数と義理との統合的解釈を試みている。

## ④ 『周易』と現代社会

『周易』六十四卦には，様々な理論や教訓が込められている。そこに数理的思考や自然との一体感を感じ取る者もいれば，自身を貞す教戒の書としてそれを受容する者もいるであろう。中国から離れた日本においても，そのような言葉に魅了されて，貝原益軒（損軒とも）や芭蕉の高弟宝井其角などのように，雅号を『周易』から採った者が数多くいると言われている[12]。「明治」「大正」といった元号や「虎視眈眈」「君子は豹変す」といった身近な言葉も，実は『周易』が出典である[13]。また，同書には「窮すれば則ち変じ，変ずれば則ち通ず」（繫辞下伝）や「尺蠖（尺取り虫）の屈するは，以て信びんことを求むればなり」（同上）という言葉も見える。たとえ行き詰まってしまったようであっても，世界は常に変化し，すべてのものに通じている。尺取り虫がその身を屈曲させるのは，次の瞬間に体を伸ばして大いに前進するためなのである。時に励まし，時に自省を促す『周易』の言葉は，先行き不透明な現代においても，苦難逆境の際の心のよりどころとなるであろう。 （中村未来）

には諸説あるが，周代の聖賢（文王や周公旦）に仮託して説かれることが多く，そのため『易』は漢代より周を代表する占筮として『周易』と呼称されるようになった。

▷7 十翼
「翼」とは「助」の意で，その制作は孔子に仮託されることもあるが，現行の形に整えられたのは漢代と考えられている。十翼各篇（全七種十篇）の名称は，次の通り。彖伝（上下）・象伝（上下）・繫辞伝（上下）・文言伝・説卦伝・序卦伝・雑卦伝。

▷8 ⇨ Ⅱ-5 「清談・玄学」

▷9 『五経正義』
唐の太宗の命により孔穎達・顔師古らが編纂し，科挙の解釈にも資するものであった。

▷10 ⇨ Ⅲ-1 「北宋の五子」

▷11 ⇨ Ⅲ-2 「朱子」

▷12 益軒（損軒）の号は益卦，損卦から，其角の号は晋卦・上九から採られていると指摘されている。

▷13 明治は説卦伝・離卦，大正は彖伝・臨卦，虎視眈眈は頤卦・六四，君子豹変は革卦・上六から。

（参考文献）

金谷治『易の話』講談社学術文庫，2003年。三浦國雄『易経』角川ソフィア文庫，2010年。

# V　経書の成立

# 2 『書経』

## 1 『書経』受容の変遷

　春秋戦国期に活動した知識人たちは，古代聖王の言行や儀礼制度が記録された『詩（詩経）』[1]や『書（書経）』[2]を学んでいた。それは，秦の始皇帝の文字統一以前，言語が不統一な時代にあって，知識人の共通の教養，また外交を成立させる共通言語が，この『詩』『書』であったためである。『論語』述而篇には，孔子[3]が『詩』『書』，礼法を語る際には王都の言葉（雅言）を用いたとあり，また『国語』や『左伝』[4]などの歴史記録にも，『詩』『書』が多く引用され，自説を補強するための権威づけとして用いられていたことがうかがえる。

　このように，早くから重視されていた『書経』であるが，実はそのテキストについては複雑な問題を抱えている。戦国期，諸子百家に受容された『書経』は，まず秦の焚書坑儒[5]の際に一度散佚し，その後，秦の博士であった伏生（伏勝とも）が辛うじて伝えた29篇を基に漢初に再編された。その際，当時の通行字体である隷書で記されたため，これらは今文『尚書』と呼ばれている。前漢武帝期には，魯の恭（共）王が宮殿拡張のために孔子の旧宅を破壊し，そこで今文より16篇多い，古文字（戦国期の字体）で記された『書経』テキストを発見した。今文『尚書』に対し，これらは孔壁古文『尚書』と呼称されている。今文学派と古文学派はどちらのテキストを正統とするかで激しく対立したが（今古文論争），結局，西晋末に起こった永嘉の乱[6]により，その大部分が消失してしまった。ところが，東晋になると，予章の内政を司る官であった梅賾が孔安国（孔子の子孫で漢代の学者）の注が付いた古文『尚書』58篇を朝廷に献上した。この書は学官に立てられ，後に唐代の官撰注釈書である『五経正義』[7]の底本に採用されて流布した。しかし宋代になると，古文『尚書』はその文体や孔安国伝・書序の内容から，呉棫（？-1154）や朱子ら多くの学者によって疑問視された。そしてとうとう，清の閻若璩（1636-1704）が『尚書古文疏証』[8]を著して，そこに収められた古文系統の25篇が，先秦諸子の書に引かれた『書経』の断片を基に，魏晋の間に作られた偽書であったことを証明したのである。そのため，梅賾の伝えた古文『尚書』は現在，偽古文『尚書』と呼ばれるが，清の学者阮元（1764-1849）が校勘した『十三経注疏』[9]にも採られたため，現代にまで伝わっている。

▶1　⇨V-3『詩経』

▶2　『書経』はもとは『書』と称され，漢代より『尚書』と呼称された。「尚」字は「上」字に通じ，「尚書」とは「上古の書」を意味する。『書経』の名で通行したのは，主に明代以降と言われている。

▶3　⇨I-1「孔子」

▶4　⇨V-5『春秋』

▶5　⇨XI-4「秦の始皇帝による焚書坑儒」

▶6　永嘉の乱
永嘉年間（307～312），匈奴（五胡の一つ）が華北を主舞台に起こした動乱。

▶7　博士官を置き，その学派の伝承テキストを教科書として，大学の講座を受け持たせること。

▶8　⇨III-2「朱子」

▶9　『十三経注疏』
13の経書（『周易』『尚書』『詩経』『周礼』『儀礼』『礼記』『春秋左氏伝』『春秋公羊伝』『春秋穀梁伝』『孝経』『論語』『爾雅』『孟子』）とその重要な注疏（「疏」とは「注」に対する注釈）を集めた書籍群。

## ② 『書経』の構成と内容

　『書経』の内容や文体は，西周期の金文史料に類似する部分も多く，韓愈や朱子など名立たる学者たちからも難解と評されるほどであった。『漢書』芸文志には，同書の起源が史官の記録した古代聖賢の言葉に求められており，伝説上の帝王である堯から秦の穆公に至るまでのそれらの記述を，孔子が整えて100篇とし，書序を作って各篇の意図を述べたのだと語られている。

　現行の『書経』58篇は，「虞書」5篇，「夏書」4篇，「商書」17篇，「周書」32篇に大別され，時代順に並べられている。諸篇では主に，聖王の治績や訓戒，禅譲や戦争，遷都や法令の発布などの重大事項について記されている。また全篇を通して，「天が文王に殷を打ち倒させ，天命を受けよと命じた」（康誥篇）や「その終わりには天命を失うことになるかもしれない」（君奭篇）などと，天が不徳な者から有徳者へと国家統治の命を改め降すのだとする「天命（革命）思想」がうかがわれる。さらに，美徳に従い善政につとめ，刑罰は慎重に執り行うべきという「明徳」「慎罰」も繰り返し唱えられており，『書経』が君主の権威を明示すると同時に，君主の横暴な振る舞いを抑制する働きをも有するものであったことが認められる。その他，古代の地理や行政に関する内容が見える夏書・禹貢篇や，五行思想（次の③参照）と為政とを結びつけた周書・洪範篇などが，中国古代の文化や制度，思想を検討する上で注目されている。

## ③ 『書経』の言葉

　『書経』は他の経書以上に複雑な変遷過程を経て，多くの偽書を含む形で伝播したが，それらは紛れもなく各時代の学者たちに受容され，その思想形成に多大な影響を及ぼしたと考えられる。その一つに，『書経』洪範篇に見える五行思想がある。当該篇には，夏王朝の初代帝王である禹が，その治水事業の成功を讃えられ，天から「洪範九疇（天下統治の九類の大法）」を授かったという内容が記されている。この大法の第一に掲げられているのが「五行」である。五行とは，天地間にめぐり動いてやむことのない五つの元素（木火土金水）を指し，後に陰陽説と結びついて，万物が生成変化する原理とされた。洪範篇には，五行の特性（潤下・炎上・曲直・従革・稼穡）が示され，それらが為政と関連づけられて説かれており，これが後代の災異説へも影響を与えた。

　また，『礼記』学記篇には『書経』説命篇の「教えることの半分は学ぶことである」や「常に学問に努めなければならない」などの句が引用されている。これらは現在，偽古文『尚書』の中に収められて伝わる言葉であるが，いかに人間にとって学び続けることが重要かを説く名句であり，現代に生きる我々の心にも響く箴言であると言える。

（中村未来）

▷10　西周期
周の武王から幽王までの時代（前1100？〜前770）。

▷11　金文
鐘や鼎などの青銅器に鋳込まれたり刻まれた文字。

▷12　⇨Ⅱ-6「韓愈」

▷13　虞書には伝説上の帝王堯・舜の時代，夏書には夏王朝，商書には殷王朝，周書には周王朝および一部諸侯の記録が収められている。

▷14　禅譲
天子が位を世襲ではなく，有徳者に譲ること。

▷15　文王（ぶんおう：？-前1056）
周の天子。殷の紂王を滅ぼした武王の父。

▷16　この内容は，殷の箕子が周の武王へ語る形で示されている。

▷17　洪範篇では「水火木金土」の順にあげられ，その特性が「万物を潤し低きに退く，盛んに燃えあがり上昇する，曲げ伸ばせる，柔軟に変容する，種をまき収穫できる」とされている。

▷18　⇨Ⅶ-6「董仲舒」

（参考文献）
野村茂夫『書経』中国古典新書，明徳出版社，1974年。
山口諮司『書経』角川ソフィア文庫，2019年。

# V　経書の成立

# 『詩経』

▷1　⇨ V-2 「『書経』」

▷2　⇨ I-1 「孔子」

▷3　⇨ V-5 「『春秋』」

▷4　同句は『論語』泰伯篇にも引用されており、そこでは「父母から受けた身体を害することのないようにと慎重に保ってきた」という意味で解釈されている。

▷5　**断章取義**
文章全体の意味を考えずに、一部分のみを抜き出し、自説に合わせて都合良く解釈すること。

▷6　**三家詩**
魯の申培が伝えた「魯詩」、斉の轅固が伝えた「斉詩」、燕の韓嬰が伝えた「韓詩」を指す。

▷7　博士官を置き、その学派の伝承テキストを教科書として、大学の講座を受け持たせること。

▷8　魯の毛亨（大毛公）は荀子より詩を伝承し、それを趙の毛萇（小毛公）が引き継いだとされる。

▷9　⇨ II-3 「鄭玄」

▷10　わずかに『韓詩外伝』10巻のみが現存している。

## ❶ 『詩（詩経）』の受容

　『詩経』は古くは『詩』と呼ばれ、『書（書経）』とともに五経の中でも早い段階から重視されていたと考えられる文献である。孔子は「どうして『詩』を学ばないのか」（『論語』陽貨篇）と子弟に語り、『詩』を学ぶことで自身の内面が磨かれ、対人関係を円滑にすることができ、教養が深まるのだと説いている。また、経書や歴史書をはじめ、その他多くの文献にも『詩』が引用され、為政者や知識人たちによって、政治や外交のために活用されていた様子をうかがうことができる。例えば、『左伝』宣公十六年の記事には、『詩』の言葉「戦戦兢兢として深淵に臨むが如く、薄氷を履むが如し」（小雅・小旻）が引かれ、優れた人物が上に立つと下の者は恐れおののき、深い淵に面する時のように、また薄い氷を踏む時のように慎重になるのだと解釈されている。ただし、この句はもともと、邪な者の蔓延る乱世において、我が身を守るためには慎重に行動すべきと嘆く士大夫層に属する人物の言葉として歌われたものであった。このように、『詩』の言葉は為政者や知識人が自説を補強するためにその原義から切り離されて、**断章取義**的に使われていたことが見て取れる。

　漢代初期、『詩経』には三つの学派が存在し、それぞれに当時の通行字体（隷書）で記された今文テキストが伝わっていた。これらは**三家詩**（三官詩）と呼ばれ、儒学が政治体制と結びつき整備されるようになると、学官にたてられ重視された。しかし、やや遅れて毛亨・毛萇らが伝えたとされる古文（戦国期の字体）で記されたテキスト（『毛詩』）が他を抑えて隆盛し、鄭玄がそれに注釈（鄭箋）を施すと、三家詩はしだいに廃れていった。その後、唐代に編纂された『五経正義』のテキストに『毛詩鄭箋』が採用され、現在にまで伝わっている。そのため、『詩経』はしばしば『毛詩』とも称される。

## ❷ 『詩経』の構成と内容

　『詩経』は中国最古の韻文集であり、305篇の詩が収められている。これらの詩は内容面から三つ、修辞面から三つに分類されており、これを詩の六義と言う。内容上の分類には、風（国風とも。黄河流域の15の国・地域の歌謡）・雅（宮中儀礼で演奏される楽歌）・頌（宗廟で祖先の功績を称える楽歌）があり、修辞上の分類には、賦（直叙法）・比（直喩法）・興（動植物などを用いた隠喩法）がある。

各詩の具体的内容は，恋愛や結婚，戦乱，農耕，祖霊を言祝ぐ歌，不遇を嘆き訴える歌など多岐にわたっており，いずれも元々は音楽に合わせて舞い歌われたものと考えられている。孔子が「思い邪無し（邪念なく真情が詠まれたもの）」（『論語』為政篇）と表した通り，『詩経』には古代の人々の生活や文化，そして生き生きとした感情が描き出されていると言える。

　ところが，現存の古文テキストである『毛詩』には，作者不詳の**大序・小序**（詩序）が付されており，そこでは，詩が政治的・道徳的に解釈されている。この『毛詩』の序に見える詩論は，漢代の儒教政策とも相まって，『毛詩』の経典としての地位を磐石にしたが，後の学者の詩解釈を強く拘束した。

　しかし宋代になると，詩序の流れを組む伝統的『詩経』解釈に疑問の目が向けられるようになる。朱子は小序に縛られた政治的・倫理的『詩経』解釈から詩を解き放ち，詩そのものを捉えるべきであるとして『詩集伝』を著した。またその後も，『詩経』解釈を見直す動きが進み，音韻学や文字学，宗教学や民俗学などの幅広い分野から検討が加えられ，現代に至るまで詩の原義や著作意図，さらには受容背景に迫る様々な解釈が試みられている。

## ③ 『詩経』の言葉

　明治維新の「維新」や鹿鳴館の「鹿鳴」などは『詩経』に由来する言葉である。典拠である『詩経』大雅・文王篇には新たに周を興した文王を讃える内容が，また小雅・鹿鳴篇には賓客のために饗宴を催す内容が歌われている。「文明開化」のスローガンのもとで西洋化を指向した当時の日本においても，このように『詩経』を出典とする語句が散見することを考えれば，経書がいかにアジア諸国に浸透し，教養として根づいていたかをうかがうことができよう。

　訓戒の言葉として読まれた『詩経』の語句には，「爾の室に在るを相るに，尚わくは屋漏に愧じざれ」（大雅・抑）というものがある。これは，神霊（祖先神）を祀る際，威儀を正して恥ずかしい行いをしないようにするというのが原義であるとも解釈される句であるが，『礼記』（中庸）にも引用され，「ひとけの無い最奥の部屋でも，心に恥じることのないようにする」という君子の振る舞いを述べたものとして，経学（経書を研究する学問）の中で理想化された。

　また，『詩経』は文学にも大きな影響を与えている。衛風・碩人篇には，春秋期の衛の荘公夫人である荘姜の美貌が「皮膚は白い凝脂（固まった脂肪），うなじは真っ白な幼虫，歯は瓠（図1）の種，蝉の額に蛾の眉」と喩えられている。ここには，生命力に溢れ，再生を象徴する草や虫を詠み込むことで，詩にも同じ効果を期待する「興」の技法が見られる。この歌が踏まえられ，後に唐の詩人白居易の「長恨歌」にも，楊貴妃の美貌が「凝脂」や「蛾眉」と表現された。『詩経』の豊かな言葉は，多方面で受容され継承されたと言える。

（中村未来）

▷11　他に篇題のみで内容の伝わらないものが六篇ある。『史記』孔子世家には，孔子が『詩経』を編纂したと語られている。

▷12　周南・召南・邶・鄘・衛・王・鄭・斉・魏・唐・秦・陳・檜・曹・豳。

▷13　「雅」は，さらに小雅と大雅に分かれる。

▷14　「頌」は，さらに周頌・魯頌・商頌に分かれる。なお，商頌とは殷王室の祭祀を継承した，宋国の廟歌を指す。

▷15　大序・小序
大序は，冒頭詩「関雎」の序の形を取るが，実際には『詩』全体の序を兼ねたもの。小序は，各詩の序文。

▷16　⇨ Ⅲ-2「朱子」

▷17　⇨ V-4「礼記」

図1　瓠（匏）
（岡元鳳纂輯・王承略点校解説『毛詩品物図考』山東画報出版社，2002年）

【参考文献】
石川忠久著，福本郁子編『詩経』（新書漢文大系）明治書院，2002年。牧角悦子『詩経・楚辞』角川ソフィア文庫，2012年。

# Ⅴ　経書の成立

 『礼記』

## 1 『礼記』の成立

　「礼（禮）」は多義的な言葉であるが，その字形が示す通り，もともとは祖先祭祀における供物を意味する語であったとされている。また礼には，長期間にわたり形成された礼儀や慣習（社会規範）の意もあるが，儒家の祖と言われる孔子はその実践を重視した。『論語』為政篇には，「民を導くのに政治的手段や刑罰によれば，民はそれらを免れようとして恥じる心が起こらないが，徳や礼によって民を導けば，民には自然と恥じる心が起こって正しくなる」と語られている。ここでは，強制力のある政策や刑罰以上に，礼が人々に反省を促し，自律的に行動するための優れた規範として作用することが説かれていると言えよう。孔子を始めとした儒家は，こうした外面的規制と内面的真情を併せ持つ礼の効力を認め，自己修養や統治の手段として重視したのだと考えられる。

　このように，慣習法として，また修養のために実践されていた礼であるが，『孟子』や『荀子』などには成文化された礼の存在が垣間見えており，戦国期には礼を経典視する儒家の動きがあったことがうかがえる。ただし，秦の焚書坑儒を経て，『漢書』芸文志に『礼経』として記録され，当時最も重視されていたのは，士階級の者が吉事や凶事に行う諸儀式に関する内容が示された『儀礼』であった。「礼記」については，もともとは『礼経』を補う雑多な解説文を指していた。前漢の博士官であった戴聖がこれらの解説文を刪修して『小戴礼記』を著し，後に鄭玄がこれに注釈を施して他の経書と関連づけながら礼理論の体系化を図った。このテキストが唐代に官撰注釈書である『五経正義』に採られ，『礼記』として尊崇されて現在にまで伝わっている。

　宋代に入ると朱子を始め多くの学者が，もともと『礼記』の一篇であった「大学」「中庸」を『礼記』から抜き出し，『論語』『孟子』と合わせて「四書」として重んずるようになった。その背景には，四書を学ぶことで孔子から孟子に至る儒教の正統的学問を体得できるとする思索があったことが考えられる。

## 2 『礼記』の内容

　『礼記』49篇には，政治制度や宴会・外交などの国家の重要事項から，冠婚葬祭の方法や修養論・教学思想など人々の振る舞いや日常生活に至るまでの様々な礼論が説かれている。内容は雑駁であり，諸篇の記述に一部矛盾する箇

▷1　⇨Ⅳ-5「礼」

▷2　⇨Ⅰ-1「孔子」

▷3　⇨Ⅰ-2「孟子」

▷4　⇨Ⅰ-3「荀子」

▷5　⇨ⅩⅠ-4「秦の始皇帝による焚書坑儒」

▷6　『儀礼』はその内容から『士礼』とも呼称されている。また，『儀礼』『礼記』と合わせて三礼と称されている文献に『周官』がある。『周官』には周王朝の官制や行政法典に関する内容が収められており，しばしば偽作が疑われたが，鄭玄がその名を『周礼』とし，『儀礼』『礼記』とともに重視したため，後世，経書として権威を持った。

▷7　この他，戴徳が刪修した『大戴礼記』がある。

▷8　⇨Ⅱ-3「鄭玄」

▷9　⇨Ⅲ-2「朱子」

▷10　「大学」の著者は孔子の弟子の曾子に，「中庸」の著者は孔子の孫の子思に仮託されており，孔子・曾子・子思・孟子は先王の道を正しく受け継ぐもの（道統）と理解された。

所があると指摘されているが，これはもともと単行の礼に関する小篇を収集して『礼記』が編纂されたことを考慮すれば，それほど驚くべきことではない。

曲礼篇には，礼が「親疎や正不正，異同や是非などを明確に区別するためのもの」であり，妄りに人を喜ばせたり馴れ合ったり，逆に人を侮ったりせず，節度を保つことが重要だとされている。また，そのような礼は天地自然を基に聖人が生み出したものであり，人々を導くための規範であると語られており，天道と人道とが密接に関わることが示されている（礼運篇）。そのため，月令篇では，もし時候（天道）と合わない命令を発すれば（人道），災いが下るとされ（時令思想），為政者を戒める言葉も見える。

また『礼記』中，教学の重要性を説くものに，大学篇・学記篇・文王世子篇などがある。これらには，学者が切磋琢磨[12]して学問を修め，自己修養して内面を高めるべきことや，指導者がいかに教育を施すべきかといった要諦が述べられている。「単に知識を暗記し準備しているようでは，人の師にはなれない」（学記篇）との言葉は，教育者への普遍の箴言と言えるであろう。

## ❸ 儒家と『礼記』

孔子は「詩に興り，礼に立ち，楽に成る」（『論語』泰伯篇）[13]と修養の過程を述べているが，礼楽の重要性は『礼記』にも説かれている。『礼記』楽記篇には，楽が身分を超えて人々を和合させる一方，礼が人倫関係の乱れを防ぎ，各人の威儀を正すのだとされ，礼楽に相互補完的な効用があると記述されている。六経のうち，『楽経』は早くに散佚したとされるが，楽記篇には『荀子』楽論篇や『呂氏春秋』[14]に見える音楽理論などと合わせて，古代の礼楽思想をうかがう上で貴重な内容が収められていると言える。

また『礼記』中には，仲尼燕居篇や孔子閒居篇など，篇名から分かる通り，孔子に仮託された文章も多い。さらに，坊記篇・中庸篇・表記篇・緇衣篇などは孔子の孫である子思が著した文献だと伝承されてきたが，近年，戦国期の出土文献（竹簡）の中にも複数の中庸篇や緇衣篇と類似する文献が発見されており（図1），その文献的価値が増してきている。

諸篇には，人の内面（感情や心）に目を向け，「礼」によりそれらを正しく保つことを説くものが散見するが，『礼記』には身体に言及する言葉も多く見られる。例えば，曲礼篇には「喪に服する礼としては，痩せ衰えたり，耳目を損なったりしないようにする」という記述が見え，心身の保全が礼を行う大前提と見なされていたことがうかがわれる。

ただし，「不倶戴天」[15]の典拠と言われる通り，『礼記』には仇討ち（復讐殺人）を許容する記述も見える。ここには戦国期〜漢初の社会混乱が反映されている可能性も高いが，儒家が時に「情」を優先し，いかに近親者への「孝」や「悌」[16]を重視していたかをうかがうことができるだろう。

（中村未来）

▷11 現行本では，長篇の曲礼・檀弓・雑記が上下篇に分けられているが，それらを一篇と捉え，全46篇とする見方もある。

▷12 切磋琢磨
もともとは『詩経』衛風・淇奥篇の語。動物の骨や牙を切って形を整え，削って滑らかにし，玉や石を打って形を作り，磨いて整えるように，修養に励む君子を表した言葉。

▷13 ⇨ V-6 「『論語』」

▷14 ⇨ Ⅱ-1 「『呂氏春秋』」

図1 郭店楚簡『緇衣』
冒頭一部分（『郭店楚墓竹簡』文物出版社，1998年）

▷15 曲礼上篇に「父の讎は与に共に天を戴かず，兄弟の讎は兵に反らず，交遊の讎は国を同じくせず」とある。

▷16 悌
年長者に対する敬意。

（参考文献）
下見隆雄『礼記』中国古典新書，明徳出版社，2008年。
矢羽野隆男『大学・中庸』角川ソフィア文庫，2016年。

## V　経書の成立

# 5 『春秋』

▷1　『左伝』（『春秋』注釈書の一つ）のみ，哀公16年（孔子の死）まで経文が記載されている（『左伝』の伝文は，哀公27年まで続く）。春秋時代の名称は，『春秋』に記された時代ということに由来する。

▷2　当該経文は『左伝』による。

図1　『五経白文』万暦24年（1596）跋の『春秋』冒頭部

▷3　微言大義
孔子が微妙な言い回しによって『春秋』に大義（政治的評価や理想）を込めたとするもの。

▷4　素王
王位はないが，王の徳を備えた人物を指す。儒教では孔子，道教では老子などが該当するとされている。

## ① 『春秋』の内容

　「春秋」とは，一年（春夏秋冬）を春と秋に代表させた言い表し方であり，『墨子』明鬼下篇に「燕の春秋」や「斉の春秋」とある通り，もともとは各国の歴史記録を意味するものであった。ところが，『孟子』滕文公下篇には，周の世が衰えて先王の道が行われなくなり，邪説や暴力が横行するようになったことを懼れて，孔子が『春秋』を著したという記述が見える。そのため，孟子の活動した戦国中期頃には，すでに『春秋』が孔子の筆削を経て，倫理的批判の込められた特定の経典を指すものとして認識されていたことがうかがえる。
　五経の一つとされる『春秋』は，孔子の故郷である魯国を中心にして，中原（黄河流域の中央部）諸国の事件や災害などを収めた編年体（年代順）の歴史記録である。魯の隠公元年（前722）～哀公14年（前481）までの12公242年間にわたる記述には，特に因果関係の説明はなく，直接的な批評もない。例えば，冒頭隠公元年の経文を見れば（図1），「元年春，王の正月」「三月，公は邾の儀父と蔑（地名）で盟った。」「夏五月，鄭伯が段（鄭伯の弟）に鄢（地名）で勝利した。」という記述が続いている。このように『春秋』の経文は，ただ事実のみが淡々と簡潔に列挙され，まるで年表のような印象を与えるものである。そこには，軍事，外交，王室や諸侯の存亡，祭祀，自然災害などが記載されているが，その大部分を占めるのは戦争に関する記述であった。
　『春秋』を編纂した際，孔子はその一字一句に褒貶（価値評価）を込めたと言われ，その記録方法は「春秋の筆法」や「微言大義」と呼ばれている。先程の経文で言えば，なぜ「王の正月」と記されているのか，なぜ「儀父」という言い回しが使われているのか等である。後世，そのような『春秋』の表現に孔子の隠された意図を読み取る春秋学が隆盛し，後漢には孔子素王説と一体となって，『春秋』は経書としての権威をしだいに高めていった。

## ② 『春秋』受容の変遷

　『春秋』の簡潔な経文には，「伝」と呼ばれる注釈が付けられ，様々な解釈がなされた。そのうち，特に重要とされる注釈書に，『春秋公羊伝（公羊伝）』『春秋穀梁伝（穀梁伝）』『春秋左氏伝（左伝，左氏伝）』の三伝がある。『漢書』芸文志によれば，各書はそれぞれ，斉の公羊子，魯の穀梁子，魯の史官

であった左丘明の作とされている。前漢の景帝期（前157〜前141）には，**胡母生**や董仲舒らによって『公羊伝』が修められ，学官に立てられた。『公羊伝』の特徴としては，問答体の記述形式をはじめ，王権の絶対視，攘夷思想，革命や復讐の容認，動機の重視などがあげられる。その後，前漢宣帝期に行われた**石渠閣会議**にて，『穀梁伝』が国家公認の学となった。『穀梁伝』は『公羊伝』に対抗する意図のもと作成されたと考えられており，血縁倫理（私的親愛）以上に国家規範（適法か否か）が優先され，公的秩序を乱す復讐や譲位を認めない姿勢が示されている。当時の通行字体（今文）で記された上記二書に遅れて，前漢末，宮中の秘書を校訂していた劉歆（？-23）が古文（戦国期の字体）で記された『毛詩』『周礼』とともに『左伝』を発見し，その史料的価値を主張した。『左伝』は，事件の発端・経過・結果を詳細に描く史話によって，『春秋』の経文に解釈を施している。王莽期に一時学官に立てられたが，『春秋』解釈の正統争いの中，今文学派より偽作説が唱えられ，激しく非難された。

　しかしその後，西晋の杜預が『春秋』の経文と『左伝』とを合わせた注釈書『春秋経伝集解』を著し，それが唐代に官撰注釈書である『五経正義』のテキストに採用されて権威を持った。一方，宋代には従来の注釈（古注）に対し，胡安国が撰した『春秋胡氏伝』のように，三伝にこだわらない新しい解釈（新注）も展開されるようになる。清末には，**変法自強運動**を推進した康有為（1858-1927）ら公羊学派が『左伝』を批判し，それに対して，章炳麟（1868-1936）や劉師培（1848-1919）らが反駁を加えるなどの論争も起こった。

## ❸　現代に伝わる『春秋』の言葉

　多くの史話を掲載する『左伝』は，前漢以前の代表的歴史書である『国語』や『史記』『漢書』とともに「左国史漢」と併称され，学者の必読書とされてきた。これらの史書には，人々の生き様や事の駆け引き等が劇的に描かれており，文学作品としての評価も高い。今でも耳にする慣用句，「臍を噛む」（荘公六年伝）や「食指が動く」（宣公四年伝），「病，膏肓に入る」（成公十年伝）なども『左伝』を典拠とする言葉である。いかに多くの読者を獲得し，現代まで読み継がれてきたかがうかがえるであろう。

　また，『公羊伝』および『穀梁伝』は，「哀公14年春，西方に狩りをして麒麟を獲た」という記事で締めくくられている。麒麟とは聖王の治世にしか現れないとされる伝説上の瑞獣であり，春秋の三伝各派は，この出現の意義をそれぞれ追究した。特に公羊学派は，麒麟の出現を特異なこととして重視し，孔子の嘆きとともに王道の廃頽を象徴するものだと解釈した。この記事で孔子が筆を絶ったとされることから，後世，「獲麟」の語は「絶筆」や「臨終」のたとえとしても使われるようになった。

（中村未来）

▷5　**胡母生**（こむせい：生没年不詳）
口伝されてきた「公羊伝」を景帝期に成書したとされる人物。

▷6　⇒ Ⅶ-6「董仲舒」

▷7　博士官を置き，その学派の伝承テキストを教科書として，大学の講座を受け持たせること。

▷8　行為の結果よりも動機を重視する。また，『公羊伝』は「経（原則）」を基本としながら，臨機応変の処置である「権（例外）」も認めている。

▷9　**石渠閣会議**
宣帝甘露3年（前51），帝が石渠閣に諸儒を集めて，経書の異同や解釈の優劣を議論させた会議。

▷10　⇒ Ⅴ-3「詩経」

▷11　⇒ Ⅴ-4「礼記」

▷12　伝文には周の礼制による評価が加えられており，周の礼を重視する態度がうかがえる。

▷13　⇒ Ⅺ-7「白虎観会議」

▷14　**変法自強運動**
議会政治を基礎とする立憲君主制の樹立を目指した政治改革運動。

▷15　⇒ Ⅲ-7「康有為」

▷16　『国語』
『左伝』同様，左丘明の撰とされる書。春秋時代の各国史。『春秋外伝』とも称される。

（参考文献）

野間文史『五経入門』研文出版，2014年。安本博『春秋左氏伝』角川ソフィア文庫，2012年。

## V　経書の成立

# 『論語』

**図1**　『論語』冒頭, 学而
篇(『十三経注疏』)

▷1　⇨ [ I-1 ]「孔子」

▷2　⇨ [ XI-1 ]「孔子の死
と門人たちの活動」

▷3　五経博士
五経(易・書・詩・礼・春
秋)に付設された官名。

▷4　『孝経』
儒教の徳目である「孝」
(⇨[ IV-6 ])を論じた書。
宋代までに儒家の重視する
経書は13文献にまで拡大す
るが(十三経),『孝経』も
そのうちの一つ。13文献の
具体的な書名は次の通りで
ある。『周易』『尚書』『毛
詩』『儀礼』『礼記』『周礼』
『春秋左氏伝』『春秋公羊
伝』『春秋穀梁伝』『論語』
『孝経』『爾雅』『孟子』。

## ① 『論語』の構成と内容

　『論語』(図1)は, 孔子の弟子たちが各々記した孔子の言葉を収集・議論し
て編纂したものである。全20篇の内容には, 緩やかなまとまりは見られるもの
の, 基本的に各章は独立した短文を寄せ集めて構成されており, 語録や名言集
のような雑纂であると言える。また『論語』には, 章の重複や文体の相違など
が見え, 複雑な過程を経て成立したことがうかがわれる。さらに書中には, 曾
参や有若などの直弟子の語も,「曾子曰く」や「有子曰く」と敬称を付されて
収められていることから, 実際には魯や斉の地域を中心に活動する孔子の孫弟
子以降の人物たちが, 長年にわたり編纂を進めたのだろうと言われている。

　その内容は, 主に人倫関係や政治思想, 教育・学問や自己修養などについて
語られており, 師弟問答の形式で記述されている。例えば, 政治については
「法制や刑罰に頼った政治を行っても民はそれらをすり抜けることばかり考え
るが, 道徳や社会規範(礼)によって政治を行えば民は羞恥心を持って正しくな
る」(為政篇)と徳治が唱えられ, 学問については「自ら情熱をもって取り組も
うとしなければ教えてやらず, 言いたくてもうまく言えず口をモゴモゴさせて
いるようでなければひらき導いてやらない」(述而篇)と教育の要諦が述べら
れている。ここには, 人々の内面へ訴えかける健全さや誠実さ, また学者が持
つべき熱意と努力の重要性を冷静な視点から述べる孔子の姿が読み取れるであ
ろう。その一方で, 時に『論語』には「朝方に人の行うべき道を聞くことがで
きれば, その晩に死んでも構わない」(里仁篇)などという強烈な信念や使命感
を示す語が見え, また病の門人冉伯牛の手をとり「斯の人にして斯の疾有る
や」(雍也篇)と述べ, 顔淵の死に際して「噫, 天予を喪せり」(先進篇)と深
い嘆きを表すなど, 激情に駆られて発せられたと思われる言葉も記録されてい
る。孔子は為政を説く教育者であり, 自ら楽しみ努力し続ける学者であり, 音
楽や礼制を尊ぶ文化人であった。そして, 時に情に厚く節義を貫く一個人とし
て弟子と真摯に向き合うその様子が,『論語』には活き活きと記述されている。

## ② 『論語』受容の変遷

　近年発見された戦国期(前300頃)~前漢期(前206~8)の竹簡群(出土文献)
には, 孔子が為政や詩論を説く記述が散見している。特に, 前漢期の複数の墳

墓からは，現行本とほぼ合致する内容の『論語』テキストが出土しており，漢代初期には『論語』が一書として成立していた可能性が高いことが指摘されている。ただし，他の経書と同様，『論語』が特に重視されるようになったのは，紀元前136年に前漢の武帝が**五経博士**[3]を設置して以降であろうと考えられる。『論語』は五経には含まれないものの，**『孝経』**[4]と並び重んぜられ，『漢書』芸文志にも経書として**六芸略**[5]に収載されている。

　前漢には『魯論語』20篇，『斉論語』22篇，『古論語』21篇の三系統の『論語』テキストが伝わっていたとされ，魯や斉の学者が伝えた前者二書はどちらも当時の通行字体である隷書（今文）で記されていた。これに対し，『古論語』は，景帝期（前157〜前141）に魯の恭（共）王が孔子の旧宅を破壊した際に発見された**古文字**（戦国期の文字）で記されたテキストである[6]。後に，三系統の『論語』は『魯論語』を基に整理され，魏の何晏（190頃-249）が古注を取りまとめて『論語集解』を編纂した。現存最古の『論語』注釈である同書には，当時流行していた**玄学**[7]の影響が見られる。また，南朝梁の皇侃（488-545）は『論語集解』に基づき，仏教的要素も加えた新たな注釈書『論語義疏』を著した。その後も，勅撰注釈書である『論語正義（論語注疏）』が北宋の邢昺（932-1010）により編まれ，南宋以降は**朱子**[8]が『論語』を五経に先行して学習すべき「四書」として取り上げ，**『四書集注』**[9]を編纂した。体系的かつ実践的な思想を展開した朱子の『四書集注』は，元朝期に科挙の標準テキストに指定されたことから知識人必読の文献となった。さらに木版印刷技術の発達もあって東アジア世界に広く伝播し，朝鮮や日本でもよく読まれるようになった。

## ③ 『論語』の言葉

　『論語』子罕篇には，「川上の嘆」と呼ばれる有名な言葉がある。これは孔子が川の辺に立ち，川を眺めながら，「ゆく者はこのようであるのか，昼も夜も止まることがない」と呟いた言葉である。この『論語』の一句には，古くから二つの解釈があった。一つは古注に採られた後漢の包咸（前6-65）の「過ぎ行くものは総じて，川の流れのようである」という解釈である。また，敦煌の千仏洞から発見された『論語』鄭玄注でも，人生の儚さと有道でありながら重用されない孔子の悲嘆が述べられた言葉として，この句が解釈されている。[10]おそらく，これと同様に当該句に『方丈記』冒頭のような，得も言われぬ無常観を感じる読者も多いことであろう。ただし，程子や朱子などの宋代の学者は，ここに昼夜を問わず生成変化する宇宙の活動を読み取り，人々もこれに則って反省し考え，不断に努力すべきであるとする別の解釈を示している。[11]短文で綴られた『論語』は，読む者によって幾通りにも捉えられ方が変化する作品であると言える。そのような解釈の自由と共感とを生む名文に，人々は惹きつけられ続けるのかもしれない。

(中村未来)

▷5　六芸略
『漢書』芸文志の分類項目であり，六芸略には「六経」に関わる文献が著録されている。

▷6　その他，この宮殿拡張工事の際に，古文字で記された『尚書（書経）』や『孝経』なども発見されている。

▷7　⇨ Ⅱ-5「清談・玄学」

▷8　⇨ Ⅲ-2「朱子」

▷9　『四書集注』
『四書章句集注』とも。四書とは，もともと『礼記』の一篇であった「大学」「中庸」と，『論語』『孟子』とを併称したもの。何晏『論語集解』が「古注」と呼ばれるのに対して，朱子の『四書集注』は「新注」と称されている。

▷10　敦煌文書については，Ⅸ-5「敦煌莫高窟」を参照。

▷11　⇨ Ⅲ-1「北宋の五子」

（参考文献）
加地伸行『論語（増補版）』講談社学術文庫，2009年。
湯浅邦弘『論語——真意を読む』中公新書，2012年。

# Ⅵ　学びの諸相

# ❶　『説苑』

（『古聖賢像伝略』）

▷2　外戚
皇后の身内、あるいは母方
の身内。

▷3　宦官
去勢された男子で貴族や宮
廷に仕える者。

▷4　劉向は中国目録学の
祖とされる人物でもある。
劉向は任宏・尹咸・李柱
国とともに、宮中所蔵の儒
家の経典、諸子百家の書、
詩賦の書、兵書、数術書、
方技書を分類・整理した。
そして、一書の校勘（テキ
ストの校訂作業）が終わる
ごとに、その過程や著者・
文献の内容、自らの批評を
記し、それらを『別録』と
いう書にまとめた。さらに、
子の劉歆が輯略・六芸
略・諸子略・詩賦略・兵書
略・数術略・方技略の七つ
に類別した図書目録『七
略』を完成させた。ただし、
『別録』『七略』はすでに散
逸し、後漢の班固（32-92）

## ❶　劉向が生きた時代

　『説苑』は、前漢時代の学者・政治家である**劉向**▷1が編纂した故事・説話集である。劉向は陽城侯劉徳の第二子で、前漢の高祖劉邦（在位前206-前195）の末弟である楚元王劉交の玄孫にあたる。若くして博学で文才があり、元服後に議論を掌る諫大夫に抜擢されて宣帝（在位前74-前49）に仕えるが、錬金術に失敗して投獄されてしまう。しかし、その才能が惜しまれ、また兄の陽城侯劉安民の計らいによって再び宣帝に用いられ、蕭望之（？-前46）や周堪（生没年不詳）らとともに職務に励む。続く元帝（在位前49-前33）の時代には、**外戚**▷2の許氏・史氏や**宦官**▷3の弘恭・石顕が実権を握って横暴に振る舞うようになる。そこで劉向らは彼らの追い落としを画策するが、それが事前に漏れ、逆に中傷を受けてしまう。その結果、蕭望之は罷免後に自害、周堪は左遷・復権を繰り返した後に病死、劉向は投獄後に免官となる。劉向は雌伏し、やがて兄の劉安民が後継者のないまま没したため、陽城侯を継いだという。

　十数年後、成帝（在位前33-前7）の時代に弘恭らが失脚し、劉向は再び任用▷4され、宮中の蔵書の整理・校勘にあたった。この頃、外戚の王氏が実権を握っていたため、劉向は『**新序**』▷5『説苑』『**列女伝**』▷6などの教訓書を奉って時の皇帝を諫めた。しかし、劉向の諫言は活かされることなく、結局、劉向は30年あまりも重用されずに72歳でこの世を去る。そして、劉向が危惧した通り、平帝（在位前1-5）の死後、王莽が漢の王権を簒奪し、新を建国するに至るのである。

## ❷　『説苑』とは

　『説苑』は、古来の説話・寓話・逸話などを集めた皇帝の教育用の書として編纂され、説話を通して劉向自身の政治的主張を述べようとしている。もともと『説苑雑事』という書物があり、劉向はそれをもとに取捨選択・増補して内容別に20篇に整理した。個々の説話は他書と一致するものが多く、諸子百家すべての系統の話が収録されているが、その根底にあるのは儒家の思想である。

　書名については、日本では伝統的に「ゼイエン」と呼ばれてきた。「説」を「セツ」と読めば論説・学説の意味であり、また「ゼイ」と読めば説き伏せるという意味で、いわゆる遊説の「ゼイ」である。そのため、「ゼイエン」と読

めば「人を説得するための資料の園」という意味になるが，故事を通じて諸子百家の説が述べられており，論説の部分も多く，遊説の書に限定されるものではない。

　『説苑』の各篇の内容は，以下の通りである。

| | |
|---|---|
| 君道（君主のあり方） | 臣術（臣下の責務） |
| 建本（学問による基礎固め） | 立節（節操を重んじる） |
| 貴徳（徳をたっとぶ） | 復恩（恩に報いる） |
| 政理（為政の道理） | 尊賢（賢者をたっとぶ） |
| 正諫（君主の正しい諫め方） | 敬慎（身を慎む） |
| 善説（巧みな弁論） | 奉使（使者としての心得） |
| 権謀（時宜に応じたはかりごと） | 至公（至高の公平） |
| 指武（武力について） | 談叢（話のタネ） |
| 雑言（雑多な話） | 弁物（物の本質を見きわめる） |
| 修文（礼楽を修めよ） | 反質（質朴にかえる） |

　『説苑』に見える代表的な故事成語としては，「間，髪を容れず」（あいだに髪の毛一本さえも入れる余地がないほど，物事に少しのすきまもないさま），「牛頭馬肉」（牛の頭を店先に掲げておきながら実際には馬の肉を売るという意味で，見せかけはしっかりしているが中身がともなっていないことの喩え），「歯亡びて舌存す」（堅いものがかえって早く滅び，柔らかいものが後まで生き延びること）などがある。

## ③ 故事・説話集の展開

　劉向以後も，故事・説話集は編まれ続ける。その代表作が『世説新語』である。『世説新語』は南朝宋の劉義慶（403-444）の著で，竹林の七賢などの後漢末から東晋までの貴族・文人・僧侶らの言行や逸話を，徳行・言語・政事・文学など36のテーマに分類して集録する。この書には意図的なフィクションも混入されており，史実と異なるものも見られる。従来，教訓書として編まれていた故事・説話集は，しだいに読者に好まれるエピソード集としての性格が強くなってゆく。

　さらに時代が降ると，中国の説話集の集大成ともいえる『太平広記』が登場する。この書は，北宋の太宗（在位976-997）の勅命によって李昉（925-996）らが編纂し，978年に成立した。全500巻の大部で，漢から宋初までの説話・伝奇を神仙・方士・報応・夢・幻術・神・鬼・妖怪などの92項目に分け，引用する書物は475種に及ぶ。『太平広記』は南宋から元代にかけての**話本・雑劇**や，明・清代の小説・**戯曲**の題材に大いに用いられ，中国史において「取るに足りない言説」と見なされてきた「小説」の地位が格段に向上してゆくことになるのである。

（草野友子）

▷5　『新序』
現存10巻。『説苑』と同様の故事・説話集であり，春秋時代から漢初にかけての帝王・聖賢・士民の言行が収録されている。

▷6　⇨Ⅵ-2「『列女伝』」

▷7　⇨Ⅱ-5「清談・玄学」

▷8　話本
口語体で書かれた講談の台本のこと。

▷9　雑劇
中国の古典演劇の一つ。元代に作られた歌劇は「元曲」という。「雑」は様々なという意味。

▷10　戯曲
もともとは雑戯の歌曲という意味で，上演する目的で書かれた演劇の台本，あるいはその形式で書かれた文学作品をいう。

が編纂した現存最古の図書目録『漢書』芸文志の中にその事績が受け継がれている。

（参考文献）
池田秀三『説苑』講談社学術文庫，2019年。戸川芳郎・木山英雄・沢谷昭次・飯倉昭平『淮南子・説苑（抄）』（中国古典文学大系）平凡社，1974年。高木友之助『説苑』（中国古典新書）明徳出版社，1969年。

# Ⅵ　学びの諸相

## 『列女伝』

▷ 1　⇨ Ⅵ - 1 「『説苑』」

▷ 2　⇨ Ⅴ - 3 「『詩経』」

▷ 3　**正史**
中国の古代から明までの各時代の，最も正統と認められた紀伝体の歴史書。紀伝体とは司馬遷『史記』より始まった歴史記述の一形式で，本紀（帝王の年代記）・列伝（人物の伝記）・志（社会制度）・表（年表・系譜）などの項目に分けて記述される。

▷ 4　⇨ Ⅰ - 2 「孟子」

▷ 5　**班固**(はんこ：32-92)
後漢の歴史家。父班彪の遺志を継いで『史記』の続編となる歴史書『漢書』を編纂した。しかし未完のまま死去し，妹の班昭がこれを引き継いで完成させた。また，学者たちが五経の文字の異同や解釈の違いについて討論した会議の記録を『白虎通』としてまとめた。
⇨ Ⅺ - 7 「白虎観会議」

**図 1　鄒孟軻母**
（文選楼叢書『新刊古列女伝』）

### 1　劉向と『列女伝』

　『列女伝』は，前漢時代の学者・政治家である劉 向[1]が編纂した女性向けの教訓書である。劉向は漢王朝に仕え，外戚・宦官が横暴に振る舞っていた際に『新序』『説苑』『列女伝』などの著作を奉って皇帝を諫めた。『列女伝』については，成帝（在位前33-前 7 ）が趙 飛燕・趙 昭 儀姉妹に溺れ，権力が外戚の手に落ちてしまうことを恐れた劉向が，成帝を諫めるために編纂したとされる。

　『列女伝』には，伝説の帝王堯・舜の時代から戦国時代末期までの著名な女性たち100人余りの伝記が集められている。各伝記は儒教の道徳に基づき，女性としてどうあるべきかについて説かれている。もとは八篇であったらしいが，六朝時代の頃にはすでに古い形態が失われていたようであり，現在は母儀伝・賢明伝・仁智伝・貞順伝・節義伝・弁通伝・孽嬖伝の七篇からなる。「列女」とは「女」を「列べる」という意味である。各篇のはじめには「小序」があり，各伝記の終わりには君子の評語や『詩経』[2]の引用，頌（まとめうた）などを付すという体裁になっている。「列女伝」という名称は後世の文献でもたびたび使用され，**正史**[3]の中にも「列女伝」の項目が立てられるようになる。そのため，劉向のものを「古列女伝」と称することもある。

### 2　『列女伝』で描かれる女性たち

　母儀伝では，母としての規範を守る女性が登場する。中でも孟子[4]の母は『列女伝』の中で最も有名な女性の一人である。教育のためには環境を選ぶことが大切だとする「孟母三遷」，学問を途中で中断するのは織りかけた機の布を断ち切るようなものだと言う「断機の戒め」など，創作の可能性も指摘されているものの，孟母は教育熱心な人物として知られる（「鄒孟軻母」［図 1 ］）。

　賢明伝では，賢く道理に明るい女性が登場する。例えば「楚荘樊姫」は，王に宰相について問われ，「自分は優秀な女性を後宮に推薦してきたが，宰相は自分のライバルになるような優秀な人物を推挙したことがない」と指摘する。また，「魯黔婁妻」は，夫の葬儀の際に遺体を粗末な布で包んでいたが，それは黔婁夫妻が清貧を貫き，世俗の楽しさや豊かさを求めなかったからであった。

仁智伝では，仁愛と智恵のある女性が登場する。のちに楚の令尹（宰相）となる孫叔敖は子供の頃，二つ頭の蛇に遭遇し，殺してこれを埋めたために死を恐れて泣いたが，母は陰で徳を積んだ者（陰徳）には良い報い（陽報）があると語り，おまえは死なずに長生きすると説く（「孫叔敖母」）。

貞順伝では，夜中に火事になった際，身分の高い女性はお付きの者と一緒でなければ外出してはならないという礼を守って焼け死んだ「宋恭伯姫」や，夫の死後，王に自分との再婚を強要され，自ら鼻を削いでその意志がないことを示した「梁寡高行」ら，貞淑で従順な女性が登場する。

節義伝では，子連れで戦場から逃げる際，敵軍に追いつかれそうになると実子を棄てて兄の子を連れて逃げた「魯義姑姉」，夫の殺害を画策した妻が，妾に毒酒を勧めさせようとすると，妾は故意に倒れて酒をひっくりかえし，主の命を守った「周主忠妾」ら，節操が固く信義をまっとうする女性が登場する。

弁通伝では，無実の罪に落とされた息子のために，これは楚王の治世の過ちだと非難する「楚江乙母」，弓造りの妻が不当な処罰を受けた夫のために晋公の処置の誤りを指摘する「晋弓工妻」ら，弁舌が達者な女性が登場する。

孽嬖伝では，亡国の悪女が描かれる。殷の紂王の寵妃妲己は淫楽・残忍をきわめたことで有名であり，周の幽王は笑わない寵妃褒似のためにたびたび烽火を上げて諸侯を振り回し，西周滅亡のきっかけをつくったとされる。このように悪女を反面教師とする伝記は，後続の「列女伝」には収められていない。

また，『列女伝』は，東晋の画家顧愷之（334-405）が「列女仁智図巻」を描くなど，絵画の題材として扱われるようにもなる。元代以降は，印刷技術の発展によって上図・下文の絵入本『列女伝』が出版され，広く普及した。1971年に内モンゴル自治区で発掘された後漢期の壁画墓「和林格爾漢墓」には「列女伝図」が描かれており，全42図は劉向『列女伝』と対応している。

## ③ 女訓書の展開

劉向『列女伝』以後，女性向けの教訓書は大きく二つに分かれる。一つは『列女伝』のように女性の説話を中心として構成される説話型，もう一つは女性のあり方などの基本理念を説き，具体的な項目を提示する教説型である。後者の代表的書物としては，後漢の**班固**の妹**班昭**の**『女誡』**があげられる。『女誡』は病床の班昭が婚期を迎えた娘のために記した女訓書であり，当時の知識人に歓迎されて広く流布した。後世，清の王晋升は，班昭の『女誡』，明の仁孝文皇后の『内訓』，唐の宋若莘の『女論語』，王晋升の母劉氏の『女範捷録』を編纂して『女四書』とし，康熙年間（1662-1722）に成立した。日本では，**辻原元甫**が『女範捷録』ではなく唐の侯莫陳邈（侯莫陳は三字姓）の妻鄭氏の『女孝経』を入れて和訳した『女四書』を編修し（明暦2年［1656］刊），明治・大正の良妻賢母教育推進のもとで普及した。

（草野友子）

▷6 **班昭**（はんしょう：45-117頃）
後漢の班固の妹。曹世叔の妻となり，夫の死後，和帝に召されて皇后や女官の教育にあたったことから，曹大家と尊称された。兄の班固が著わした『漢書』を，彼の亡き後，引き継いで完成させた。また，劉向『列女伝』に注釈を付けたとされるが，現存しない。

▷7 **『女誡』**
後漢の班昭（曹大家）の著で，卑弱・夫婦・敬慎・婦行・専心・曲従・和叔妹の七篇よりなる。現存の中国女訓書の中で最も古い。それ以前に『女憲』という文献があったとされるが，すでに失われ，伝世文献中に断片的に見えるのみである。

▷8 **辻原元甫**（つじはらげんぽ：1622-?）
江戸時代前期の儒者，仮名草子作者。本姓は長岡，名は省。京都出身。伊勢桑名藩主松平定綱に藩儒として仕え，定綱没後は仮名草子の執筆や漢学の講義をして過ごした。のちに山城淀藩主石川憲之に仕えた。『女四書』『智恵鑑』など，中国書を和訳した教訓的な仮名草子を著した。

**参考文献**
関西中国女性史研究会編『中国女性史入門（増補改訂版）』人文書院，2014年。牧角悦子『列女伝』明治書院，2001年。中島みどり訳注『列女伝』全3巻（東洋文庫）平凡社，2001年。山崎純一『列女伝』上・中・下（新編漢文選）明治書院，1996〜97年。

## Ⅵ　学びの諸相

# 『顔氏家訓』

▷1　**顔師古**（がんしこ：581-645）
唐の学者で，顔之推の孫。訓詁学や文章に優れ，孔穎達（574-648）らと五経の文字を校勘し，『五経正義』を選定した。また，『漢書』に注釈を施した。

▷2　**顔真卿**（がんしんけい：709-785）
唐の政治家・書家で，顔之推の五世孫。文官として仕え，安史の乱の平定に尽力した。のちに反乱を起こした李希烈の説得に派遣されたが，捕縛され殺された。書は剛直な性格があふれる新風を拓き，「顔体」と称される。代表作は楷書「顔氏家廟碑」，草書「祭姪文稿」「争坐位帖」など。

▷3　**侯景の乱**
南朝梁の武帝治下の548年8月，南予州刺史の侯景が起こした反乱。侯景は羯族の出身で，東魏からの投降将軍であった。反乱軍は寿春（現・安徽省）から都の建

## ❶　顔之推：波瀾万丈の人生

『顔氏家訓』は，梁・北斉・北周・隋の四朝に仕えた学者顔之推（531-591以降）が，子孫への戒めとして記した家訓書である。顔氏は，琅邪郡臨沂県（現・山東省）の豪族名家の出自であり，顔之推の九世の祖にあたる顔含（生没年不詳）の時に江南（長江以南の地域）に渡り，代々『周礼』や『春秋左氏伝』に通じていた。顔之推の父顔協（498-539）は湘東王蕭繹（のちの南朝梁の元帝，在位552-554）に仕え，兄は文学者・政治家の顔之儀（523-591），唐の**顔師古**や**顔真卿**は顔之推の子孫に当たる（図1）。

顔之推は江陵（現・湖北省）において蕭繹のもとで出世するが，郢州在任時に**侯景の乱**で郢州が陥落，捕虜として都の建康（現・南京）に送られた。乱が平定された後，新都となった江陵において蕭繹が梁の元帝として即位すると，顔之推は散騎侍郎（文書処理の官）を兼ねて中書舎人（詔勅起草の官）となった。その際，建康から移送された大量の図書の整理収集を任された。**『隋書』経籍志**の分類法はこの時に顔之推らが採用した四部分類を継承したものである。しかし，554年，元帝の治安が整備されていないうちに西魏によって江陵が攻め落とされ，元帝は書物を焼き払い，西魏に降り殺されてしまう。

梁が滅亡すると，顔之推は捕虜として西魏の都の長安に送られた。北周政権が樹立すると，大将軍李穆の目にとまり，彼の兄の書記官として弘農（函谷関の東）で過ごすこととなる。その後，黄河の氾濫に乗じて家族とともに北斉に亡命。文宣帝（在位550-559）に気に入られ，側近として仕える。そして中書舎人・趙州功曹参軍（人事担当）・司徒録事参軍（文書記録担当）などを歴任し，黄門侍郎（勅命伝達の官）となる。北周が北斉を滅ぼすと，のちに御史上士（官吏の監察官）として召された。隋が北周を滅ぼすと，初代皇帝楊堅（在位581-604）の太子楊勇に召されて学士となるが，まもなく病没した。このような波瀾万丈の人生が『顔氏家訓』執筆の動機となった。

## ❷　顔氏の家訓書『顔氏家訓』

『顔氏家訓』の正確な成立年代は明らかではないが，終制篇に「吾已六十余（私はすでに60歳を過ぎた）」「今雖混一

**図1　顔魯公世系表**（『隋唐五代名人年譜』）

（今は天下が統一されたけれども）」とあるため，南朝最後の王朝である陳が滅亡した589年以降の作とされる。

　『顔氏家訓』は全20篇で構成されている。篇目は以下の通りである。

| | |
|---|---|
| 序致（執筆意図を述べた序論） | 教子（子弟教育） |
| 兄弟（兄弟関係） | 後娶(こうしゅ)（再婚・後妻について） |
| 治家（家の治め方） | 風操（礼・風俗について） |
| 慕賢（賢人を慕う） | 勉学（勉学の必要性） |
| 文章（文章の作成法，文学論） | 名実（名声と実態） |
| 渉務(しょうむ)（必要な臣下） | 省事(しょうじ)（多くのことを行わない） |
| 止足（適度に足を止める） | 誡兵(かいへい)（兵を誡める） |
| 養生（道教の養生術による不老不死に対する批判） | 帰心（仏教の優越） |
| 書証（訓詁と考証） | 音辞（方言と標準語，南北の音の違い） |
| 雑芸（諸芸について） | 終制（儒教より仏教を重んじる死観） |

　『顔氏家訓』の中で顔之推は，主として儒家の立場から，身の立て方，家の治め方，世の処し方などについて述べる。また，文字学・音韻学を得意とし，文字や典故を考証した書証篇・音辞篇は学問的価値が高い。雑芸篇では書画・弓術・占い・算術・医薬・音楽・博打・囲碁などの諸芸について述べ，風操篇では子の名づけ方にも言及する。さらに顔之推は，学問の上では儒教を重んじつつも，仏教を心のよりどころにしていたことがうかがえる。例えば，帰心篇では儒教に対する仏教の優越を説き，終制篇では手厚い儒教的葬儀ではなく簡素な仏事を重視している。『顔氏家訓』は，当時の貴族社会の政治・経済・学問・宗教・儀礼・風俗や家庭生活などを知る上でも貴重な資料である。

　後世，『顔氏家訓』は家訓の祖と仰がれ，中国で「家訓」と言えばこの『顔氏家訓』を指すほどである。『顔氏家訓』に見える，どんな時勢でも家庭を守り，生き抜いていくという姿勢は，現代においても示唆に富むものである。

## ❸　日本における家訓の展開

　日本への伝来は早く，奈良時代の吉備真備(きびのまきび)（695-775）は『顔氏家訓』にならって『私教類聚(しきょうるいじゅう)』を執筆し，この書は日本最古の教訓書とされる。また，『日本国見在書目録(にほんこくげんざいしょもくろく)』[15]の中にも『顔氏家訓』の名が見える。江戸時代の寛文2年（1662）には初めて『顔氏家訓』の和刻本[16]が刊行され，天保3年（1832）には昌平坂学問所が『官版　顔氏家訓』（官版とは政府の出版の意）を刊行した。また，鎌倉時代以後，武家にも家訓を残す習慣が生まれ，江戸時代には大名が儒教的家訓を定めて示したり，商人が自家永続のために経営の心構えなどを記したりするようになった。

（草野友子）

康（現・南京）を突き，翌年3月，数カ月にわたる籠城のすえ宮城は陥落，梁の武帝も死亡した。551年11月に侯景は即位して国号を漢と定めたが，王僧弁(おうそうべん)と陳霸先(ちんはせん)の連合軍の攻撃を受けて敗死。この乱によって50年に及んだ梁の武帝治下の太平が破られ，江南社会は壊滅的な打撃を被った。

▷4　『隋書』経籍志
『隋書』は唐の太宗の勅により魏徴(ぎちょう)・長孫無忌(ちょうそんむき)らが編纂した隋の歴史書。二十四史の一つ。図書目録である経籍志では，正史で初めて「経（経書）」・「史（歴史書）」・「子（諸子百家の書）」・「集（詩文集）」の四部分類が採用され，以後，図書分類法として定着した。

▷5　『日本国見在書目録』
平安時代の藤原佐世(ふじわらのすけよ)（847-897）勅撰の日本最古の漢籍目録。寛平3年（891）頃成立。現存のものは抄略本。「見在」とは現存の意味で，当時日本にあった漢籍の目録であるが，一部国書が混じる。『隋書』経籍志にならって約1580部1万7000巻近くの書籍を部門別に分類し，書名・巻数・著者名などを記す。

▷6　和刻本
日本で新たに版木を彫って再製した漢籍の版本。和板（版）ともいう。

### 参考文献

林田愼之助『顔氏家訓』講談社学術文庫，2018年。渡邊義浩編『全訳顔氏家訓』汲古書院，2018年。宇都宮清吉『顔氏家訓』全2巻（東洋文庫）平凡社，1989年（ワイド版2008年）。

# VI　学びの諸相

# 4 『蒙求』『小学』

## 1 『蒙求』とは

　『蒙求』は，唐の李瀚（生没年不詳）が記した初学者向け教科書である。李瀚についての詳しい伝記は分かっておらず，当時の文壇の有力者李華による「序」と，饒州刺史（州の長官）李良による「表」（上表文）に「天宝五年」（746年）とあることにより，8世紀前半の成立と考えられている。書名は『易経』蒙卦の「童蒙，我に求む」に基づく。堯・舜の伝説の時代から六朝時代までの著名人の伝記・逸話を一事項ごとに四字一句にまとめ，計596句2384字からなる。韻文になっており，二句を一対として，結語にあたる最後の四句以外は八句ごとに韻を変え，歌いやすく覚えやすいようにしてある。ただし，本文のみでは内容が理解しがたいために注釈が付けられるようになり，特に南宋の徐子光（生没年不詳）による補注が広く読まれた。「蛍雪の功」（「孫康映雪，車胤聚蛍」，唱歌「蛍の光」の出典）や「漱石枕流」などの有名な故事はいずれも『蒙求』に見える（図1）。

　『蒙求』は唐代中期から元代にかけて普及したが，17世紀以後，学習書の主流は『三字経』や『千字文』などに移ったために忘れ去られた。現存の写本で最も古いのは，敦煌で発見された唐五代残巻である。印刷物としては，山西省の応県仏宮寺木塔から発見された遼代（10～11世紀頃）の版本が古い。

## 2 『小学』とは

　現在でも初等教育機関を「小学校」と言うが，その由来は古く，夏・殷・周の時代にはあったとされる。「小学」では，8歳以上の児童に清掃・応対・進退（たちふるまい）や文字などを教えた。転じて，儒学における基本的な学問

図1　和刻本『新刻蒙求』
（寛政二年刊，再版）

を言い，六芸を指すこともある。これに対し，周代以降，王者が設立した最高学府を「大学」と言い，ここでは身の修め方，人の治め方を教え，官吏の養成機関でもあった。すなわち，「小学」は子供のための学問，「大学」は大人のための学問と言える。

　ここで言う『小学』とは，南宋の朱熹が劉子澄（生没年不詳）に編纂させた儒学の初等教科書の名である。『小学書』とも言う。全六巻で，淳熙14年（1187）

### 傍注

▷1　⇨ V-1 「『周易』」

▷2　『三字経』
幼童用の識字教科書。宋の王応麟の撰と伝えられるが，諸説ある。「人之初　性本善　性相近　習相遠」など三字一句で，偶数句末は韻を踏み，自然現象・人倫道徳・歴史・常識などの内容を三百数十句に連ねて説く。

▷3　『千字文』
梁の周興嗣が編んだ漢字の学習書。「天地玄黄　宇宙洪荒」から始まる四言古詩250句からなり，1000の異なる漢字を使って，自然現象から人倫道徳に至る知識用語を集録する。

▷4　六芸
中国において卿・士大夫が修得すべき教養・技能・技術。『周礼』によると，礼（礼儀）・楽（音楽）・射（弓術）・御（馬術）・書（書写）・数（算術）の六科目。儒家の六つの経典「六経」（『易経』『書経』『詩経』『礼記』『楽経』『春秋』）を「六芸」と称することもある。⇨ V-1～5 「『周易』～『春秋』」

▷5　⇨ III-2 「朱子」

に成立した。内・外の二篇に分けられ，内篇は立教・明倫・敬身・稽古の四章，外篇は嘉言・善行の二章で構成されている。日常の礼儀作法や，聖人・賢者の格言・善行，人倫の実践的教訓などを古今の書から集めた啓蒙書である。▷6

一方，『大学』という書物もあり，もともと『礼記』の一篇であったが，宋代に重んじられ，四書の一つとなった。その内容は，治者としての三綱領（明徳を明らかにする，民に親しむ［朱熹は「民を新たにする」と解釈］，至善に止まる）と，その実践のための八条目（格物・致知・誠意・正心・修身・斉家・治国・平天下）を解説したものである。朱子学においては，「修己治人」という言葉が示すように，自己修養をした上で世の人々を治めるという段階的な発展を考える。そのため，『小学』で具体的な事柄を教え，それを基に『大学』で「修身（我が身を修める）」や「窮理（物事の道理を窮める）」を学ぶ，というのが朱熹の教育理念である。

## ③ 日本での受容

『蒙求』は，早くに日本に伝わり，平安時代には貴族の子弟の教育に用いられ，「勧学院の雀は蒙求をさえずる」という諺ができたほど広く読まれた。▷8『日本三代実録』の元慶2年（878）には，貞保親王（清和天皇の第四皇子で当時数え9歳）が『蒙求』を読んだという記事が見え，これが日本で『蒙求』が読まれた最古の記録とされる。鎌倉時代初期に源光行が著した『蒙求和歌』は，『蒙求』から250の故事を選んで内容別にまとめ直し，故事の内容を和文で記した上で和歌を加えたものである。室町時代には，『蒙求』の講義記録で，片仮名交じり文で書き下して注釈を施した『蒙求抄』が作られた。

『蒙求』は漢文や歴史・故事・教訓を学ぶための入門書として大いに読まれ，貴族・僧侶・武士階級の初学者にとって必読の書となった。また，伝統的に漢音で音読する習慣があり，音注が付けられているものが多く，古い漢音を知るための資料としても重要である。中国では明代以降，『蒙求』は他の学習書に淘汰されてしまったが，日本には古いテキストが現存する。

『小学』は，いつ頃に日本に流布したのかは定かではないが，金沢文庫▷9が所蔵し，江戸時代には土佐の儒学者野中兼山（1615-63）・小倉三省（1604-54）が『小学』に訓点を施して藩校に用い，諸藩もこれにならったとされる。彼らの後輩にあたる山崎闇斎▷10も『小学』に訓点を施し，朝鮮儒学の影響を受けて研究した。また闇斎は，『小学』の形式にならって日本・中国・朝鮮に関連する挿話を集めた『大和小学』を著した。注釈書も種々つくられ，詳細なものとしては貝原益軒・竹田定直の『小学句読集疏』がある。これは朱熹が注釈を施した本注本と，明の陳選の注釈『小学句読』を基につくられたもので，完成から百年以上経った天保8年（1837）に刊行された。国字解（漢籍を日本語で解釈したもの）としては中村惕斎『小学示蒙句解』などがある。　　　　（草野友子）

▷6　なお，『漢書』芸文志（後漢の班固が編纂した『漢書』の一項目で，現存最古の図書目録）以後，文字学・訓詁学・音韻学を総称して「小学」と呼ばれるようにもなり，『爾雅』『説文解字』などの字書は「小学」の書に分類される。⇨ VI-1 『説苑』側注4

▷7　⇨ V-4 『礼記』

▷8　勧学院の雀は蒙求をさえずる
勧学院とは，平安時代，藤原氏の子弟を教育するために京都に建てられた学校。勧学院の雀は学生が読む『蒙求』を聞き覚え，それをさえずるという意味で，普段聞き慣れていることは自然に覚えるという喩え。

▷9　金沢文庫
鎌倉時代中期に北条氏の一族の北条実時（1224-76）が武蔵国久良岐郡六浦荘金沢（現・横浜市金沢区）の邸宅内に造設した武家の文庫。蔵書の内容は政治・文学・歴史など多岐にわたる。元弘3年（1333）の鎌倉幕府滅亡後は隣接する菩提寺の称名寺によって管理され，現在の金沢文庫は昭和5年（1930）に神奈川県の施設として復興した。

▷10　⇨ XIV-2 「山崎闇斎」

（参考文献）
今鷹真『蒙求』角川ソフィア文庫，2010年。早川光三郎著・三澤勝己編『蒙求』（新書漢文大系）明治書院，2005年。早川光三郎『蒙求』上・下（新釈漢文大系）明治書院，1973年。宇野精一『小学』（新釈漢文大系）明治書院，1965年。

## Ⅵ　学びの諸相

# 5 白鹿洞書院掲示：朱子学の教育理念

▷1　書院
中国近世の教育研究機関。宋代以後，士大夫階級の勃興とともに教育研究に対する要求が高まり，官立学校に対する私立学校として，個人の手で書院がつくられた。白鹿洞書院（江西廬山）・応天府書院（河南商丘）・嵩陽書院（河南太室山）・岳麓書院（湖南岳麓山）は，宋の「四大書院」と呼ばれる。

**図1　白鹿洞書院**
（編者撮影）

▷2　刺史
当初は監察官の名であったが，後に州の長官の名となった。
▷3 ⇨ Ⅲ-2「朱子」
▷4 ⇨ Ⅲ-3「陸象山」
▷5 ⇨ Ⅲ-4「王陽明」
▷6　昌平坂学問所
昌平黌。寛永7年（1630）に林羅山（⇨ ⅩⅣ-1）が設立した私塾に始まり，元禄3年（1690）に将軍徳川綱吉の命によって湯島に移転，寛政の改革の際に幕府直轄の学問所となる。朱子学を正学として幕臣・藩士などの教育にあたった。

## 1 白鹿洞書院とは

　白鹿洞書院は江西廬山の麓に建てられた**書院**である（図1）。もとは唐の李渤（773-831）の書斎であり，白鹿を飼いながら読書する隠居生活を送っていたことから，人々は彼を「白鹿先生」と呼んだ。のちに李渤が江州**刺史**となった際，書斎を拡張して講学（講義・討論）の場とし，「白鹿洞」と名づけた。戦乱が相次いだ唐末には地方の官立学校の機能が停止したため，白鹿洞は高雅の士でにぎわい，その後，官立学校に移管された。

　北宋時代には書院に改変されて「白鹿洞書院」と呼ばれるようになり，四大書院の一つとなった。しかしその後，衰退の一途をたどって荒廃し，南宋時代にこの地に地方官として赴任した朱熹によって再建された。朱熹は自らが院長となって儒教の理想の実現のために教育に従事し，のちに白鹿洞書院は「海内書院第一」と謳われるようになる。朱熹の在職中には，最大の論敵であった陸九淵に講演を依頼して，大成功を収めたとも伝えられている。陽明学の祖である明の王守仁ら代表的な儒学者もここで講義した。

　清の光緒29年（1903）に白鹿洞書院は閉校，宣統2年（1910）に「江西高等林業学堂」と改称された。辛亥革命後，建物は火災によって焼失し，蔵書のほとんどが失われた。中華人民共和国成立後には，政府によって白鹿洞書院の保護と修理が行われ，1959年に江西省の「文物保護単位」に，1988年に「全国重点文物保護単位」（日本の国宝・重要文化財クラス）に認定された。現在の建物は再建されたものであるが，江西省の観光スポットの一つとなっている。

## 2 教育理念の精髄「白鹿洞書院掲示」

　朱熹は白鹿洞書院を再建した際に，「白鹿洞書院掲示」を定めた。本文・解説177字に跋文260字が添えられた短い文章であるが，朱子学の教育理念の精髄と見なされ，明・清代には書院の規則の模範となった。書き下し文は，以下の通りである。（原文は縦書き，〈 〉内は解説部分の現代語訳）

　父子に親（親愛）有り，君臣に義（正義・礼儀）有り，夫婦に別（区別・役割）有り，長幼に序（順序）有り，朋友に信（信頼）有り。

　　〈右は五教の項目である。伝説の帝王堯・舜は契を司徒に任命して，敬んで五教

を敷かせた，とはこのことである。学ぶ者はこれを学ぶだけである。その学びの順序にも五つあり，それを類別すれば左の通りである。〉

博く之を学び，審かに之を問い，慎みて之を思い，明らかに之を弁じ，篤く之を行う。

〈右は学問を修める順序である。学・問・思・弁の四つは，理を窮める方法である。篤行については，身を修めることに始まり，事柄に対処し人と応対するに至るまで，それぞれ要がある。それを類別すれば左の通りである。〉

言は忠信，行は篤敬，忿りを懲らし欲を窒ぎ，善に遷り過ちを改む。

〈右は身を修める要である。〉

其の義を正し，其の利を謀らず，其の道を明らかにし，其の功を計らず。

〈右は事柄に対処する要である。〉

己の欲せざる所，人に施すこと勿れ。行いて得ざること有れば，諸を己に反り求む。

〈右は人と応対する要である。〉（※跋文は省略）

本文の一つ目は『孟子』滕文公上篇に見えるいわゆる「五倫」，二つ目は『中庸』第20章，三つ目は『論語』衛霊公篇・『易経』損卦象伝・益卦象伝，四つ目は『漢書』董仲舒伝，五つ目は『論語』顔淵篇・衛霊公篇・『孟子』離婁上篇の文によるもので，端的な言葉の中に儒教の理念が盛り込まれている。

## ③ 日本への影響

「白鹿洞書院掲示」は朱子学の普及とともに，中国のみならず日本や朝鮮などの近隣諸国の学校においても教育の大綱として利用され続けた。日本の江戸時代には朱子学が正学となり，白鹿洞書院は理想的な学校と見なされ，「白鹿洞書院掲示」は多くの学校・私塾の理念となった。例えば江戸幕府直轄の**昌平坂学問所**では，新年はじめの講学が「白鹿洞書院掲示」の講釈によって始まったとされる。また，備前の**閑谷学校**でも，毎月一日の朝は「白鹿洞書院掲示」の講釈から始まり，在校生のみならず近隣の村民たちも出席していたという。さらに，大阪の懐徳堂では，第四代学主中井竹山の弟履軒が天明2年（1782）に「白鹿洞書院掲示」を抄写し，それを堂内に掲げた（図2）。

江戸時代の代表的な「掲示」研究としては，山崎闇斎があげられる。闇斎は，**李退渓**が「白鹿洞書院掲示」を重んじていたことに注目し，自らその注釈『白鹿洞学規集註』を執筆した。以後，闇斎の弟子の浅見絅斎や，陽明学者の中江藤樹，江戸後期の佐藤一斎ら多くの儒学者が「白鹿洞書院掲示」を解釈した。　　　　（草野友子）

### ▷7　閑谷学校
閑谷黌。江戸時代の岡山藩の郷学。寛文8年（1668）に藩主の池田光政が民間子弟の教育のために領内各地に手習い所を設置した。しかし，まもなく廃れ，同10年（1670）に学校設立を命じ，元禄14年（1701）までに完成した。明治に廃絶したが，講堂（国宝）や聖廟（孔子廟）・石塀（ともに国指定重要文化財）など多くの建造物が残っている。

### ▷8　⇨ⅩⅣ-5「中井竹山・履軒」

### ▷9　⇨ⅩⅣ-2「山崎闇斎」

### ▷10　李退渓（りたいけい：1501-70）
名は滉。朝鮮李朝の代表的な朱子学者で，「東方の小朱子」とも呼ばれる。諸官を歴任した後，郷里で陶山書院をおこし，朱子学の研究と指導にあたった。『聖図十図』や『自省録』などの著作は江戸時代に復刻され，江戸儒学に大きな影響を与えた。

**参考文献**

三浦國雄『朱子』講談社，1979年（後にその前半部分の改訂版が『朱子伝』[平凡社ライブラリー，2010年]として復刊）。諸橋轍次・安岡正篤監修『朱子学大系』第1〜14巻，明徳出版社，1974〜83年。

図2　「白鹿洞書院掲示」拓本（大阪大学懐徳堂文庫所蔵）

## VII　天と人の間

# 1 鬼　神

図1　鬼神（『点石斎画報』）
首を吊って死んだ者の鬼。

▷1　巫覡

（『旧上海百丑図』）

いわゆるシャーマンのことで,「巫」「巫祝」とも呼ばれる。女性を巫,男性を覡とする説もあるが,あまり明確には区分されていなかったようである。古代においては,鬼神との交信を主として,占卜,歌舞,悪鬼の撃退,医者などの役割に従事した。

▷2　⇨ V-4 「礼記」

## 1 鬼神とは何か

　鬼神（図1）とは,中国思想史上における霊的なものを表す概念である。狭義には死者の霊,広義には祖先神や自然神,引いては悪鬼や妖怪などをも包含する複合的概念であるため,多角的に捉える必要がある。

　それでは,鬼神の原義を字義の上から確認してみよう。まず鬼について,現存する中国最古の字書『説文解字』は,鬼頭と呼ばれる面具を被った人物,つまり,鬼神祭祀を挙行する巫覡▷1などを象った漢字であったとする。あるいは,古墳発掘の骸骨が示すような人の死体の象形であったとする説もある。『礼記』▷2祭義篇にも「人が死ぬと必ず土に帰る。それを鬼という」という記述があるように,もともと鬼は,死後埋葬された人の死体という原義であったが,そこから形而上に派生して,死者の霊という無形無象の概念へと変化していったと考えられる。

　次に神について,『説文解字』は,「天神」とする。あるいは,「申」は雷光の形象し難い様の象形で,それを祀った様を表したのが「示」であるとして,神を自然神とする説もある。天地山川に神々が宿るという思想は,アニミズム的自然崇拝に基づくものである。古代人は,自然の恩恵に対する敬意と災害や獣害などによる畏怖との両側面より,自然を神格化して崇拝したのであろう。

　以上を踏まえると,鬼と神とは元来異なる原義であったということになる。これらが「鬼神」という複合的概念として併称されるようになったのは,鬼が無形無象の概念へと変化して祭祀の対象となり,同じく祭祀の対象であった神との区分が曖昧になって,同一視されたためではないだろうか。

## 2 中国古代の鬼神観：有鬼論と無鬼論

　鬼神の起源は殷周時代にまでさかのぼることができる。古代において,鬼神は人智を超越した存在と見なされており,人々は鬼神を畏敬して祈祷祭祀を行い,占卜などの手段を通じてその意図を察知しようとした。そこで活躍したのが,鬼神との交信を専門とした巫覡である。鬼神信仰が盛んであった楚においては,巫覡は特に尊崇され,その影響は楚の国政にまで及んでいたとされる。

　鬼神に対して,古代の人々は様々な態度を取っていた。例えば,儒家の祖の孔子▷3は,『論語』▷4雍也篇で「鬼神を尊敬しつつ近づきすぎない。これが理性的

なあり方だ」と述べ，鬼神の存在を認めつつも一定の距離を保つべきであると主張した。

　これに対して，鬼神の存在を積極的に認める立場としては，墨家の祖の墨子[5]があげられる。『墨子』明鬼篇において，墨子は鬼神の存在を認めない立場の者と討論を行い，鬼神の存在を肯定している。また，ここで定義されていた鬼神は，人間社会を監視して，その行いの善悪に応じて賞罰を与え，人の生死から国家の滅亡を左右する主宰者的存在であった。墨子は，鬼神に神格を付与することで，その信仰を教化手段や社会秩序の回復のために利用したのである。こうした鬼神の存在を認める立場は「有鬼論」と定義される。

　一方，遅くとも春秋・戦国時代には，鬼神の存在を否定する立場，いわゆる「無鬼論」も登場した。諸子百家の中では，特に法家や兵家の思想に見ることができる。例えば，法家の韓非子[6]は「鬼神に事え，卜筮を信じて，祭祀を好む者は，滅亡するだろう」と述べ，法治国家における鬼神・卜筮・祭祀の危険性を説いた。また，兵家の**孫武**[7]も「戦に勝つことができるのは，間者を用いて敵の実情を予め知っているからであり，鬼神に祈祷すべきではない」と述べ，戦に鬼神を用いることを非難した。法家や兵家は，いずれも法律や戦争などの現実社会に即した合理的な思想であったため，それらの正常な判断に支障をきたす鬼神や占卜などの俗信は，積極的に排除する必要があったのだろう。

　古代の「無鬼論」は，後漢の王充[8]によって画期を迎える。王充は，人が死ねば鬼となるという当時の俗説に対して，人が死ねば精神は散滅して天に昇り，肉体は土に帰るとして，鬼神の存在を否定した。鬼神については，鬼は「帰」，つまり，人が生まれる際に天より受けた「気」[9]に復帰することで，神は「申（伸）」，つまり，散滅した気が再び伸びて運動を続けることであるとし，人々が目にした鬼神についても，天が発した盛んな陽気であると論じた。王充の「無鬼論」によって，鬼神は気の作用とされ，ついに自然現象の中に包含されたのである。

## ❸ 朱熹の鬼神論

　王充以後の「無鬼論」は，様々な変遷を経て，南宋の朱熹[10]の鬼神論へと継承されていった。朱熹の鬼神論は，程頤[11]の「鬼神は万物が創造化育した際の痕跡である」という説と，張載[12]の「鬼神は陰陽二気の相互循環運動である」という説とを根拠としたものである。朱熹は張載の説より，気がこちらに伸びて来る働きを「神」，気があちらに去って屈する（縮む）働きを「鬼」として，鬼神を気の作用と見なした。また，朱熹は，実体としては捉えられないが，鬼神の働きは自然界のあらゆる存在や事象に遍在しており，万物の根幹的要素になっているとも説いた。朱熹は自然を「鬼神化」することによって，一種の汎神論的世界を構築したのである。

（菊池孝太朗）

▷3 ⇨ I-1「孔子」

▷4 ⇨ V-6「『論語』」

▷5 ⇨ I-4「墨子」

▷6 ⇨ I-10「韓非子」。当該文章は『韓非子』亡徴篇に見える。

▷7 孫武（そんぶ：生没年不詳）
春秋末の兵法家で，孫子とも呼ばれる。呉王闔閭（在位前514-前496）に仕え，呉の富国強兵に尽力した。孫武の兵学思想を記した書が，『孫子』13篇である。当該文章は，『孫子』用間篇に見える。⇨ XI-2「臥薪嘗胆と孫子兵法の誕生」

▷8 ⇨ II-4「王充」

▷9 ⇨ IV-1「気」。王充は，万物は天から気を受けて生まれる，という気一元論的思想を提唱しており，鬼神もこの説に基づいて解釈された。

▷10 ⇨ III-2「朱子」

▷11 ⇨ III-1「北宋の五子」。以下の有名な説は，その著書『程氏易伝』に見える。

▷12 ⇨ III-1「北宋の五子」。以下の有名な説は，その著書『正蒙』に見える。

（参考文献）
小南一郎・神塚淑子・三浦國雄「鬼神」溝口雄三ほか編『中国思想文化事典』東京大学出版会，2001年。若松信爾『論衡のはなし』明治書院，2001年。伊藤清司著・慶應義塾大学古代中国研究会編『中国の神獣・悪鬼たち（増補改訂版）』東方選書，2013年。

# Ⅶ　天と人の間

# 2　亀　卜

▷1　甲骨卜
亀卜と骨卜とを総称した占法。甲骨は，亀甲と獣骨を併せた用語。また，卜に用いた甲を卜甲，卜に用いた骨を卜骨という。甲骨卜の解釈などをも含み，広く甲骨に関する研究を「甲骨学」という。

▷2　⇨ Ⅶ-1 「鬼神」

▷3　⇨ Ⅶ-1 「鬼神」

▷4　⇨ Ⅶ-3 「占夢」

▷5　筮
蓍（草の名）の茎を筮竹とし，その数を数えて吉凶を判断する占い。占筮ともいう。五経の一つ『周易』（⇨ Ⅴ-1）は，占筮に基づいた占いの書である。

▷6　『史記』亀策列伝
『史記』は前漢の司馬遷（前145？－前86？）が著した中国史上最初の正史。古の帝王から前漢の武帝期までを，紀伝体と呼ばれる人物中心の記述方法によって記している。亀策列伝は，亀は亀甲，策は蓍のことで，占いの方法や内容が記されている。司馬遷の没後に散逸した一篇で，前漢の元帝・成帝の時代に褚少孫（生没年不詳）が補続したとされている。

▷7　⇨ Ⅱ-4 「王充」

## 1　亀卜とは何か

　亀卜とは，亀甲を火で炙り，そこに生じた卜兆（ひび割れ）で吉凶を判断する占いである。獣骨を火で炙って占う場合は，骨卜という。現存する中国最古の字書『説文解字』によると，「卜」という漢字は，甲骨卜を行った際に現れる縦横の卜兆を象ったものであるという。古の帝王や占者が占いを通じて天神や鬼神から神意を得ていたように，古代中国において占いは，国家と密接な関係にある神妙なツールであり，占者や巫覡などの専門家によってその技術と文化とが連綿と受け継がれていた。したがって，占いの種類も占星・占夢など多種多様であるが，古代において特に重視されていたのは，甲骨を用いた「卜」と蓍を用いた「筮」とであった。『史記』亀策列伝の序にも「古より聖王が国を建てて天命を受け，事業を興す際に，卜筮を重視せずに善事を成し遂げようとしたことがあろうか」とある。そのため，両者を兼ねて「卜筮」と言えば，広く占い全般を意味することにもなるのである。

## 2　中国古代における甲骨卜

　甲骨卜のうち，中国で先に登場したのは骨卜である。古くは新石器時代の遺跡から卜骨が出土し，その後，夏・殷・周の遺跡からも卜骨が発見されている。卜甲が姿を現すのは，亀卜が盛行した殷に至ってからである。殷では時代を経るにつれて卜甲の出土数も増加したが，周になると途端にその数は激減する。王充の『論衡』卜筮篇には，子路が孔子に「豚や羊の肩骨でも兆が得られるのに，なぜ亀の甲羅を用いるのか」と質問した故事が引用されており，あたかも孔子が生きた春秋時代にも亀卜が行われていたかのように思われる。しかし，実際には周代を境に卜甲の出土数が減少していることから，春秋・戦国時代には亀卜はほとんど行われていないと考えられていた。

　ところが，1994年に上海博物館が香港の骨董市場で竹簡群「上海博物館蔵戦国楚竹書（上博楚簡）」を購入し，その中には，『卜書』という亀卜に基づく占法が記されている文献が含まれていた。上博楚簡は戦国中期頃には書写されていたと推定されているため，この発見によって戦国時代にも亀卜は行われていた可能性が生じたのである。ちなみに，日本においても，古くは太占と呼ばれる甲骨卜が行われており，近年，弥生時代から古墳時代にかけての遺跡からは，

ト骨・ト甲が出土している。また，『三国志』魏書・東夷伝・倭人の条にも，当時の倭人に骨卜の風俗があったと記されており，江戸時代の国学者・伴信友は，この記述と『古事記』等の記述とを引き合わせ，甲骨卜の知識は中国から伝えられたものだと推定している。

## ❸ 甲骨文字の発見と殷代後期の甲骨卜

　1899年，清朝の国子監祭主であった王懿栄は，持病の治療のために北京の薬局で「龍骨」と呼ばれる漢方薬を買い求めたところ，そこに原始的な文字が刻まれていることに気づいた。王懿栄は食客の劉鶚とともに「龍骨」を買い集めたが，実はこの「龍骨」の正体は殷代の甲骨であり，そこに刻まれていた文字こそ**甲骨文字**であった。1903年，劉鶚によって甲骨文の最初の図録『鉄雲蔵亀』が出版されると，たちまち中国国内外で反響を呼び，甲骨学の研究が急速に進められた。1928年から1937年の間には，河南省安陽市小屯村の殷墟の発掘調査が実施され，その結果，殷代後期の宮殿宗廟跡や王墓，甲骨をはじめとする様々な出土物が発見された。ここで発見された大量の甲骨文をもとに，殷代後期の甲骨卜の様相が研究され，今日ではある程度その実態を把握することが可能となっている。

　殷代後期の甲骨卜は，天象・農業・軍事・建築などについて，殷王や王族・貴族が神官的存在となって占断していた。それでは，亀卜の手順を確認してみよう。まず，亀から甲羅を入手し，文字が刻みやすいように表面を削りとる。次に，何を占うのかを定めた後，甲羅の裏側に「鑽鑿」という窪みを掘る。ここまでが準備段階であり，亀卜が始まると，甲羅を加熱して卜兆を生じさせ，そこから吉凶を判断する。吉凶判断の根拠については諸説あるが，一説には，卜兆の縦画の長さによって判断していたとされる。これら一連の作業を終えた後，その記録として甲骨文字で甲に卜辞を刻む。この卜辞には一定の書式があり，①亀卜を行った日付と，**貞人**の名前を記す前辞（叙辞），②何を占ったのかを記す命辞，③卜兆から判断される吉凶を記す繇辞（占辞），④繇辞が適中したかどうかを記す験辞，⑤月次や占卜地を記す記事によって構成されている。ただし，甲骨文の大半は繇辞・験辞・記事を欠いた短文のものである。

　このように甲骨卜が盛行した殷は，神々を深く信仰した敬虔な王朝であったとされているが，果たして本当にそうだったのだろうか。前述した「鑽鑿」のうち，鑽は甲骨の厚みを調整するための加工であるが，一方，鑿は卜兆の形を操作できる加工であり，これによって殷王は自らの意図に沿った占卜の結果を出すことができたとされる。また，卜辞の中には，占いの結果が判明してから繇辞を書き換える改竄や，占いの結果を都合よく解釈する附会を行ったと考えられる記述も存在している。

（菊池孝太朗）

▷8　甲骨文字

甲骨に刻まれた文字。漢字と直接の継承関係があるため，比較的容易に解読できた。字体は甲骨に刻むことから，同時代の字体と比べてやや角張っている。なお，殷代には甲骨しか書写材料がなかったわけではない。甲骨は亀卜に用いる占具であり，通常の書写においては竹簡が用いられていたと考えられている。

▷9　鑽鑿
鑽は丸く浅い窪み。鑿は細長く深い窪み。

▷10　貞人
殷代に甲骨卜を担当した占者。

（**参考文献**）

東アジア恠異学会編『亀卜』臨川書店，2006年。落合淳思『甲骨文字に歴史を読む』ちくま新書，2008年。近藤浩之「卜筮」湯浅邦弘編著『テーマで読み解く中国の文化』ミネルヴァ書房，2016年。

## Ⅶ　天と人の間

 占　夢

### 1　中国古代における夢観

　現存する中国最古の字書『説文解字（せつもんかいじ）』で，「夢」という漢字は「明らかでない」の意とされているように，中国古代において，夢は曖昧模糊として判然としないものと認識されていた。その一方で，古代の人々はこの夢の捉えどころがないところに関心を抱き，様々な解釈を試みた。例えば，夢に関する普遍的テーマとして，なぜ人は夢を見るのか，というものがある。一つには，『礼記』[1]や『春秋左氏伝』[2]の記述にあるように，夢を天や神による吉凶のお告げとする見方があるだろう。これは夢と外界との間における因果関係を肯定した夢観である。また，道家や医書の立場のように，夢を人間精神の活動であると見なす立場も存在する。道家の文献『荘子』[3]では，睡眠時における人間精神の動きの発露が夢であるとされ，医書『**黄帝内経霊枢（こうていだいけいれいすう）**』[4]では，内臓疾患と夢との間に密接な関係性が見出されていた。

### 2　中国古代の占夢と王充・王符の批判

　占夢とは，読んで字のごとく，夢を判断材料として吉凶を予兆する占いのことである。占夢の起源は不明であるが，現在判明している最古の占夢の事例は，殷王の夢を占断したという殷代の甲骨文の記述である[5]。ただし，これらは断片的な資料に過ぎず，はっきりとした占夢の記述は『詩経』[6]の詩において初めて見える。そこには，「大人（たいじん）」と呼ばれる役人が夢の吉凶を占断したとあることから，周代にはすでに占夢官（占夢専門の役職）が存在していたと考えられる。占夢官の存在は，『周礼』春官・占夢篇にも見ることができる。それによると，占夢官の役割は，四時や陰陽を判断し，日・月・星の運行によって夢の吉凶を占うことであったとされる。また，国家祭祀として，群臣の吉夢を王に献上する儀式や，悪夢の兆しを四方に求めて追い払う儀式などを挙行していたという記述があるように，為政者側も占夢に対して強い関心を抱いていたと考えられる。さらに，『周礼』では夢の分類も行われている。すなわち，①正夢（平常時の夢），②噩夢（がくむ）（驚いて見た夢），③思夢（覚醒時に考えていたことが出てきた夢），④寤夢（ごむ）（覚醒時に言ったことが出てきた夢），⑤喜夢（嬉しい夢），⑥懼夢（くむ）（恐ろしい夢），といった以上「六夢」である。これら夢の区分は，占夢官らの長きにわたる経験の蓄積に基づくものであろう。

▷1　⇨ Ⅴ-4 「『礼記』」

▷2　⇨ Ⅴ-5 「『春秋』」

▷3　⇨ Ⅰ-7 「荘子」

▷4　『黄帝内経霊枢』
『黄帝内経素問（こうていだいけいそもん）』とともに，現存する中国最古の医書。道家思想を根本として，特に鍼灸の理論に詳しい。⇨ Ⅷ-2 「『黄帝内経』」

▷5　⇨ Ⅶ-2 「亀卜」

▷6　⇨ Ⅴ-3 「『詩経』」

▷7　⇨ Ⅴ-4 「『礼記』」

古代における占夢は，時に国家の命運を左右するほどの力があるとされていたが，こうした価値観は時代とともに変動していく。後漢時代には，王充の『論衡』と王符の『潜夫論』とによって，夢や占夢に対する批判がなされた。王充は，睡眠中に魂が肉体を抜け出して活動することにより夢を見るという当時の俗説を批判し，夢は天が見せる象徴であるという夢観を説いた。ただ，王充は夢の予兆性については認めており，占夢が当たらないのは，その象徴を正しく理解できていない占夢者の技量に問題があると非難している。

王符も王充と同じく，夢は天が見せる予兆であることを認めつつも，それが占夢として効果を発揮するためには二つの関門があると説く。一つは，夢を見た本人が，その夢を占夢者に正しく申告できなければ意味がないということ，もう一つは，その夢の内容を聞いた占夢者が，夢の真意を正しく解説できなければ意味がないということである。夢の申告と解説とを同時に正しく行うことは容易ではないが，王符はこうしたきわめて慎重な判断こそが占夢には必要であると考えていたようである。また，王符は，夢の内容の吉凶にかかわらず，それを見た人間が夢に応じて「修徳」「戒懼」（徳を修め，自身を戒めて懼れ慎むこと）することで，予兆された未来の吉凶が変化するという道徳的夢観を主張した。王充と王符は，一方的に占夢を非難したわけではない。両者の論説は，むしろ夢の予兆性を重視した上で，それを毀損している当時の占夢の問題を指摘するものであったのだ。

## ❸　魏晋以降の占夢と占夢書

後漢末の鄭玄は『周礼』に注釈して，日・月・星の運行によって夢の吉凶を占うという占夢の術が当時すでに滅亡していたとし，また，南宋の洪邁（1123-1202）は，魏晋以降に占夢の術が衰退し，南宋の頃にはほとんど滅亡していたと説いている。占夢官が置かれるほど国家に重視されていた占夢が急速に衰退したのには，漢代以降の『周易』の台頭による占夢の相対的価値の低下，占夢者の地位低下と周囲からの蔑視，占夢の術・占夢書の秘匿による消滅などの事由があったと考えられる。

結果として，『周礼』に記されているような専門的な占夢は，漢代から魏晋にかけてほとんど滅亡した。魏晋以降も占夢書は制作されているが，それらの多くは，専門的知識や経験を必要とせず，史書などに見える従来の夢解釈の用例を整理し，それに基づいて占夢を行うという性格の書物へと変化してしまった。ところが，2007年12月，湖南大学岳麓書院が購入した秦代の竹簡群（「岳麓書院蔵秦簡」）の中に，『占夢書』と呼ばれる文献が含まれていた。この文献は，現存する最古の占夢書とされ，これまでその詳細が不明であった古代の占夢書や，滅亡した古代占夢の術の実態を探るための重要な手がかりになるとして注目されている。

（菊池孝太朗）

▷8　⇨Ⅱ-4「王充」

▷9　王符（おうふ：生没年不詳）
後漢後期の思想家。著作『潜夫論』は，当時の政治や社会の矛盾について批判した書である。現存するのは36篇。

▷10　⇨Ⅱ-3「鄭玄」

▷11　⇨Ⅴ-1「『周易』」

▷12　占夢書
占夢の術の要諦をまとめた書物。『晏子春秋』には，春秋時代の斉の占夢官が書物を用いていたという記述があるように，かなり早い段階から占夢の文章化は行われていたようである。『漢書』芸文志には，二種類の占夢書の記載があるが，いずれも現存しない。また，『隋書』経籍志にも八種類の占夢書が記載されているが，これらもすべて散佚している。これまでは，敦煌文書『新集周公解夢書』がまとまった最古の占夢書とされていたが，岳麓書院蔵秦簡『占夢書』の発見により，それが見直されつつある。

（参考文献）

劉文英（湯浅邦弘訳）『中国の夢判断』東方書店，1997年。湯浅邦弘『論語』中公新書，2012年。清水洋子『『夢占逸旨』の研究』汲古書院，2019年。

## Ⅶ　天と人の間

# 4　陰陽五行説

## 1　陰陽説

　陰陽五行説とは，もともと別個に生じた陰陽説と五行説とを結びつけた理論である。陰陽説と五行説とを完全に結合させたのは，戦国時代の陰陽家鄒衍[1]とされているが，陰陽五行説として広く中国社会に浸透したのは前漢からであり，とりわけ重要な役割を果たしたのは前漢中期頃の儒者董仲舒[2]とされる。董仲舒が災異説の理論として陰陽五行説を取り入れたことによって，陰陽五行説は漢代に最盛期を迎え，その後も中国思想を通貫する基礎原理として機能し続けたのである。

　陰陽説は，陰と陽の二原理によってきわめて端的に万物を解釈する理論である。陰と陽の概念は，周代にはすでに現れていた。文献に見える比較的早期の用例としては，『詩経』[3]大雅・公劉に「其の陰陽を相る」とある。ただし，まだこの頃は，陰は「日かげ」，陽は「日なた」の意味であり，気象・季節や地理・方位などの自然現象を表す原初的な概念であった。春秋末期から戦国前期にかけて，陰陽は「日かげ」「日なた」の意味から，自然現象の変化を決定づける意味へとしだいに転化していく。ここにおいて，陰陽は「気[4]」概念と結合し，「陰気」「陽気」という言葉が生じた。その後，陰陽の二気が万物の構成原理であるという陰陽二元論も成立したが，これに関しては道家思想が大きく寄与したと考えられる。道家系文献である『老子』や『荘子』に見える万物生成論には，万物は陰陽の二気より生成されるとあり，陰陽が万物の構成原理であることが明示されている。

　また，1993年に出土した郭店楚墓竹簡[5]『太一生水』には，太一という宇宙の根源から水が生じ，太一と水から天が生じ，太一と天から地が生じ，天地から神明が生じ，神明から陰陽が生じ，陰陽から四季が生じる，といった段階的な宇宙生成論が記されており，ここでも陰陽は自然的な原理として捉えられている。このようにして生成された万物は，陰気と陽気いずれの性質が強いかによって，陰と陽とに分類された。例えば，天が陽なら地は陰，男が陽なら女は陰といった具合である。こうした利便性によって，陰陽説は天文暦数や『易』[6]の占術などに取り込まれ，中国思想の根幹をなす理論となった。

---

▷1　鄒衍（すうえん：生没年不詳）
戦国時代の思想家。周の人。活動時期は，孟子（⇨Ⅰ-2）よりやや後とされる。陰陽五行説を発展させた人物として伝わる。著作はすべて散佚したが，他書に引用された記述などからその思想の一端を見ることができる。その学説としては，五行相勝の順序で王朝交替を説いた「五徳終始説」と，中国の外に広大な世界が広がるとする「大九州説」とがある。

▷2　⇨Ⅶ-6「董仲舒」

▷3　⇨Ⅴ-3『詩経』

▷4　⇨Ⅳ-1「気」

▷5　郭店楚墓竹簡
1993年に湖北省荊門市郭店村の墓葬から出土した戦国楚地の竹簡群で，その中には『老子』や『太一生水』といった道家系文献が含まれていた。略して，「郭店楚簡」ともいう。

▷6　⇨Ⅴ-1「『周易』」

## ❷　五行説

　五行説とは，「木・火・土・金・水」の五要素に基づき，世界の構造を解釈しようとする理論である。陰陽説よりは遅れるが，戦国時代中期には成立していたと思われる。文献としての初出は『書経』洪範篇であるが，ここでは五要素がまとまって列挙されているだけで，それが元素を指しているのか自然物を指しているのか判然としない。唐の孔穎達（574-648）は，洪範篇の五要素は民衆の生活に必須の素材（五材）であったと説いている。これによれば，五行説は，日常生活のありふれた五要素を基盤とする，素朴な思想に端を発した理論であったと言えよう。

　古来，五行説には，その配列に関しておよそ二種類の説が存在する。一つは，鄒衍が提唱した「**五行相勝説**」である。相勝説では「木→金→火→水→土」（金は木に勝つ，火は金に勝つ……）という順序で五要素が循環する（例えば，火は水で消えるため，水は火に勝つ）。もう一つは，相勝説よりも遅れて戦国時代末期に成立した「**五行相生説**」である。相生説では「木→火→土→金→水」（木は火を生む，火は土を生む……）という順序で五要素が循環する（例えば，木が燃えると火になるため，木は火を生む）。

　また，陰陽説と同様に，五行説でも，あらゆる事物を五行に分類するという取り組みがなされた。これを「**五行の配当**」と言う。その中には，五行に配当するために，無理矢理五つにグループ化したものもある。例えば，五時（季節）は，木を春，火を夏，金を秋，水を冬に配当するが，そもそも季節は四句分しかないため，土が余ってしまう。一説では，各季節の末より18日あまりを取り，それを土の期間（土用）とすることで辻褄を合わせている。

## ❸　鄒衍の五徳終始説

　鄒衍が主張した五徳終始説は，五行相勝の順序で王朝交替を裏づけた理論である。つまり，古の黄帝は土徳，夏は木徳，殷は金徳，周は火徳によって天下を治めたとして，周を継ぐ王朝は水徳であると予言した説である。鄒衍の目的は，衰亡しつつある周王朝に替わる新たな王朝の出現と統治様式の変革とを促進することにあったとされる。

　周を倒した秦は，この五徳終始説に基づいて水徳を得たとして，衣服や旗を水の色である黒にするなどの改革を行った。漢もこれを踏襲し，武帝の時に土徳に基づく改革を行った。ところが，新の王莽（前45-23）は，五行相勝から五行相生へと順序を転換し，漢を火徳に改めて，新を土徳とした。以降の王朝も新にならい，五行相生の順序に基づいて徳を定め，自らの王朝交替の正統性を主張した。五徳終始説は，宋の火徳までは継承されたが，元以降の王朝では廃止されたようである。

（菊池孝太朗）

▷7　⇨ Ⅴ-2 「『書経』」

▷8　五行相勝説
五行相剋（相克）説とも言う。剋（克）は「勝つ」の意。

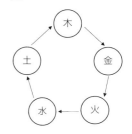

▷9　五行相生説

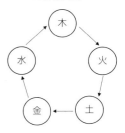

▷10　五行の配当
以下の表のように五行に配当される。

| | 木 | 火 | 土 | 金 | 水 |
|---|---|---|---|---|---|
| 五時 | 春 | 夏 | 土用 | 秋 | 冬 |
| 五方 | 東 | 南 | 中央 | 西 | 北 |
| 五色 | 青 | 赤 | 黄 | 白 | 黒 |
| 五味 | 酸 | 苦 | 甘 | 辛 | 鹹 |
| 五臓 | 肝臓 | 心臓 | 脾臓 | 肺臓 | 腎臓 |
| 五常 | 仁 | 礼 | 信 | 義 | 智 |
| 五音 | 角 | 微 | 宮 | 商 | 羽 |
| 五気 | 風 | 暑 | 湿 | 燥 | 寒 |
| 五数 | 八 | 七 | 五 | 九 | 六 |
| 十干 | 甲・乙 | 丙・丁 | 戊・己 | 庚・辛 | 壬・癸 |

**参考文献**

暦の会編『暦の百科事典』新人物往来社，1986年。堀池信夫総編集，辛賢編『知のユーラシア4　宇宙を駆ける知』明治書院，2014年。

## Ⅶ　天と人の間

# 「日書」：日時の吉凶を占う

▶1　⇒ Ⅻ - 5 「新出土文献の発見」

▶2　⇒ Ⅰ - 4 「墨子」

▶3　⇒ Ⅶ - 4 「陰陽五行説」

▶4　『史記』日者列伝
『史記』は前漢の司馬遷（前145 ？ - 前86 ？）が著した中国史上最初の正史。司馬遷の自序には「日者の占法が各地で異なるため，その大旨をまとめた」とあるが，実際には，各地の占法の記載はなく，司馬季主のことしか記されていない。そのため，日者列伝は，前漢の元帝・成帝の時代に褚少孫（生没年不詳）が補続したものであるとする説もある。

▶5　堪輿家
堪輿（⇒ Ⅶ - 7 ），すなわち風水の術を用いる占術家。

## 1　「日書」と日者

　20世紀後半より，中国各地で中国古代思想史の空白を埋める資料群，いわゆる「新出土文献」が大量に出土した。その中には，「日書」と呼ばれる出土文献も数多く含まれていた。「日書」は，戦国時代末期から前漢時代の墓葬から出土した書籍で，そこには択日（日時の吉凶占い）を中心に様々な雑占が集録されて記されている。また，この「日書」は，日者と呼ばれる択日を生業とした人々が持っていたテキストであったと考えられている。択日の術は暦の誕生に伴って発生したと推測されるが，暦は長らく支配階級に独占されていたため，それが日者などの市井の占者のもとにまで降りてくるには，ある程度の時間を有したと考えられる。

　日者の存在が文献上初めて確認されるのは『墨子』貴義篇である。ここでは，五行説を用いて凶日と方位・色を説き，墨子が北方に行くことを止めようとした日者と，その忠告を無視する墨子の様子が記されている。また，『史記』日者列伝には，前漢文帝期に中大夫の宋忠と博士の賈誼とが連れ立って，長安市内で占卜を生業としていた司馬季主の店に訪問したという話が見える。このように，古代において日者は日常のありふれた存在であり，それゆえに文献上に残りにくい存在であったのだろう。日者の定義については諸説あるが，一説によると，日者は，後世諸派に分立する以前の択日の術を掌る占家であり，それらが各流派に分立して以降は，五行家・堪輿家など「〇〇家」と呼ばれるようになったとされる。

## 2　地下から出てきた「日書」

　日者と同じく，択日のための実用書的傾向が強かった「日書」も，文献として後世残ることはなかった。ところが，1975年，湖北省雲夢県睡虎地にて秦代の墓が発掘され，そこから大量の竹簡群「雲夢睡虎地秦簡」が発見されたことで状況は一転した。そこには二種類の択日文献が含まれており，またその竹簡の背面に「日書」の二字があったことから，当時の社会でこの種の文献が「日書」と呼ばれていたことが判明したのである。睡虎地秦簡「日書」における択日の対象は，土木・建築・旅行・祭祀・農業・売買・結婚・出兵など多岐にわたるが，いずれも吉日を選択して凶日を避けることが目的であった。択日の方

法としては，陰陽五行説などの占法が用いられている。また，睡虎地秦簡「日書」には択日以外の記載も多く含まれていた。例えば，旅人が出行に際して行うべき「禹歩」などの儀式の方法，悪鬼妖怪の撃退方法，悪夢祓いなどがあり，これらの記事は後世の「通書」（後述）にも散見される。

　この睡虎地秦簡「日書」の発見をはじめとして，各時代・各地域の「日書」が相次いで発見され，これによって，今日ではこれら「日書」を総合的に用いた研究が可能となった。例えば，戦国時代の楚の「日書」は国家レベルを対象としたものであったが，秦の「日書」は県以下のレベルを対象としたものであったことが，複数の「日書」の比較によって明らかにされている。「日書」は当時の一般の人々の生活・習俗に密接に結びついた文献であるため，今後これを手がかりとした古代社会史研究の進展が期待されている。

## ❸ 「日書」の展開と「通書」

　では，その後，「日書」はどのように展開していったのだろうか。後漢初期の思想家王充の『論衡』譏日篇は，その篇名が表す通り，択「日」を「譏」った篇であり，その記述から，当時，日常の営為に対応した択日書が編纂され，人々が択日に熱狂していたことを読み取ることができる。その後も択日は中国社会のあらゆる階層で人気を博し，唐代になると，択日の術は成熟の段階に向かう。その理由の一つに，「神煞」の増加があげられる。神煞とは，暦譜（カレンダー）の上にのみ存在する神霊であり，択日において重要な根拠とされた。秦代の「日書」にもすでに神煞の記述は見えるが，その数はほんのわずかであり，唐代の択日書における神煞の増加は，この当時，択日が盛行していたという実態を反映していると考えられる。

　唐代以降も択日の人気は衰えず，印刷技術の発展に伴い，あらゆる種類の大衆向けの択日書が刊行された。また，元・明代になると，こうした択日書は「通書」と称されるようになった。「通書」とは，その年の暦と択日を中心に，種々の占術，生活便利情報を登載した冊子である。その内容・体裁ともに共通点の多かった出土文献「日書」は，「通書」の源流と位置づけられている。

　清代になると，「通書」はより一層社会に浸透する。もともと民間で流通していたとされる「通書」であるが，この頃には国家主導で編纂事業が行われた。1713年には，康熙帝の勅命によって『御定星暦考原』が編纂され，1739年には，乾隆帝の勅命によって，通書の決定版とも言える『協紀辨方書』が編纂された。以降も「通書」は広範囲の読者層に読み継がれ，現代においても，台湾の家庭では庶民用の「通書」が普及している。このように択日が通時代的に流行した背景には，中国社会に通貫する「敬天順時（天を敬い時に順う）」の思想と，択日の術とが合致したためであると考えられる。

（菊池孝太朗）

▷6　禹歩
「日書」では出行に際して行った足のステップとされる。その具体的方法は『抱朴子』内篇に初めて見える。そこでは，悪霊や兵士をしりぞけるための辟邪・辟兵の呪術として記されているが，後世は厄災祓いや治病の際にも用いられた。

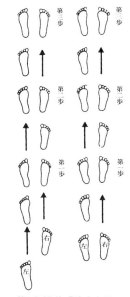

（坂出祥伸「禹歩」野口鉄郎ほか編『道教事典』平河出版社，1994年）

▷7　⇨Ⅱ-4「王充」

【参考文献】
リチャード・J・スミス（三浦國雄監訳，加藤千恵訳）『通書の世界』凱風社，1998年。工藤元男『占いと中国古代の社会』東方選書，2011年。大野裕司『戦国秦漢出土術数文献の基礎的研究』北海道大学出版会，2014年。

## Ⅶ　天と人の間

# 6 董仲舒：災異説

▷1　董仲舒（とうちゅうじょ：前179?－前104?）

（『聖賢像賛』）

▷2　『史記』
前漢の司馬遷（前145?－前86?）が著した，中国史上最初の正史。

▷3　『漢書』
後漢の班固（32-92）が著した正史。

▷4　『春秋公羊伝』
儒教の経書『春秋』（⇨Ⅴ-5）の注釈書で，春秋三伝（ほかは『穀梁伝』『左氏伝』）の一つ。復讐の是認，強烈な攘夷などの特徴的な思想が武帝の政策と合致し，武帝期には三伝のうち『公羊伝』のみが国家公認の学とされた。

▷5　博士
学問に通じた学者を任用した官職。秦朝が設置し，以降の王朝でも踏襲された。五経博士は，五経（『易』『書』『詩』『礼』『春秋』）の教学を目的に設置された博

### 1　董仲舒の生涯と事績

　董仲舒[1]は，前漢時代の儒者である。『史記』[2]儒林列伝および『漢書』[3]董仲舒伝によると，広川の人で，若い頃より『春秋公羊伝』[4]を学び，景帝（在位前157-前141）の時に博士[5]となる。武帝（在位前141-前87）が即位すると，董仲舒は武帝の策問に対して三度の上奏を行った。これら上奏文は「賢良対策」（「天人三策」）と呼ばれ，『漢書』董仲舒伝に引用されている。その中には，諸子百家を退け，儒教のみを国家の学問として尊崇すべきという旨の提言が記されていた。武帝はこの提言を採用し，前136年に五経博士を設置した。

　その後，董仲舒は江都国の相に任ぜられる。ここで董仲舒は『春秋』の災異の記録をもとに，陰陽の気の作用を研究し，その理論に基づいて，雨を自由に操作することができたという。前135年，遼東の高祖廟と長陵の高園とで火災が起こった際，董仲舒は災異説より推論し，これら火災が天の譴告であると判断した。ところが，この解釈が武帝の逆鱗に触れ，董仲舒は死罪を宣告される。幸いにも詔によって赦免されたが，以降，董仲舒は災異について語らなかった。その後，董仲舒は公孫弘[6]の恨みを買い，悪名高い膠西王のもとに左遷される。膠西王の待遇は丁重であったが，董仲舒は罪を被ることを恐れ，病を理由に官を辞した。郷里に帰った後は学問に努め，『春秋繁露』[7]や『公羊董仲舒治獄』[8]などの著述活動に勤しんだ。栄達とは無縁の人物であったが，学者として後世にその名を残した。

### 2　董仲舒の思想：公羊学と災異説

　漢王朝の成立後，国家が重視したのは，黄老思想[9]と中央集権を強化するための法家思想とであった。個人や共同体の倫理道徳を重視する孔子以来の儒教は，秦王朝以後の中央主権的官僚組織に乗り込むことができなかったのである。そこで，時勢に取り残された儒者たちは，経書を再解釈して政権に近づこうとした。そうした中，武帝の政策と『公羊伝』の思想とが合致したことを契機に，董仲舒ら公羊学者は政治への進出を始める。当時，漢王朝が儒教に求めたのは，皇帝による支配の正統性を明らかにすることであった。董仲舒は『公羊伝』を利用して，この要望に応えた。例えば，『公羊伝』隠公元年に「大一統（一統を大ぶ）」という記述がある。「一統」は「すべてが一つのものにつながる」

の意で，もとは王の受命によって万物が一つにつながっていくことを指していた。要するに，これは徳治による国家の理想像を説いた一文であったのだが，これに董仲舒は，皇帝による思想・法度等の統一を重視することであるという解釈を施し，皇帝支配の正統性を主張したのである。

　また，董仲舒は，天と人とが互いに影響し合うとする「天人相関思想」を土台にして，「災異説」を提唱した。董仲舒の天人相関思想では，人は天地全体を備えた小宇宙であるため，天と人とは不可分の関係にあるとし，皇帝（天子）の権力は天より授けられたものと定義される。よって，もし皇帝が無道な政治を行えば，主宰神としての天が災（災害）を出して譴告し，それでも反省しなければ，次に異（怪異）を出して譴告し，それでも悟らなければ，国家は滅亡することになるのである。また，董仲舒は陰陽五行説に基づいて，人間界と自然界の陰陽は互いに感応しており，人間界の陰陽が乱れると，自然現象としての災異が起こると説き，災異と人事とを結びつけた。このように，董仲舒は，天人相関思想と陰陽五行説とを併用することで，災異説を理論化したのである。董仲舒が災異説を提唱した背景には，皇帝を神秘化して支配を正統化する目的と，天の名義のもと皇帝権力を抑制する目的とがあったと考えられている。

### ❸　儒教の国教化

　従来の定説では，武帝が「賢良対策」を採用して五経博士を設置したことを儒教国教化の画期として，董仲舒を儒教振興の立役者としてきた。ところが，近年，この定説に対して疑惑が生じている。一つ目の疑惑は，『史記』と『漢書』の差異である。『史記』の董仲舒の記述が318字であるのに対し，『漢書』董仲舒伝は7225字もある。『漢書』董仲舒伝は，『史記』の記述に加筆したもので，その加筆の大部分は武帝に提出した「賢良対策」である。しかし，『史記』の中には，董仲舒が武帝に「賢良対策」を提出して儒教国教化に尽力したという記述は一切見えない。それどころか，『史記』には，武帝が五経博士を設置したという記述すら存在しないのである。董仲舒に師事していた司馬遷が，『史記』に師の偉大な功績を記さないというのは，きわめて不可解である。

　二つ目の疑惑は，「賢良対策」の内容である。「賢良対策」の中には，武帝に対する過激な批判や，当時知られていなかった康居国への言及があるなど，不整合な記述が多い。そのため，『漢書』董仲舒伝は，著者の班固が儒教国教化を武帝期に求めるために，董仲舒の伝記を大幅に書き改め，捏造した曲筆と見なす説もある。とはいえ，これによって中国思想史上における董仲舒の功績がただちに否定されるわけではない。董仲舒が提唱した災異説等の諸説は，後の経学に多大な影響を与え，また，董仲舒ら公羊学者の政治進出は，後に儒教が国家思想となるための礎を築いたのである。　　　　（菊池孝太朗）

士のことである。
▷6　公孫弘（こうそんこう：前200-前121）
董仲舒と同時期の公羊学者。武帝の時に博士となり，当時重んじられていた法家思想を儒教で飾ることで，武帝に重用され，儒者として初めて丞相の位に就いた。「博士弟子制度」等，儒家の官吏任用法の制度化を主導し，後の儒教盛行に大きな役割を果たした。一方，政敵の主父偃の処刑や董仲舒の左遷に関与したり，権力に擦り寄る態度が「曲学阿世（いいかげんな学問で世に迎合する）」と評されたりと，悪評も多い。
▷7　『春秋繁露』
公羊学の立場から政治や社会などの見解を示した，董仲舒の思想を知る上で最も重要な書物。全82篇（うち3篇は欠文）。
▷8　『公羊董仲舒治獄』
当時起こった判断に迷う事件に対して，公羊学の理論に基づき，董仲舒が下した見解をまとめた書物。現在は散佚してわずか数条を残すのみである。
▷9　黄老思想
道家と法家の折衷によって，「無為」でありかつ法律も尊重するという政治思想。前漢初期，疲弊した国力の回復を目的として用いられた。「黄」は黄帝，「老」は老子を指す。
▷10　⇨ Ⅶ-4 「陰陽五行説」

（参考文献）
日原利国『春秋繁露』中国古典新書，明徳出版社，1977年。渡邉義浩『漢帝国』中公新書，2019年。

## Ⅶ　天と人の間

# 7 風水・堪輿

▶1 　⇨ Ⅳ-1 「気」

▶2 **四霊説**
「四神説」ともいう。四霊（四神）とは，東西南北の四方に想定された霊獣のこと。風水では，東に川あれば青龍，南に池あれば朱雀，西に道あれば白虎，北に山あれば玄武というように，地形判断の基準として用いられた。これらすべての条件を備えた地を，「四神相応の地」という。

▶3 **崑崙山**
中国の西方にあるとされていた伝説上の山。

▶4 **蔵風得水**
風水理論における蔵風法と得水法のこと。蔵風法とは，風によって気が散じないように，風の吹き去りを防ぐ山を必須とする原則で，得水法とは，生気の発生源となる水流を必須とする原則である。『葬書』では，気を散逸させる風と，気を止める水とが，「風水」の語源であるとされている。

山局之圖

ヌロカ ツナル ツ千 トヘ ホニ ハロ オ
内外水　割案外内内穴明眉唇入主観
水火　　　青白青白　　　　　宗
口口　　山山龍虎龍虎　堂砂腾首山山

（村山智順『朝鮮の風水』
国書刊行会，1972年）

## 1 風水とは何か

　風水とは，家・墓・都市などの建築に際して，人間生活や子孫に良い影響が及ぶように，大地の中をめぐる「気」の作用を感知し，優れた場所や方位を選択する方法論である。中国に端を発した風水は，朝鮮・日本・琉球等の東アジア世界に伝播し，各地の住宅・墓・都市などの造営に多大な影響を与えた。例えば，平城京や平安京といった日本の古代都市も，風水の**四霊説**に基づいて造営されたと考えられている。

　風水では，墓地を陰宅，住宅や都市を陽宅と区分する。風水には主に二つの流派が存在する。一つは，方位から吉凶を判断する「理法」「屋宅派」で，もう一つは，自然を巨大な生き物として捉え，その地形を観察することで気の流れを読み取ろうとする「形法」「巒体派」である。古来，形法風水では，大地の中をめぐる生気が溜まった場所に，陰宅や陽宅を建造することを目的としていた。それは，住宅や墓を正しい場所に建造することで，一族が富み栄えると考えられていたためである。

　気が地中を流れると，その流れに沿って地面が隆起して山脈となる。このように可視化された気の道筋を，風水では「龍脈」と呼ぶ。龍脈は**崑崙山**を源として，黄河から北の北脈，黄河と長江の間の中脈，長江の南の南脈といった三大幹龍へと大きく分岐し，さらにここから多くの枝龍へと分派していく。これら龍脈が運んできた生気の凝結する場所を「穴」と呼び，それを探し出す技法こそが風水なのである。なお，龍脈は中国医学思想でいう人体の経絡に，穴は人体の気穴（ツボ）に対応にしているように，風水では大地を人間の身体として捉える考え方が存在する。風水で理想的な地形とされたのは，後方と左右の三方を山に囲まれ，開かれた一方の平地には川や池など水流を備えているという「**蔵風得水**」の地である。こうした風水の地形選択理論は，都市や陵墓を建造する際の手がかりとして国家に重用された。

　また，漢末から六朝時代にかけて風水の術は成立したとされるが，当時は「堪輿」と呼ばれていた。ところが，『史記』日者列伝には，堪輿家は土地選択の専門家ではなく，択日（日時の吉凶占い）を行う占術家として記されている。つまり，もともと堪輿家は，土地の吉凶判断だけでなく，その他の事柄についても占断していたと考えられる。おそらく，その占術の大部分を土地の吉凶判

断が占めていたことから，後世，堪輿が風水の代名詞として用いられるように
なったのであろう。

## 2　風水の歴史

　風水が有する独特な環境認識の萌芽は，新石器時代にはすでに見ることがで
きる。古代中国には「東南を喜び，西北を嫌う」という自然観が存在するが，
紀元前4000年頃の仰韶文化の家屋も，およそ南か東を向いており，その地理
的環境において良好な土地に建築されていた。殷代には，「卜宅」という甲
骨卜によって，住宅の建築場所や時期を占うようになる。しかし，この時点で
は，後代風水のような自然環境に基づいた地形選択としての意識はまだ希薄で
あった。周代になると，「相宅」と呼ばれる方法が登場し，地形・地質・方
位・気候などを総合的に観察して土地選択をするようになる。また，この相宅
では，太陽の影によって土地の広さや方位などを測量する「土圭法」という，
当時最新の科学技術が用いられていた。

　漢代には，風水の基礎理論が形成される。この背景には，陰陽五行説による
風水理論の高度化，識緯説の流行に伴う風水を受容する土壌の形成，司南の発
明，地理学の知識の蓄積などがあげられる。初期風水は専ら住宅の位置を選択
する陽宅風水であったが，後漢後期から六朝時代にかけて，墓の位置を選択す
る陰宅風水も行われるようになる。古代中国では，祖先と子孫は同じ気を共有
し，互いに感応しあう関係にあると考えられていた。こうした観念がもとと
なって，祖先祭祀をしなければ，祖先は子孫に災いをもたらし，逆に祖先祭祀
をすれば，祖先は子孫に吉福をもたらすという思想が一般に広まった。さらに，
ここから墓の位置が子孫の繁栄につながるという価値観が生じたことで，陰宅
風水の需要が高まり，その理論は急速に発展を遂げた。

　六朝時代には，陰宅風水の理論書である『葬書』が出現する。『葬書』には，
埋葬地における生気の重要性を説いた気説のほか，蔵風得水説，四霊説など，
後の形法風水の理論が集約されており，後世，風水の古典として尊重された。
宋代になると，風水は庶民から王侯まで幅広い階層で受容された。こうした流
行に伴い，北宋の司馬光は，風水が政治の停滞や民衆を惑わす原因になるとし
て批判したが，一方，南宋の朱熹は，風水に理解を示していたとされる。明代
以降には，形法と理法，陰宅と陽宅とを総合して，風水理論を集大成した書籍
が刊行された。

　現代では，環境論の立場から，風水を古代中国に存在したエコロジーの代表
的思想として肯定的に評価する見方が増加した。そうした側面もある一方で，
風水は人間が吉地を得るために土地を私有化するという，人間中心のエゴイス
ティックな思想であったということにも留意する必要があるだろう。

（菊池孝太朗）

▷5　⇨ Ⅶ-5 「日書」

▷6　⇨ Ⅶ-3 「占夢」

▷7　⇨ Ⅶ-4 「陰陽五行
説」

▷8　識緯説
漢代に流行した予言説。

▷9　司南
漢代に発明された方位磁石。
「指南」とも言う。これの
発明により，方位の具体性
が増した。

▷10　『葬書』
古代陰宅風水に関する理論
書。気説（自然界の生気を
追求することで，墓地を選
択する際の要点である）や
方位の理論，蔵風得水説，
四霊説など，風水における
判断の基礎理論が記されて
いることから，後世，風水
の古典として尊重された。
西晋の郭璞（276-324）の
著作とされてきたが，実際
には郭璞に仮託した後世の
偽作と考えられる。

▷11　司馬光（しばこう：
1019-86）
北宋の政治家。歴史書『資
治通鑑』の作者として知ら
れる。

▷12　⇨ Ⅲ-2 「朱子」

（参考文献）

渡辺欣雄『風水 気の景観
地理学』人文書院，1994年。
何曉昕（三浦國雄監訳，宮
崎順子訳）『風水探源』人
文書院，1995年。宮崎順子
「地理・風水」溝口雄三ほ
か編『中国思想文化事典』
東京大学出版会，2001年。

第 3 部

# 中国思想の展開

## *guidance*

　諸子百家の時代に一斉に花開いた中国思想は，その後，ダイナミックに展開していった。医学や芸術，また史蹟の中にもそれは反映している。

　この部では，まず，我々の最大の関心事である健康・長寿といった観点から中国の伝統的な医学思想，漢方の考え方とその主要文献を取り上げる。人類の歴史は病気や感染症との戦いの歴史であったと言い換えることもできよう。そうした観点から中国思想における「こころと体」の問題について考える。

　また，中国には多くの世界遺産がある。万里の長城，秦の始皇帝陵と兵馬俑，敦煌莫高窟などであり，実はそこにも中国思想が反映している。単なる観光案内ではなく，中国思想の反映という観点から有名な史蹟を取り上げたい。

　そしてまた，中国思想は芸術にも投影された。絵画，画像石，印章なども中国思想を理解するための重要な手がかりである。さらには，日本画の横山大観や安田靫彦の作品にもそれが見られることを解説してみよう。

## Ⅷ　こころと体

 **馬王堆漢墓帛書『導引図』 ：最古の体操図**

### 1 『導引図』とは

　『導引図』は，中国湖南省長沙市の馬王堆漢墓から出土した，前漢初期の体操図であり，これまでに発見された導引の図の中で最も古い（図1）。縦約50センチメートル，横約140センチメートルの帛書（絹の布）のうち，後半の100センチメートルに人物の図像44体が上下四段に並べて描かれている。これらの図はすべてカラーで，様々な年齢・性別の人々があらゆる動作を行う様子が記されており，その動作は，肢体の運動・呼吸運動・器具を持っての運動の三種類に大別される。44体のうち31体には題記があるものの，各図には詳細な説明文が付されていないため，各動作が実際どのように行われていたのかを推測することは，きわめて困難である。ただ，導引術とその効用について文字のみで説いた『引書』の記述と関連が深いため，両書を照合すれば当時の導引について理解を深めることができる。

　『導引図』という書名は，描かれた動作の中に「熊経」と題されたものがあり，これが『荘子』刻意篇の記述と一致することから，整理者が名付けたものである。

### 2 気を導くということ

　中国の人々にとって，身体は小宇宙である。世界が気から成立しているのと同じように，身体もまた気によって成り立っているものと考えられ，いかに体

▷1　⇨ ⅩⅡ-5 「新出土文献の発見」

▷2　前半40センチメートルには『却穀食気』『陰陽十一脈灸経』乙本という古医書が収録されている。

▷3　『引書』
導引だけでなく，四季に合わせた養生方法についても説く竹簡の医書。1983〜84年に中国湖北省江陵県張家山にある前漢初期の墓から出土した。

▷4　⇨ Ⅰ-7 「荘子」

▷5　『荘子』刻意篇「吹呴呼吸し，吐故納新，熊経鳥申するは，寿を為すのみ。此れ道引の士，養形の人，彭祖寿考なる者の好む所なり」。

▷6　⇨ Ⅳ-1 「気」

**図1　『導引図』（復元画像）（『中華医学文物図集』）**

内の気の流れを良くするか，いかに気を養うかという問題は，体調や病因観と密接に関わるものとして，古くから人々の課題とされてきた。

　導引はこのような身体観の中で生まれた長生術であり，具体的には，呼吸を整え，濁った気を吐き出す代わりに清い気を吸うことにより，精神を統一し，肢体を動かして気血▼7の巡りを良くするものである。このようにして，身体と精神の気を常に新鮮かつ調和の取れたものにし続けることができれば，人は長生きできると考えられた。これは先秦から伝わる思想とされ，漢代にはすでに医学の一つとして認知されていた。

　『導引図』の中には，聾（難聴）や膝痛などの病気を予防あるいは治療するための導引方法が記されており，当時の人々が導引と病気の予防・治療とを強く結びつけていたことが分かる。病名が導引の題となっている場合，例えば「引聾」というように，冒頭に「引」という文字が付されているが，これはおそらく「気を導き引く」という意味であろう。『導引図』に描かれた動作は，カマキリや猿などの動物の動きを模したものが多い。動物をまねることで肢体が伸び，気血の巡りが良くなって体質が強化されるという効果が期待できるため，導引が病気の予防・治療に活用されていたことは想像に難くない。

### ③ 伝世文献に見える導引

　動物をまねるという動作は，『導引図』特有のものではなく，伝世文献（現在までに伝わっている文献）にも数多く見える。①で触れた『荘子』刻意篇のほか，『淮南子』▼8精神訓には「鳧浴」「蝯躟」「鴟視」「虎顧」という四つの動作が新たに見える。後漢末〜三国魏の医者・華佗▼9は，古代の導引術を基に，虎・鹿・熊・猿・鳥の動作から着想を得た体操として「五禽戯」をまとめた。体に不快感を覚える際にこのうちの一つを行えば，たちまち汗が出て，身体が軽くなり食欲が湧いてくるという。この五禽戯は様々に変化しながら今日まで伝えられ，現在は気功の一つとして実践されている。

　また，導引が医学的なものとして認識されていたことを示す文献として『黄帝内経』▼10があげられる。例えば，『黄帝内経素問』奇病論篇には，「息積（脇の下が張って気が逆流し，息苦しさを覚える病）は，鍼灸治療ではなく，必ず導引と服薬によって治療しなければならない」とある。この記述は，導引が鍼灸や薬物と同等の治療法として扱われていたことを物語っている。

　導引は中国国内で流行しただけでなく，日本にも伝わった。導引について記す文献で最も古いものは『医心方』▼11巻27導引第5であるが，実際に導引が盛んになったのは江戸時代である。『導引体要』は1648年に林正且が著した導引の専門書で，これを筆頭に数々の導引書が刊行された。江戸時代に導引が流行した背景には，中国で元明代に導引を含む養生書が次々と出版されたことがあると考えられる。

（六車　楓）

▷7　気血
「気」は非流体の流体で，飲食物に由来する澄んだ営気と濁った衛気，および呼吸に関わる気，父母から受け継いだ先天的な気のことで，生命活動を営む物質の総称。「血」は「気」に内包される赤い液体で，営気が変化したもの。先天的な気のうち母から受け継いだものもここに含まれる。「血」の作用は血液と完全に一致するわけではない。

▷8　⇨Ⅱ-2「『淮南子』」

▷9　華佗（かだ：？-3世紀初頭）
方術や養生に詳しい医者。鍼や薬で治療できない病気は麻沸散で麻酔をして外科手術を行った。曹操（155-220）の頭痛を治したが，その後，命令に背いたため殺された。

▷10　⇨Ⅷ-2「『黄帝内経』」

▷11　『医心方』
平安時代の982年に丹波康頼（912-995）が編纂した医書。全30巻。中国の医書を多く引用し，病気の原因や治療法をまとめたもの。日本に現存する医書の中では，最古である。

（参考文献）

石田秀実『中国医学思想史』東京大学出版会，1992年。坂出祥伸『「気」と道教・方術の世界』角川書店，1996年。白杉悦雄・坂内栄夫著，馬王堆出土文献訳注叢書編集委員会編『却穀食気・導引図・養生方・雑療方』東方書店，2011年。

## Ⅷ　こころと体

 **2** 『黄帝内経』：中国医学のバイブル

### 1 『黄帝内経』とは

　『黄帝内経』は現存する最古の中国医学書である。この書名は，前漢の書籍目録である『漢書』芸文志に「黄帝内経十八巻」と見えるが，原形を留めた形で現代には伝わっておらず，現在見ることのできるテキストは，『素問』『霊枢』（各81篇）の二書から成る。いずれも一人の人物によって一時代に書かれたわけではなく，先秦から漢代頃までに蓄積されてきた医学的知見をまとめてあり，漢代までに成立したと考えられる。ただし，現行本は，唐宋代の再編・校正を踏まえたものである。

　『素問』も『霊枢』も黄帝と臣下の問答体によって記され，『素問』は陰陽五行説や天・地・人の三才説を基盤とする臓腑や経脈などの概念を用いながら，生理・病因・診断・治療・養生など中国医学の基本思想を説く。一方，『霊枢』は『素問』と類似の内容でありながら，特に鍼灸の臨床に関する内容が豊富である。この書は中国医学のバイブルとして後世に脈々と受け継がれ，朝鮮や日本などにも伝播し，その思想の多くは現代にも生きている。

　『素問』『霊枢』のほか，『黄帝内経』の別系統のテキストには，『太素』もあげられる。この書は，初唐の楊上善（生没年不詳）が『素問』『霊枢』各81篇を一旦解体し，内容ごとに各篇を再編して注を付したもので，その経文（本文）は現行の『素問』『霊枢』よりも古い初唐以前の文章を留めている。『太素』は，中国では戦乱などが原因で早くに散逸したが，奈良時代に日本に伝来したテキストの写本が京都の仁和寺に秘蔵されていた。現在見られる『太素』は，すべてこの仁和寺本を基にしたものである。このほか，『太素』以前に編纂された『鍼灸甲乙経』（西晋・皇甫謐撰）も『黄帝内経』の重要な別系統のテキストである。これは，『素問』『針経』（『霊枢』の旧名）『明堂』（経脈と経穴[ツボ]に関する最古の専門書）の記述を，身体部位や病気別に編集・集約した鍼灸の専門書であり，『素問』『霊枢』の大部分が収められている。

### 2 自然の中にある人体

　『黄帝内経』に始まる中国医学では，陰陽五行説を用いて人体の生理機能や病理を理解し，治療を施す。陰陽の相対的なバランスを保つことは健康の基本であり，疾病の治療とは，すなわち崩れた陰陽のバランスを鍼灸や薬などで元

▶1　黄帝（こうてい）

（『集古像賛』）

中国古代の神話に登場する伝説上の帝王。三皇五帝の一人で，漢民族の祖とされ，医学や文字，音律などの創始者と言われる。

に戻すことである。また，人体の臓腑や器官の性質・はたらきを踏まえ，それらに五行を配当し，相生・相剋[2]の考え方でもってそれぞれの臓腑や器官の間に関係性を見出している。連関するのは体内だけに留まらず，方角や気候といった自然界にまで広がり，天人相関思想のもとに人体が解釈されていることが分かる。『黄帝内経』は，体内の気血の巡りや強弱などの生体リズムも季節の寒暑や陰陽の消長と関わるとし，自然と人体とを複合的に見て適切な治療を施すことを基本理念としている。例えば，冬は気血が体の奥深くに沈むため，治療には体表から刺激する鍼や砭石（石の刀鍼）ではなく，身体の内側から効果を得られる薬を用いるよう説かれている。

　上記のような気血の巡りや臓腑どうしのつながりを支えているのが，経絡である。経絡の「経」とは，身体の縦方向に流れる12種類の脈（十二経脈）とその別系ルートの脈，および正規ルートではない奇経八脈の総称で，「絡」とは，経脈を横につなげる15種類の支流である。そして，これらの経絡上の皮膚に経穴が存在すると考えられた。経脈や経穴の総数も一年の日数と同じ365，十二経脈は12カ月と対応している。なお，経脈の概念は『黄帝内経』の成立よりも古い出土資料にすでに見える。馬王堆漢墓帛書『陰陽十一脈灸経』[3]などでは経脈数を11とする一方，近年出土した老官山医簡『脈書・下経』では12としており，『霊枢』経脈篇の経脈数と一致する。これを踏まえると，『脈書・下経』は『霊枢』経脈篇に見える十二経脈説の淵源であるのかもしれない。

## ❸ 「こころ」と気

　『黄帝内経』は身体的な疾病のみならず，精神疾患に関しても言及している。気によって構成される人体には，肉体と精神の両方が含まれており，『黄帝内経』では，精神疾患もまた，肉体と同様に気のバランスの乱れによって生じると考えられた。『黄帝内経』に多数見える「癲狂」は典型的な精神疾患であり，てんかんのような症状を呈する「癲」と感情障害や幻覚などが表れる「狂」の二つに分けられる。これらも陰陽二気の不均衡が一因であり，経脈を診て診断・治療するべきとされた。

　また，『黄帝内経』では，体の外側から侵入する邪気が疾病の一因とされた。邪気には，正風[4]が体内に入って病因となる正邪と虚風[5]が体内に入って病因となる虚邪の二種類あり，正邪による病気は自然治癒できる程度のものが多いが，虚邪による病気は重く，治療しなければならない。この邪気は精神疾患の原因ともなり，例えば『素問』宣明五気篇には「邪気が陽に入れば，狂となる」と記載されている。また，邪気は睡眠時に夢を発現させるとも言い，正邪が一箇所に留まらずに営衛二気とともに流れ，それに伴って魂魄が飛揚し，精神が安定しなくなるとされた。ここに精神と気，夢の関係がうかがえる。

（六車　楓）

▷2　⇨ Ⅶ-4「陰陽五行説」

▷3　⇨ Ⅻ-5「新出土文献の発見」

▷4　正風
その季節に吹くべき方角から吹く風。春は東，夏は南など。五行と方角，季節が結びつけられている。

▷5　虚風
正風とは逆の方角から吹く風。春は西，夏は北など。

（参考文献）
石田秀実『中国医学思想史』東京大学出版会，1992年。傅維康主編，呉鴻洲副主編（川井正久編訳，川井正久・川合重孝・山本恒久訳）『中国医学の歴史』東洋学術出版社，1997年。小曽戸洋・天野陽介『針灸の歴史』大修館書店，2015年。

## Ⅷ　こころと体

 **3** 　『傷寒論』：臨床実践の大著

### 1 『傷寒論』とは

　2020年，新型コロナウイルス（COVID-19）の流行により，私たちの生活は一変した。医療が発達した現代においても，治療法の確立していない新たな感染症に人々は恐れおののいた。このような感染症への恐怖心は，当然現代人のみならず，古の中国人も抱いていた。『漢書』や『後漢書』などの史書には，兵士や民の半数が伝染病で亡くなったという記録も見え，紀元 2 年には伝染病専門の病院が設立されていることから，常に人々は伝染病によって命の危険にさらされていたことが分かる。このような状況下で著されたのが，臨床医学の書『傷寒論』である。作者は，後漢の名医である 張 仲 景。執筆の動機には，196年（建安紀年）以来十年も経たないうちに，自分の一族の三分の二が死に，そのうちの七割が「傷寒」，すなわち伝染性の熱病に罹患していたという，張仲景自身の悲しい経験がある。張仲景は『黄帝内経』▶1 や『難 経』▶2 などの理論を指針としながら，後漢までに蓄積されてきた傷寒の病理と診断や脈の理論，および症状に合わせた薬剤の処方をまとめた。処方と疾病とを結びつける文献には馬王堆漢墓帛書『五十二病方』▶3 などもあるが，内容は雑然としており，それに比べると『傷寒論』はかなり体系化されている。

　現行の『傷寒論』も『黄帝内経』と同じく，成立当初の原形を留めているわけではない。この書はもともと『傷寒雑病論』という名で著され，内容は脈の理論や傷寒の病理・診断法，傷寒の脈象・症候と治療法に関する部分と，傷寒以外の「雑病」の脈象・症候と治療法に関する部分の二つから成る。この書は早くに散逸し，後に傷寒に関する部分が『傷寒論』として，雑病に関する部分が『金匱要 略』としてそれぞれ編纂された。現在見ることのできる『傷寒論』は，北宋の林億らが校勘・刊行したテキストに基づくものである。

### 2 六経病理論の導入

　『傷寒論』の功績の一つが，六経 病 の体系化である。そもそも傷寒という病気は『黄帝内経素問』にも記されており，そこでは外因性の熱病の総称とされている（熱論篇）。『難経』五十八難では，『素問』における広義での傷寒をさらに 5 種類に分け，その中に狭義としての傷寒，つまり寒邪▶4 を原因とする冬の熱病としての傷寒をあげた。寒邪が体内を巡り，それに伴って病状が変化してい

▶1　⇨Ⅷ-2『黄帝内経』

▶2　『難経』
『黄帝内経』のうち難解な81箇所に関して問答体で解説した書。鍼 術 理論と臨床とを記しており，鍼灸学のよりどころとされた。戦国時代の伝説上の医者である扁 鵲 に仮託して後漢頃に成立した。

▶3　⇨Ⅻ-5「新出土文献の発見」

▶4　寒邪
身体外から侵入してくる六つの邪気「六邪（六淫）」のうちの一つ。季節や環境によって侵入してくる邪気が異なるため，治療時には，どの邪気がどの部位に入ってきたのかを見極め，適切な処方を探っていくことが不可欠である。

▶5　熱証・寒証／虚証・実証について，「証」とは，診察によって集めた身体情報を一定の基準に照らし合わせ，そこから得た病状パターンのこと。基準はいくつかあるが，そのうち寒熱

く仕組みについて，『素問』熱論篇は足の六本の経脈を軸に説く。寒邪は巨陽経→陽明経→少陽経（ここまで三陽経）→太陰経→少陰経→厥陰経（ここまで三陰経）の順で日ごとに伝わり，寒邪が陰経と陽経の両方に同時に侵入していなければ，七日目にまた巨陽経へと戻り，そこから循環し，徐々に自然治癒へと向かう。寒邪が陰経と陽経の両方に侵入している両感証の場合は，六日目に死ぬと考えられ，より重篤で治療も難しい。

『傷寒論』では，この両感証における症状の変化の分析が課題とされた。『素問』熱論篇は熱証かつ実証であることを前提としているが，傷寒には寒証かつ虚証のものもあり，この場合，熱証かつ実証に有効な発汗・排泄を促す治療を行うと，かえって死を招く[15]。張仲景は，両感証の熱証・実証と寒証・虚証の両方を包括して分析する必要があると考え，病邪の体内位置を表（体表：太陽・少陰），半表半裏（中間：少陽・厥陰），裏（深部：陽明・太陰）の三段階に分け直した。そして，熱証・実証の場合をそれぞれ太陽病・少陽病・陽明病と，寒証・虚証の場合をそれぞれ少陰病・厥陰病・太陰病と名づけた。この六経病の理論が体系化されたことで，体がより細分化され，邪気の伝わり方のバリエーションも富み，臨床に柔軟に活かせるようになった。患者がどの病期に相当するかは，四診[16]を駆使して見極める。ただ，これらの理論すべてが張仲景の独創なのではなく，『黄帝内経』などにも一部記述が見えることには注意したい。

日本において，この理論は江戸時代中期の医者に実証性の高いものとされ，特に，古方派という医学の流派が『傷寒論』の研究を盛んに行った。例えば，後藤艮山（1659-1733）は古医方を究め，病は気の鬱滞により生じるもので，治療は気の巡りをよくすることにつきるという「一気留滞論」を提唱した。治療には食餌療法や薬物療法を用いた。

## ③ 方剤学における功績

『傷寒論』は方剤学（薬剤調合の研究）にも貢献した。『傷寒論』と『金匱要略』の源流である『傷寒雑病論』には，重複を除くと269種の処方が収められており，使用薬物は214に上る。この処方の多くは，今に至るまで臨床効果が確かめられ，現代でも用いられている。日本の漢方では，処方の決まった症状を「〇〇（処方名）の証」と言うが，これは具体的な症状と処方とを対照させた張仲景の功績である。また，処方だけでなく，炒る・煮沸する・刻むといった薬の炮製（成分抽出のための加工）方法も記載されている（図1）。さらに，従来主流でなかった湯液（煎じ薬）を主な剤形（薬のタイプ）とした点も特徴的である。

（六車 楓）

は，熱や寒気などの温度的な観点に基づき性質を分類するもの。虚実は正気や邪気の盛衰を基準とするもので，具体的には正気を失った状態が虚，邪気が体内に充満している状態が実などというパターンがある。

▶6 四診
中国医学における四つの診断方法。すなわち，患者の全体を観察し，肉付きや肌つや，舌の状態を診る望診，聴覚と嗅覚によって声や呼吸音，体臭などを診る聞診，患者やその家族から病歴などを聴取する問診，患者に直接触れて脈を取るなどする切診である。傷寒の治療では，特に切診が重視された。

**図1 漢代銅杵臼**
（『中華医学文物図集』）
薬物の加工に用いられた杵臼。写真は陝西で出土したもの。

【参考文献】
石田秀実『中国医学思想史』東京大学出版会，1992年。山田慶児『中国医学はいかにつくられたか』岩波新書，1999年。小曽戸洋『新版漢方の歴史』大修館書店，2014年。

## Ⅷ　こころと体

# 『備急千金要方』：唐代の総合医学書

▷1　孫思邈(そんしばく：
?-682)

（『有象列仙全伝』）

▷2　⇨Ⅷ-1「馬王堆漢
墓帛書『導引図』」

▷3　⇨Ⅷ-2「『黄帝内経』」

▷4　⇨Ⅷ-3「『傷寒論』」

▷5　王叔和（おうしゅく
か：生没年不詳）
西晋の医者。3世紀後半に
『脈経』を著した。この書
は『素問』『霊枢』『難経』
などの当時伝わっていた医
学書を再編し、脈診を含む
診断法や経絡の概念につい
て述べたもの。

▷6　⇨V章「経書の成立」

▷7　三史
『史記』『漢書』および『東
観漢記』（唐の開元年間以
降に『東観漢記』が散逸し
てからは『後漢書』）のこ
と。

## 1　『備急千金要方』とは

　春秋戦国時代から積み重ねられた医学の知見は、漢代に基礎が固められた。魏晋南北朝時代には、道教の流行や仏教の流入もあり、中国医学思想に道仏の思想も大いに反映され、特に南北朝期には動乱が幾度となく巻き起こった影響で、多くの救急医学書が編纂された。隋唐代に至ると、それまでに蓄積された救急医学の知識が集大成された。その代表が『備急千金要方』（全30巻）である（以下、『千金方』）。この書は、唐の医者である**孫思邈**が650年代に編纂した。「備急」とある通り、救急医学に言及した文献であるが、その内容は婦人科・小児科・耳鼻咽喉などに関する疾病や、鍼灸、五臓六腑と経絡の関係に基づく疾病分析、食餌療法、薬方など多岐にわたり、総合医学書的な側面が大きい。唐代に朝廷内に設けられた太医署には、邪鬼やたたりを払う治療を専門とする呪禁科も含まれていたが、『千金方』にも呪術的な治療法が記されており、道教や仏教の影響を受けたものと思われる。事実、孫思邈は医者であっただけでなく、道士としても名高い人物であった。なお、「千金要方」という書名には、「人命は千金よりも貴い」という意味が込められている。

　日本へは奈良時代に伝播し、平安時代の医書『医心方』にも多く引用されている。現行のテキストは北宋の林億らが校正したテキストに基づくものである。

## 2　医者のあるべき姿

　『千金方』には豊富な医学知識が収められていることはさることながら、医者としての倫理・信念を詳述している点にも注目すべきであろう。特に、冒頭に置かれた序例の大医習業・大医精誠の二項目は、医者の倫理・基本条件に焦点を当てている。まず大医習業では、「大医（優れた医者）」になるには、『素問』や、張仲景・**王叔和**などの医書をそらんじることができるまで読み込まなくてはならないと述べる。その一方で、医者は医書だけを読めばいいのではない。孫思邈は続けて、「禄命」「灼亀」「周易」などといった占いも熟知しておくべきであるとし、さらには五経・**三史**・諸子・仏典・老荘の書も読んで教養を身につけておく必要があると説いている。孫思邈は医者に幅広い知見を求めており、ここからは儒教・仏教・道教が入り交じっていた当時の思想的背景もうかがえる。序文には「君主や親が病気になった時に治療しない者は、

忠孝とは言えない」とあり，これは明らかに，先祖代々受け継がれてきた自分や親の体を大事にすることを説く孝の思想を反映しており，儒教に基づいた治療信念と言える。ちなみに，孫思邈はこの書の中で，インド由来の医学思想である「四大」[9]という概念を用いて体内の気と疾病との関係性も説いており，孫思邈自身も中国国内の思想だけにとらわれていなかったことを示している。

　次に大医精誠では，疾病には「内同外異」と「内異外同」のものがあるため，丁寧に診察を行う必要があることを喚起し，読書によって得た医学知識だけでなく，治療を重ねながら実際の症状や治療法を学び続けなければならないと説く。さらに，医者は精神を落ち着けて欲を捨て，慈しみの心を持って診察するべきことも掲げ，貧富の差や年齢，美醜などにかかわらず，分け隔てなく治療にあたるよう述べた。また，医者は冗談を言ったり，自分の名声を誇ったりしてはならないとし，人格についても注意喚起している。孫思邈の説く医者としてのモラルの中には，現代に通じるものも多い。

## ❸ 孫思邈の個性溢れる内容

　医者としての信念や処方などを概説する篇の後，具体的な疾病や治療法を詳述する篇が続くが，その順番は婦人科に始まり，その次に小児科という特徴的なもので，他の医書とは趣を異にする。孫思邈は，婦人の処方を別項目で立てた理由について，婦人の病気には妊娠・出産など女性特有の体の変化・不調が関わっており，その治療は男性の十倍難しいためとする。婦人科の項目では，不妊治療や月経などに関する具体的な病因と処方が記されている一方，胎児の性別を知る方法の中には，「妊婦を南に歩かせて後ろから声をかけ，妊婦が左に首を回して振り返れば男の子，右に首を回せば女の子」という迷信じみた記述も見られる。それでも，後に婦人科が独立し発展するにあたり，『千金方』の果たした役割は一定程度認められる。小児科についても，「人類が生まれ出るということは，小さな子供を育てて大きくすること」と述べ，婦人と子供とに「崇本の義（根本を尊ぶ意義）」を見出している。

　このような具体的な治療法を説く項目のほか，「養性」，つまり身心の修養を述べた篇もある。その中には，性行為によって気を補い，不老長生を得るという「房中術」に関する項目も含まれる。房中術自体は古代から行われ，馬王堆漢墓[10]からも専門書が出土したが，現存する総合医学書の中で房中術を独立の項目としたのは，『千金方』が初めてである。ここでは，40歳以上の男性が房中術を会得する必要性や，性行為の禁忌などが説かれており，道教的な色彩の強いものが多数見受けられる。

（六車　楓）

▷8　⇨ Ⅳ-6 「孝」

▷9　四大
人体を含む世界を構成する地・火・水・風の四要素のこと。これらにより万物は構成，生長，変化させられ，人体に関しては，生理メカニズムのほか，発病や病状の変化の摂理でもあった。人間は，この四大のバランスが崩れると体調が悪くなるとされた。

▷10　⇨ Ⅻ-5 「新出土文献の発見」

（参考文献）
小山寛二・千金要方刊行会編『漢方医学の源流』毎日新聞開発・みづほ出版・富民協会，1974年。傅維康主編，呉鴻洲副主編（川井正久編訳，川井正久・川合重孝・山本恒久訳）『中国医学の歴史』東洋学術出版社，1997年。小曽戸洋・天野陽介『針灸の歴史』大修館書店，2015年。

# Ⅷ　こころと体

 **5** 『本草綱目』：本草学の集大成

## ▶1 『神農本草経』

神農とは，中国古代の伝説上の帝王の一人で，一説では伏羲・黄帝と合わせて三皇と呼ばれている。人々に初めて農耕を教え，草木を採取して一つひとつの効能や毒性を確認したとされ，古くから農耕や医学などの神として祀られてきた。この伝説は日本にも伝わり，少彦名神社（大阪市中央区）や湯島聖堂（東京都文京区）では，現在でも神農祭が開かれている。『神農本草経』はこの神農に仮託して書かれた本草書である。

## ▶2 上薬・中薬・下薬

上薬は養命の作用があり，無毒。長寿を得たい人が服用する。中薬は養性（養生）の作用があり，無毒なものと有毒なものを含む。虚弱体質の人や病気の予後に服用する。下薬は治病の作用があり，有毒。寒熱の邪気を取り除くなどの効果があるが，長期服用は禁物。

## ❶ 薬物研究の歴史

　漢方薬は，現代の私たちにも比較的なじみ深いが，その源流は，動植物や鉱物，人工的に生み出されたものなど，あらゆるものを「病の治療薬」という観点から研究する中国の本草学にある。これが確立したのは前漢末頃で，『神農本草経』（以下，『本草経』）は後漢頃に書かれた最古の本草書である。古来中国の人々は不老長生や昇仙を願い続けており，このような神仙説と本草は関係が深く，秦の始皇帝が不死の薬を追い求めたという記録も残っている。『本草経』は365種の薬物を**上薬・中薬・下薬**の三品に分類し，そのうち不老長生に関わる薬を上薬とした。後漢末には『本草経』とは別の薬物を365種収めた『名医別録』も完成し，後に梁の陶弘景（456-536）は500年頃，両書を整理・校訂し，注釈を附して『神農本草経集注』（以下，『本草集注』）を編纂した。現存最古の『本草集注』は中国トルファンで発見された写本である。

　これ以降，この書に校注を加える形で様々な本草書が執筆され，唐の659年には，『本草集注』の誤りを正し，情報を削除・増補した『新修本草』が編纂された。これは『本草集注』と違い，民の衛生状態の向上も視野に入れた政府の事業として編纂されており，これを機に本草学が民間にも普及した。宋代には『経史証類備急本草』（以下，『証類本草』，唐慎微編，1082年頃）などが著された。

　ここまであげた本草書は，すべて『本草経』の三品分類に従っており，基本的には，編纂時にそれ以前の本草書の本文が書き換えられることもなく，注釈を加筆する形で情報の訂正・増補がなされた。この編纂方式には，散逸した過去の文献の内容をたどることができるという利点もあるが，一方で古典を重んじるあまり，非実用的な内容となってしまう点は問題と言える。このような本草書と一線を画したのが，明の『本草綱目』である。

## ❷ 『本草綱目』とは

　『本草綱目』は明代の医者・李時珍（1518-93）が著した全52巻の本草書である。李時珍は，従来の本草書に重複や遺漏が多いことを問題視し，『証類本草』を基礎に先人の経験や成果を整理しつつ，諸子百家の書から田舎の田園の歌に至るまで，多様な文献・言説に見える薬草の情報を探し求めた。情報収集のためには，薬草を栽培している人々のもとに自ら赴くことも厭わなかった。初版

を脱稿したのは1578年であるが，その後も没するまで増訂を絶やさなかった。集録された薬物は1800種以上であり，1500種以上の薬物を収める『証類本草』から300種以上も増加している。李時珍は，神仙説との関係が深い伝統的な三品分類を批判し，これらの薬物を性質ごとに分ける自然分類に従って，16部（綱）62類（目）とした。内訳は次の通り。

水部2類　火部1類　土部1類　金石部5類　草部11類　穀部4類

菜部5類　果部6類　木部6類　服器部2類　虫部4類　鱗部4類

介部2類　禽部4類　獣部4類　人部1類

各部に収められた一つひとつの薬物の説明は，従前の文献から切り取った文章を八つの事項別に整理し，最後に李時珍自身の意見を付すという構成である。その八つの項目は以下の通りである。

釈名：標題に記された正名とは別の名称をあげ，その由来も示す。

集解：産地，形状，性質，採取時期などを示す。

正誤：薬物の効き目などに関する諸本草家の論争や，李時珍の意見を示す。

修治：薬物の調製加工法や使用部分の選び方を示す。

気味：薬物の五味（酸鹹甘苦辛）と四気（寒熱温涼），有毒無毒を記す。

主治：諸本草家の薬効を記し，出典を注記する。

発明：薬効や用法に関する諸説を引き，李時珍が発案したことを多く記す。

附方：その薬物の簡単な処方を示す。

薬物一つにつき，上記の項目がすべて立てられたのではなく，必要なもののみ記されており，『証類本草』よりも簡潔で検索しやすくなった（図1）。

『本草綱目』には李時珍自身の誤解も含まれており，問題点もあるが，後世に与えた影響はきわめて大きい。江戸時代初期には日本に伝播し，1612年には林羅山[3]（1583-1657）が『本草綱目』を抄出し，万葉仮名で和訓を施した『多識編』を出版した。日本以外でも，朝鮮語やラテン語，英語など諸外国の言語に全訳あるいは抄訳され，世界中に流布した。　　　　（六車　楓）

▷3　⇨ ⅩⅣ-1 「林羅山」

参考文献

傅維康主編，呉鴻洲副主編（川井正久編訳，川井正久・川合重孝・山本恒久訳）『中国医学の歴史』東洋学術出版社，1997年。小曽戸洋『新版漢方の歴史』大修館書店，2014年。

### 図1　『本草綱目』人部「耳塞」（巻52）

釈名の欄には「耳垢（綱目）」「脳膏（日華）」「泥丸脂」とある。そこで李時珍は，『修真指南』の説を紹介し，「腎気は脾の右側上部から耳に入って耳塞と化す。耳は腎の竅である。腎気が通れば塞がることはない。塞がれば気は通じない。このため，『塞』と呼ぶ」と述べる。その気味は，鹹苦で四気は温，有毒である。主治の欄を見ると，顚狂鬼神（精神疾患の一種）や嗜酒（酒の過度な愛好）に効くとする旧説のほか，蛇や蜈蚣に噛まれた場合に塗ると良いという李時珍の見解も述べている。附方では，蛇や蜈蚣による刺し傷や破傷風などに効く処方が記されている。

（『景印文淵閣四庫全書』）

# IX　史蹟に表れた思想

# 1　孔子廟

## 1　孔子尊崇の歴史

　紀元前479年に没した孔子を祀る孔子廟は，孔子の生まれ故郷・山東省曲阜にある。これは，孔子をその弟子たちが葬った後，翌年に魯の哀公（在位前494-前468）が孔子の住まいを改築して廟とし，衣や冠などの孔子の遺品を並べたことに始まる。この廟は「三間」，つまり三つの区画に分かれており，100平方メートルに満たない広さであった。当時の魯では比較的盛んに廟が建てられていたが，基本的には貴族が所有するものであり，孔子も採用していた周の礼制では，天子が七廟（七間），諸侯が五廟（五間），大夫が三廟（三間），士が一廟（一間），庶民は建設不可と定められていた。では，なぜ亡くなった時点では庶民であった孔子が三間の廟を与えられたのであろうか。その理由には，孔子が生前に魯で大夫相当の大司寇に任じられていたことや，孔子の住まい自体がそもそも三間の間取りで，それを活用したことなどが考えられる。孔子廟の参拝者は日に日に増え，後世に脈々と受け継がれていった。

　前漢の高祖（劉邦：在位前202-前195）の代には大規模な改修が行われ，三国時代の271年には孔子祭祀が「釈奠」の礼として根づいた。唐の高祖（李淵：在位618-626）は619年に孔子廟を国学（国都の学校）に設置するよう詔し，ここから孔子廟と学問とが結びつけられるようになる。曲阜の孔子廟は，火災で焼失することもあったが，その後も修築・拡張が繰り返され，明代にできあがった基本形を基に，清代の雍正年間に修築されたものが現在まで伝わっている。

　現存する孔子廟は王室と同じ「九進院落」という様式で，九つの区画から成る。孔子が祀られている正殿の大成殿（図1）には，黄色の屋根瓦や龍柱（龍の彫刻をあしらった柱）などの皇帝建築様式が見られ，孔子がいかに重んじられていたのかを物語っている。[1]

　孔子廟の東には，孔子の直系子孫が住んだ邸宅である孔府が隣接している。これは前漢の高祖が孔子を尊び，孔子直系の子孫に領地と爵位を与えて邸宅に住まわせたことに始まる。ここは公式行事を行う役所などが並ぶ公的空間と，孔家の冠婚葬祭などを行う私的空間の二つに分かれており，多くの建物が密集している。また，孔子廟・孔府の北側には，孔子に始まる孔家一族の墓地である孔林が広がっている。孔子廟・孔府・孔林は

▷1　739年には唐の玄宗（在位712-756）が「文宣王」と追諡し，ここから孔子は正式に王として扱われるようになった。黄色の屋根瓦が皇帝の建築様式であるのは，黄色が五行の中で中央に位置する土の色で，高貴な色とされたためである。龍は聖獣かつ皇帝の象徴である。

図1　曲阜孔子廟の大成殿

あわせて「三孔」と呼ばれ，1994年には世界遺産（文化遺産）に登録された。

## ❷　釈奠の様子

　孔子祭祀である釈奠の「釈」は「置く」，「奠」は「据える」という意味で，まさに供物を孔子の霊前に置くことを表す。釈奠の舞台である大成殿の中には，孔子像（地方の孔子廟の場合は位牌）が正面に設置されているほか，その両脇には弟子・後学である顔回・子思（ここまで「東配」）・曾子・孟子（ここまで「西配」）の像（位牌）が陳列されており，これを「四配」という。さらにその両脇の東西には，子路や朱子などの「十二哲」と呼ばれる12人の弟子・後学の像（位牌）が並んでおり，これらに向かって跪き，頭を地面につけて拝する。

　また，祭祀の際には音楽を奏でて歌い，舞も踊る。楽団が演奏に用いる楽器は古代から伝わる「八音」，すなわち金・石・土・革・絲・木・匏・竹製のものである。歌の多くは孔子を称える内容で，その歌詞は『論語』や『詩経』『大学』などを典拠に書かれている。舞には，文徳を象徴する「羽舞」と武功を象徴する「干舞」の二種類あり，羽舞ではキジの尾羽を挿した龠を，干舞では武器を手に持って踊る。

　このほか，祭祀のために牛や豚などの生贄を捧げ，酒や料理を古代の祭器に盛りつけて孔子に供え，手厚く祀る。これらの祭祀の様子は各地の孔子廟で再現されており，現在も見ることができる。

## ❸　海外への伝播：湯島聖堂を例に

　孔子廟は中国国内だけに留まらず，朝鮮半島・ベトナム・日本を含むアジア，さらにはイギリスやドイツにも伝播した。日本には，湯島聖堂（東京都文京区），弘道館孔子廟（茨城県水戸市），足利学校孔子廟（栃木県足利市），旧閑谷学校聖廟（岡山県備前市）など，十箇所あまり存在する。

　中でも湯島聖堂（図2）は有名で，江戸時代初期の儒学者 林 羅山▼10（1583-1657）の開いた私塾に由来し，寛政の改革の後，幕府が接収して幕臣や諸藩士の教育，および文化事業の統括を行う拠点として利用されるようになった。寛政の改革の一環で行われた異学の禁では，湯島聖堂において朱子学を専門に研究・教授するよう定めた。このように湯島聖堂は孔子を祀るのみならず，学問との結びつきもきわめて強い。ここから，唐の高祖より始まった学問拠点としての孔子廟という役割が，時代も国境も隔てた日本にも伝わっていることが分かる。関東大震災によって一度全焼した後，再建された現在の大成殿は，中国のように豪華絢爛ではなく，静謐さ漂う造りである。毎年4月の第四日曜日には孔子祭が行われている。

（六車　楓）

▷2　⇨ XI-1 「孔子の死と門人たちの活動」

▷3　⇨ XI-1 「孔子の死と門人たちの活動」

▷4　⇨ I-2 「孟子」

▷5　⇨ XI-1 「孔子の死と門人たちの活動」

▷6　⇨ III-2 「朱子」

▷7　⇨ V-6 『論語』

▷8　⇨ V-3 『詩経』

▷9　⇨ V-4 『礼記』

▷10　⇨ XIV-1 「林羅山」

**参考文献**

湯浅邦弘『中国の世界遺産を旅する』中公新書ラクレ，2018年。斯文会財団創立百周年記念「湯島聖堂と斯文会の軌跡」編集委員会編『斯文会財団創立百周年記念　湯島聖堂と斯文会の軌跡』斯文会，2019年。黄進興著（中純夫訳）『孔子廟と儒教』東方書店，2020年。

図2　湯島聖堂大成殿

## Ⅸ　史蹟に表れた思想

# 2 万里の長城

### 1 長城のはじまり

　長城の歴史は，国防の歴史である。その起源は判然としないが，『春秋左氏伝』僖公四年（前656）の記述によると，春秋時代，楚は険しい山に沿って国防施設の「方城」を築き，諸国の侵攻を防いでいたという。前漢の歴史書『漢書』地理志はこの「方城」を長城と見なしている。戦国時代になると，隣国だけでなく，北方異民族の南下も防ぐ必要が生じた。戦国の七雄である秦の昭王[2]は長城を築いて匈奴などの北方異民族の侵攻を防ぎ，燕は北に北方異民族，南西に秦と趙とが構える場所に位置していたため，南北両方を守るためにそれぞれの国境付近に長城を構えた。

　そして，秦の始皇帝は蒙恬（？-前210）に命じて，戦国時代に各国が建設したこれらの長城を修築・連接させ，その長さは「万余里」と称された[3]。長城というと，れんが造りの高い壁が延々と続くイメージがあるが，それはあくまで後の明代の様式であり，秦の長城は，見張り台を兼ねた守備兵の駐在用の塞や，敵をいち早く発見して狼煙によって情報を伝達する高台を主体とし，土を突き固めて作られたものである。建設には全国から約30万〜100万人の男性が徴発され，そこには若くて健康な人のほか，囚人も含まれている。1975年に湖北省雲夢県睡虎地で出土した秦の法律関係文書には，傷害事件を起こした者を「城旦」という長城修築に関わる労役刑に処する記述が残されている。

　修築作業はきわめて過酷で，当時の民謡や伝説から悲しみに暮れる民の様子がうかがえる。中でも，孟姜女伝説は有名である。これは，孟姜女が長城建設中に亡くなった夫を思い，現場で涙を流すと，長城の一角が崩れて夫の遺骸が出てきたという話で，脚色も多くすべてが事実とは思えない。しかし，秦の長城遺跡からは，当時の度量衡の基準となる鉄権（鉄のおもり）とともに，壮年男性の遺骨が多数出土しており，長城と何らかの関わりのあった人々が長城のそばに埋葬された可能性は高い。

### 2 王朝の国防意識と長城

　秦に続いて積極的に長城の修築を行った人物として注目すべきは，前漢の武帝（在位前141-前87）であろう。武帝はシルクロードを匈奴から保護するために，西方にも長城を延伸した。武帝の築いた長城は全体で1300キロメートルを超え，

▷1　⇨ V-5 「『春秋』」

▷2　昭王（しょうおう：在位前306-前251）戦国時代の秦の君主で，始皇帝の曾祖父に当たる。

▷3　『史記』匈奴伝など。この記述が「万里の長城」という呼称の由来である。ちなみに，現代の中国語では「長城」と言うのが一般的である。

これは中国史全体でも最長である。ただ，これも秦と同じく土製の高台が主であり，壁はあくまで補足的なものであった。

秦漢における長城の役割は，いずれも隣国や北方異民族の侵入を防ぐものであったが，歴史上，漢民族が長城を占有していたわけではない。それは，北魏を見ると明らかである。遊牧騎馬民族の鮮卑は北方から南下して北魏を建てたが，彼らもまた長城を修築している。北魏は，前時代の五胡の残存勢力と異民族の柔然とに南北を挟まれていたため，首都の平城を取り囲むような形で南北に長城を修築し，防衛に努めた。

このように，漢民族・異民族関係なく，自らの領地を守るために長城を利用していたが，すべての王朝が長城の修築に積極的であったということでもない。例えば，唐の**太宗**[4]は，前王朝の隋が異民族対策のために長城修築に努めておきながら，民を軽視していたことにより，わずか37年で滅亡したことを受け，長城修築の代わりに人材を派遣して防衛に当たらせた。また，シルクロードを経由した中央アジアとの交易が盛んだったことからも分かるように，唐は異国の人々や物を拒まず，長城によって異国を牽制しようとはしなかった。その後，宋や元なども長城の修築を行っていない。長城と国家防衛は，いつの時代も一体であったわけではなかったのである。

## ❸ 「線」となった長城

➊でも触れたが，万里の長城の「延々と伸びる高い壁」「れんが造り」というイメージは，明代に作られた**八達嶺長城**[5]などの特徴である。では，なぜ明代にこのような様式の長城が建設されるようになったのであろうか。

異民族国家である元を倒して建国された明は，建国後も北方を拠点とするタタールの侵攻を，砦などを主とする防衛拠点だけでは防ぎきれていなかった。そこで，**余子俊**[6]は，この従来の防衛方法を改め，これまで補助的だった壁を主体とした長城を新たに建設するよう提案した。彼によって，秦漢以降主流であった高台などを中心とする「点」の防衛から，高い壁を中心とする「線」の防衛へと変化したのである。その後，時を経て改良され，「垛口」（図1）などが施されるようになった。垛口とは，れんがを凹凸に積み上げて造られた壁のことで，そこに身を隠しながら敵に攻撃を仕掛けることができる。例えば，八達嶺長城の壁で垛口があるのは外側，つまり異民族側のみである。中国側にあたる内側は垛口のない平坦な壁であり，ここから当時の人々の異民族に対する防衛意識が強く感じられる。しかし，明代に「線」の防衛施設として修築を重ねてきた長城も，清の建国とともに利用されなくなってしまった。1987年，国防の歴史が凝縮された長城は世界遺産（文化遺産）に登録され，現在は観光地としての役割を担っている。

（六車　楓）

▷4　**太宗**（たいそう：在位626-649）
よく国を治め，その治世は「貞観の治」と称えられた。

▷5　**八達嶺長城**

中国北京市延慶区に位置する長城で，訪問可能な長城のうち，最も有名。この付近の長城は，高さ8.5メートル，厚さは底部が6.5メートル，頂部が5.7メートル。また，120メートルごとに墩台と呼ばれる見張り台が設けられている。

▷6　**余子俊**（よししゅん：1429-89）
延綏地域の巡撫（地方長官）。延綏地域は当時，タタール侵攻の被害にたびたび遭っていた。

図1　垛口

【参考文献】

阪倉篤秀『長城の中国史』講談社選書メチエ，2004年。
湯浅邦弘『中国の世界遺産を旅する』中公新書ラクレ，2018年。

## Ⅸ　史蹟に表れた思想

# 3　始皇帝陵と兵馬俑

## 1　地下に眠る始皇帝

　紀元前210年，巡行の途中に没した始皇帝は，現在の陝西省西安市臨潼区に造られた酈山陵に葬られた。これが今で言う始皇帝陵である（図1）。この始皇帝陵は方錐形の墳丘で，現存する部分は南北350メートル，東西345メートル，高さは，斜面に築かれているため計測地点によって43メートル～87メートルと大きな差がある。現在，大阪府堺市の仁徳天皇陵古墳（大仙古墳）とエジプト・ギザのクフ王ピラミッドとともに，世界三大墳墓と称される始皇帝陵は，始皇帝が眠る墳丘だけでなく，その周辺にある銅車馬（青銅製の馬車）や文官俑（裁判を司る高級官吏と思われる陶製人形）が埋められた坑などの併設施設を含めて考えなければならない。この施設全体を陵園と呼び，土を突き固めて作った二重の城壁で囲むという構成は，秦の都・咸陽の都市構造を彷彿とさせる。

　始皇帝陵が平面ではなく，斜面に造られた理由には，その地形が関係する。この地の北側には黄河最大の支流である渭水が流れ，南側には標高1302メートルの酈山がそびえ立っており，温泉が湧き出ていた。生前からここを避暑地としていた始皇帝は，即位してすぐこの地に自分の**寿陵**▶1を建設し始めた。寿陵は咸陽と仙界への入り口である**東門**▶2と同緯度で一直線に結ばれており，ここから，不老不死を願った始皇帝が，寿陵という地下世界にも精神の不滅を求めていたことがうかがえる。この寿陵に，始皇帝が二世皇帝によって埋葬され，これが始皇帝陵となった。地下水が豊富な酈山周辺の平地に陵墓を建設すると，水没してしまうが，斜面に造営して排水装置を設ければ，浸水の恐れもない。実際，始皇帝陵の地下四方には，地上の治水灌漑技術を応用した防水・排水渠が造られており，当時の人々が始皇帝の遺体を浸水被害から守り，永存させようとしていたことが分かる。

　始皇帝陵の内部は未発掘のため，詳細は不明である。しかし，『史記』秦始皇本紀によると，あらゆる川・黄河と長江・大海に見立てた水銀が機械仕掛けで地下を流れ，上には天文を，下には地理を描いたという。事実，墳丘周辺や中央の地表の土からは水銀が検出され，『史記』の記述は信憑性が高いことが証明された。2002年には，リモートセンシングと地球物理学という最先端技術を用い，発掘することなく始皇帝陵の内部構造が

▶1　**寿陵**
皇帝が生前に造っておく陵墓。実際の都市のような構造にし，墳丘の側にある寝殿で役人が仕えていたのは，始皇帝の遺体に宿る「魄」を世話するという意識があったためである。

▶2　**東門**
江蘇省の朐県（現在の連雲港市）に造られた二本の石の柱。秦帝国と自身の不滅を願う始皇帝は，東海に浮かぶ蓬萊・方丈・瀛洲の三神山に仙人が住んでいたという伝説を信じ，その仙界への入り口として東門を建てた。

図1　始皇帝陵

分析され，地下宮殿の空間は東西170メートル，南北145メートルの広さである
ことが判明した。この空間には一体何が，どれだけ埋められているのか，今後
の調査が待たれる。

## 2　兵馬俑：皇帝の護衛集団

　始皇帝陵に付随する施設のうち，最も有名なものが兵馬俑坑（へいばようこう）であろう。1974
年，始皇帝陵から東に1.5キロメートル離れたところで井戸を掘っていた農民
が，陶俑の破片と青銅器を発見し，兵馬俑解明へとつながった。その後の調査
により，合計で約8000体とも言われる兵馬俑が埋まっている一号坑・二号坑・
三号坑と，埋葬品のない未完成の四号坑があることが分かった。坑によって埋
められている兵種が異なり，一号坑は歩兵と戦車からなる長方形の軍陣，二号
坑は戦車・歩兵・騎兵などの混合部隊，三号坑は一・二号坑の兵馬を統率する
司令部とされている。このうち一号坑が最大で，東西230メートル，南北62
メートル，深さは4.5〜6メートルある。1987年には，始皇帝陵とともに世界遺
産（文化遺産）に登録された。

　一号坑の兵士は近衛集団で，全て東向きに並べられている（図2）。ここに
は恐らく，東側の国々から始皇帝陵を守る意識がある。身体は陶製で，その手
には矛などの武器を握っていたものもあるが，武器は木製のため，腐敗して現
在は見られない。兵士の顔や骨格，身長は一体一体異なり，きわめて写実的で
ある。[3]　兵馬俑は本来，鮮やかに彩色されており，色が残っている兵馬俑は二号
坑から8体発見されている。これらは陶胎に漆を塗った後，赤・青・緑・黄・
白・黒の顔料で彩色が施されていた。また，不備のあった際に責任を追及でき
るようにするためか，各俑の服の裾などには製造責任者の名前が一文字彫られ
ている。秦の厳格な法治主義は兵馬俑製作にも採用されていたのであろう。

　陶製や木製の俑の軍団を皇帝や王侯の墓に副葬することは，始皇帝陵から始
まったが，俑を副葬すること自体は，全国統一以前の秦から行われている。そ
の始まりは，君主の死に伴う家臣の殉死が戦国時代中期に禁止されたことにあ
る。有力な重臣を殺すことは国力の低下にも直結するとして，人間の代わりに
俑が用いられるようになったのである。また，戦国時代の斉や楚でも俑自体は
副葬されていた。ただ，それらは侍臣や侍女のような，主人の側に仕える者を
象（かたど）ったもので，兵士はわずかしかなかった。それらと比べると，写実性の高
い秦の兵馬俑は異質な印象を受けるが，その製作技法には戦国時代の各地の技
が活かされている。例えば，漆の上から彩色する方法は，楚で盛んに用いられ
ていたものである。なお，秦滅亡後，漢の皇帝陵・王侯墓でも引き続き俑の軍
団が陪葬坑に並べられたが，一体の大きさは実際の人間の三分の一ほどしかな
く，どれも細身で写実性も低い。秦の兵馬俑の規模や芸術性・写実性は，長い
歴史の中で異彩を放っている。　　　　　　　　　　　　　　　　（六車　楓）

**図2　兵馬俑坑一号坑**

▷3　兵馬俑の身長は個体
により異なるとはいえ，基
本的には180センチメート
ルを超えている。

**参考文献**

鶴間和幸『始皇帝陵と兵馬
俑』講談社学術文庫，2004
年。稲畑耕一郎・鶴間和幸
監修，小田部英勝編集『始
皇帝と彩色兵馬俑展』TBS
テレビ・博報堂，2006年。
湯浅邦弘『中国の世界遺産
を旅する』中公新書ラクレ，
2018年。

## Ⅸ　史蹟に表れた思想

# 4 泰山：中国の聖なる山

▷1　『博物志』
古代の山川や異物，伝聞などを集めた書。全10巻。著者の張華（232-300）は詩人で，作品を見た竹林の七賢の阮籍（210-263）が「王佐の才」と褒め称えるほどの才能の持ち主であり，博物学にも通じていた。

図1　泰山

図2　大汶口遺跡で発見された陶尊の図像
（『泰山封禅与祭祀』）
下から順番に，山，火（一説に雲），太陽が描かれている。これはまさに，泰山から太陽が昇る様子であり，大汶口の人々が泰山を何らかの信仰対象としていたことを物語っている。

▷2　⇨ Ⅴ-3 「『詩経』」

▷3　⇨ Ⅴ-6 「『論語』」

▷4　⇨ Ⅰ-7 「荘子」

▷5　⇨ Ⅰ-2 「孟子」

### 1 生命を司る山，泰山

　「泰山は天孫とも言い，つまり天帝の孫である。人の魂魄を召すことを司る。（泰山がある）東方は万物が始めて成る方角で，人の生命の長短を知る」。これは西晋・張華撰『博物志』の記述である。泰山は，現在の山東省泰安市泰山区にある，標高1545メートルの山（図1）。この山がなぜ人の生死を司る場所とされたのか。この思想は，古くから続く山岳信仰に由来する。

　自然に囲まれて生きてきた中国の人々にとって，山は身近な信仰対象であった。泰安市郊区にある新石器時代後期の大汶口遺跡では，大型の陶尊（陶製の酒器）が見つかっており，そこには泰山と思われる図像が描かれていた（図2）。文字で記録が残されるようになってからは，「泰山」のほか，「太山」「岱山」という名称で『詩経』や『論語』『荘子』などに見える。『孟子』によると，孔子は泰山に登ったことがあるという。泰山のある地域は，古くは魯や斉の国の領土で，魯出身の孔子には身近な山なのであった。また，例えば魯においては，君主のみが祭ることのできる山とされ，魯の政権を象徴し，政治色を帯びたものでもあった。

　さらに，高山は天と最も近い場所とされ，『山海経』によると，天と交信し，人々にその内容を伝える巫は，山頂で天意を伺っていた。そして，不死の薬をも手に入れ，それによって死者を再生させたとも言われている。泰山が人の生命を司ると考えられたのも，このような巫と山と不老長寿にまつわる古伝承の影響が大きい。このような信仰の対象となった山岳は，泰山を含めた次の五つ（まとめて五岳という）である。すなわち，東岳の泰山・南岳の衡山・中岳の嵩山・西岳の華山・北岳の恒山である。これらは五行説と結びついており，泰山が最重要視されたのは，東が日の昇る方角であり，万物を生成すると考えられていたからである。

### 2 天子が行う祭祀の場として

　時代が下ると，泰山は皇帝が封禅の儀を行う場としても神聖視されるようになる。封禅の儀とは，天から受命した王（天子）が自身の身を慎み，受命した証として祭壇を築いて，天地を祭る儀式のことである。細かく分けると，「封」とは，山頂に築いた祭壇で火を燃やして天を祭る儀式，「禅」とは，高山下の

小さな山を一部ならして祭場とし，地を祭る儀式である。秦の始皇帝（在位前221-前210）は秦統一後，各地を巡幸し，泰山に至って歴史上で初めて封禅の儀を行ったと伝えられている。その際，自らの徳を称える文章を刻んだ石碑（刻石）を泰山のふもとに建てた（泰山刻石）。当時は竹簡や木簡に文字が書かれていたが，それらは損傷・腐敗しやすく保存性には優れない。それに比べ，石は耐久性が高い。始皇帝が石に自らの功績を刻んだのは，その内容を永久に保存したいと願ったからであろう。ただし，儀式の詳細には謎が多い。その理由は，封禅の儀について記録した『史記』封禅書によると，始皇帝が儀式に用いたものをすべて密封し，秘蔵したからである。儀式で天に奏上する祝文を記した玉牒書（玉製簡冊）があったと記録に伝わっているが，その内容は秘匿にされた。

　この封禅の儀は，後世にも受け継がれていく。始皇帝の次に行ったのは，前漢の武帝（在位前141-前87）であり，泰山周辺を管理していた済北王から泰山とその付近の封邑を献上されたことを受け，泰山は天子の直轄領となった。その後，後漢の光武帝（在位25～57）や隋の文帝（在位581-604），唐の高宗（在位649-683）・玄宗（在位712-756），北宋の真宗（在位997-1022）なども封禅の儀を行ったが，明清代になると，従来のように皇帝自身が泰山に詣でるのではなく，重臣や道士などを派遣して泰山を祭る方式が採られるようになった。これを告祭と言い，清代最後の皇帝である宣統帝（溥儀：在位1908-12）を最後に行われなくなった。

## ❸　三教混在の地として

　泰山は1987年に世界遺産（複合遺産）に登録され，現在でも多くの人々が足を運んでいる。人々を魅了する理由は様々であろうが，道教・仏教・儒教の三教が混在していることもその一因ではないだろうか。

　まず道教関連では，殷代から天界を支配するものとして崇められ，宋代に最高神とされた玉皇大帝が泰山山頂の玉皇廟に祭られている。また，泰山ふもとの岱廟に祭られている**東岳泰山神**は男神であるが，山頂の碧霞祠に祭られている碧霞元君は女神である。碧霞元君は歴史的に，後嗣となる男児を多く産みたいと願う女性に信仰されてきた。さらに，斗母宮では道教で寿命を司るとされる女神の斗母元君が主神となっている。

　しかし，その斗母宮には千手観音像も合祀されており，道教と仏教が同一空間に存している。泰山に仏教の要素が見られるのは，仏教の地獄観と泰山の生死（特に死）を司るという伝説とが結びついたからである。このほか，孔子を祭る孔子廟もあり，道教・仏教・儒教の三教が同居する泰山は，今もなお人々を惹きつけてやまない。

（六車　楓）

▷6　「孔子東山に登りて魯を小とし，太山に登りて天下を小とす」（『孟子』尽心上篇）。

▷7　⇨ Ⅶ-4 「陰陽五行説」

▷8　東岳泰山神（とうがくたいざんしん）

▷9　⇨ Ⅸ-1 「孔子廟」

【参考文献】

澤田瑞穂・窪徳忠・石嘉福『中国の泰山』（世界の聖域：別冊①）講談社，1982年。湯浅邦弘『中国の世界遺産を旅する』中公新書ラクレ，2018年。E・シャバンヌ（菊地章太訳注）『泰山』東洋文庫，平凡社，2019年。

## IX　史蹟に表れた思想

# 5 敦煌莫高窟

▶1　⇨ⅨX-2「万里の長城」

**▶2　仏教伝来**
敦煌は外国の人々から仏教を受け入れる拠点であったが，同時に内地の人々が仏法を求める出発点でもあった。敦煌を通過してインドへ向かった中国の僧としては，東晋の法顕（生没年不詳）や唐の玄奘（602-664）が有名である。⇨XⅢ-1「インド仏教の伝来」

**▶3**　中国には，敦煌莫高窟・雲崗石窟（山西省大同市。北魏の曇曜が，文成帝［在位452-465］に進言し，北魏の歴代皇帝の冥福を祈り，功徳を称えるために築いた仏教石窟）・龍門石窟（河南省洛陽市。493年の洛陽遷都を機に，雲崗石窟を継承・発展させて築いた仏教石窟）のいわゆる三大石窟のほか，各地に石窟が点在している。その多くは僧侶が精神を落ち着かせて修行に集中できるよう，都市から離れた静かな山間部に作られている。

**図1　3，4層に重なる莫高窟**

## 1 敦煌の歴史

　砂漠のオアシス，敦煌。それは中国甘粛省の北西部に位置し，歴史的にシルクロードの要衝として栄えてきた都市である。新石器時代にはすでに，人々がこの地域で牧畜と採集を行って暮らし，殷周代には羌戎，戦国・秦代には月氏，そして漢代初めには匈奴と呼ばれる遊牧民族が敦煌一帯に居住した。敦煌を国家の一つの郡として認めたのは，前漢の武帝である。前129年には，将軍の衛青（？-前106）や霍去病（前140頃-前117）らを敦煌一帯の河西地方に派遣し，匈奴を侵攻，勝利を収めた。その後，前111年に敦煌郡を置き，以来，河西地方に開拓民を送ってオアシス都市を形成し，西域諸国と交易を行った。しかし，漢帝国が敦煌を手中に収めてもなお，匈奴の攻撃は止まなかったため，長城を敦煌まで延伸して都市を防衛した。

　住民構成は，内地から官僚などが送り込まれ，大部分は漢民族が占めていたが，中国の西端に位置することもあり，匈奴など，周辺の諸民族も集まった。また，西域との交流が盛んだったため，中央アジアのサマルカンドからソグド人が，西北インドのガンダーラ地方から大月氏が訪れ，国際都市として発展した。西域との交流は物品だけに留まらず，思想面でも大きな影響を及ぼした。中国への仏教伝来がそれである。仏教都市としても栄えた敦煌には，宗教施設として数多くの石窟が造営され，敦煌市東南の鳴沙山ふもとにある莫高窟は，その代表と言えよう。

## 2 莫高窟の特徴

　敦煌莫高窟は，五胡十六国時代の修行僧の楽僔が前涼時代（4世紀頃）に作ったとされる。この時代は敦煌を漢民族の張氏が支配した時代で，したがって莫高窟の仏像や壁画などの多くは，漢民族の伝統文化と仏教文化とが融合している。現存する敦煌莫高窟の全長は1600メートルで，崖面に約500の石窟が3，4層に重なっている（図1）。その特徴を細かく見ると，初期（北涼・北魏・西魏・北周）・中期（隋・唐）・後期（五代・宋・西夏・元）の三つに大別できる。

　まず初期の石窟には，インドのチャイティヤ窟を発展させ，中心柱を有する塔廟窟，底に向かって狭くなる中国の升をひっくり返したような天井が特徴の伏斗形方窟，主室の周りに僧侶が座禅するための小部屋を設けた禅定窟の

三種がある。塑像は，河西一帯に共通する木芯や石胎の彩色塑像で，西域の造像様式を吸収し，発展させたものである。壁画は，釈尊の誕生から入滅までを描く仏伝図などであり，この時期の後半には，中国の神話伝説・神仙説話の内容を取り込んだものも現れる。

　次に中期の石窟は，初期に流行した塔廟窟が減少し，中心柱のない祠堂窟が主流になる。また，東西交易によって手にした豊かな経済力を利用し，巨大な大像窟も建設された。塑像の大部分は敦煌北朝後期の様式を継承しつつ，中央様式も吸収している。特に初唐（618～712）・盛唐（712～781）期は，政治的に中央と結びつきが強まったため，長安や洛陽の雅な様式を反映するものが多い。壁画は，経典の内容を絵で表した変相図（経変）が流行し始める。この一因には，中原との関係が密接になり，内地で流行していた浄土思想が敦煌にも及んだことがある。

　最後に後期には，五代から宋代にかけて支配者の曹氏が大型の石窟を築いたほか，古い石窟の補修も行われた。特に規模の大きい石窟は，窟門から奥に続く甬道の長いことが特徴であるが，これは五代以降，莫高窟の崖面に新たな窟を造る場所がなくなったことに伴い，崖の表面ではなく奥に掘り進める必要が生じたからである。塑像は，晩唐（848～907）様式の名残があるものも存在するが，類型化が進んでおり，衰退の一途をたどっている。また，壁画も内容こそ唐代を継承した経変であったが，その描きぶりはどの窟も大差ない。これは，曹氏の時代に画院が置かれ，画風の統一が進んだことによると考えられる。このように，時代ごとに異なる仏教信仰の様相を示す敦煌莫高窟は，1987年，世界遺産（文化遺産）に登録された。

## ③ 敦煌遺書の発見

　仏像のほか，第16窟につながる隠し部屋の第17窟では，魏晋から宋代初期の古文書5万巻（いわゆる敦煌遺書）が発見された。一説では，1900年に道士（道教の僧）の王圓籙が見つけたという。この発見を受け，イギリスの探検家オーレル・スタイン（1862-1943）らが調査に訪れ，資料を持ち帰った。敦煌遺書のほとんどは仏典であったが，医学書や儒教関連文献，チベット語文献なども含まれている。これらの多くは宋代に木版印刷が発明される以前の写本であり，現存する版本の校勘や逸文の復元，および当時の文化や言語，宗教の実態解明に不可欠な資料と言える。一部の資料には筆写者の名前や年代が記されているが，その記述がない場合は，装丁を手がかりに写本の成立年代をおおよそ特定することができる。敦煌遺書は竹簡に先立つ新出土文献と言え，一連の研究は「敦煌学」という新たな学問領域となった。

（六車　楓）

▷4　ただ，この時期には特筆すべき特徴がないわけではなく，例えば元代に造られた第465窟には，チベット系の密教絵画が残っており，これは莫高窟唯一のチベット密教窟として貴重である。

▷5　⇨ Ⅻ-2 「木版印刷の発明」

▷6　敦煌遺書の多くは，紙が主流になった後漢以降，用いられてきた巻子装（巻物）であるが，他にも唐代末に生まれた経折装（折り本），宋代に木版印刷が隆盛した後，流行した蝴蝶装（片面に印刷した紙を内側に二つ折りにし，すべて重ねて折り目の部分を糊付けし，本の背とする装丁）に近い形のものなども含まれている。巻子装は時代を下るにつれて，糸で綴じる線装へと移行しており，ほぼすべての装丁方法を網羅する敦煌遺書を見渡すと，装丁が変化する様子をうかがうことができる。

▷7　⇨ Ⅻ-5 「新出土文献の発見」

（参考文献）
東山健吾『敦煌三大石窟』講談社選書メチエ，1996年。
樊錦詩・劉永増『敦煌石窟』文化出版局，2003年。
湯浅邦弘『中国の世界遺産を旅する』中公新書ラクレ，2018年。

## X　芸術と思想

# 1　馬王堆帛画と死生観

**図1　馬王堆漢墓**
（中国湖南省長沙市）

▷1　**恵帝**（けいてい：在位前195-前188）
前漢の第二代皇帝。姓名は劉盈。初代皇帝劉邦の嫡男。

▷2　**篆書・隷書**
中国古代の書体。篆書は秦以前の古い書体で，現在では，実印の篆刻などに残る。これを簡略化したのが，漢代の通用文字となった隷書である。

## ❶　発見された馬王堆漢墓

　1972年，中国湖南省長沙市の「馬王堆」と呼ばれる丘で前漢時代の古墓が発見された。74年にかけて大規模な発掘調査が行われ，確認された三つの墳墓は，それぞれ馬王堆漢墓1号墓・2号墓・3号墓と命名された（図1）。葬られていたのは，前漢第二代皇帝**恵帝**の時，長沙国に軟侯として封ぜられた利蒼，およびその妻と子。妻の遺体（ミイラ）は生前のままの状態で保存されていて，肌には弾力があった。『史記』によると，李蒼が亡くなったのは紀元前186年である。

　この馬王堆漢墓が20世紀を代表する大発見として注目されたのは，墓内に大量かつ多様な副葬品が残されていたからである。漆器・織物・楽器・武器・食品・薬草・印章・竹簡・帛書・帛画など，当時の生活を彷彿とさせる資料群で，総点数は約3000点にのぼる。1号墓・2号墓は調査の後に埋め戻され，現在は，3号墓の上に屋根を付けて内部を公開し，また出土した副葬品は長沙市内の湖南省博物館で展示している。

　これらの資料のうち，中国思想に直接関わるのは帛（絹）に記された文献（帛書）である。当時はまだ良質な紙は発明されておらず，文字は竹簡・木簡・帛などに記されていた。確認された帛書は，戦国時代から漢代初期までの中国思想史に関する貴重な文献で，これまでまったく知られていなかったものも含まれていた。文字は，当時の書体である**篆書**や**隷書**で記されており，総字数は約12万字にものぼる。

　思想史研究の上で特に注目されたのは，『老子』や『周易』など，これまで伝わっていた文献の古代写本である。このほか古代の歴史書，占い関係書，医学関係書，地図などもあり，古代の図書館がそのままよみがえったかのようであった。

　さらに注目されたのは，帛画が含まれていたことである。

## ❷　帛画に現れた死生観

　竹簡・木簡の時代には，幅の狭い書写材料の制約から，図表を記したり，絵を描いたりするのは難しかった。しかし，帛や紙では，こうした制約がなくなった。馬王堆漢墓の副葬品として，1号墓と3号墓から出土した帛画がある

（図2）。いずれも棺を覆うように掛けられていた。長さは2メートルを超え，形は同じで，袖の部分と胴の部分がT字型を構成している。上の縁に竹の棒が通されていて，裾の下端には房が付けられていたことから，葬送儀礼に使われた旗の一種であろうと推測されている。

絵は当時の鉱物性顔料であざやかに彩色されており，上部は天上界，中央部は現世，下部は地下界を表す。天上界の中央には，上半身が人間で下半身が蛇の神人が座り，その向かって右には，中に黒い鳥のいる赤い太陽，左には三日月とヒキガエルが描かれている。1号墓の帛画では三日月の下の龍のそばに女性が，また3号墓の帛画には男性が描かれており，これはそれぞれの被葬者が天界に飛翔した姿であろうと推測されている。その下には二人の役人が向かい合っており，ここが天上界と現世との境界である。その下の龍に挟まれた人物は，この墓の被葬者で，これから天界に向けて出発する様を描いている。その宴席に描かれている器物は馬王堆漢墓の副葬品とも対応している。その下の魚が描かれているところが地下世界である。

こうした構図から，この帛画は被葬者が仙人となって天上界にのぼっていく「昇仙図」と呼ばれている。

全体として宗教的雰囲気が濃厚で，この馬王堆漢墓が発見された南方の「楚」地域（現在の湖南省）の観念を反映した画であると考えられている。また，同じく南方の淮南王の劉安によって編纂された『淮南子』に記される神話世界との類似点も指摘されている。

**図2　馬王堆漢墓帛画**
（『馬王堆漢墓研究』湖南省博物館，1981年）

▶ 3　⇨ II-2「『淮南子』」

## ③ 儒教と道教の死生観

この帛画からも明らかなように，古代中国では，死者の霊魂は不滅であると考えられていた。生きている時は肉体と精神が一体になっているが，死によって分離し，霊魂は天にのぼると考えられていたのである。そこで，身分が高く経済力もある人は，巨大な墓を作って遺体を保存し，霊魂が復帰できるようにしたのである。多くの副葬品を埋葬するのも，死後の世界で不便がないようにとの配慮である。これは，古代エジプトにおいて王の遺体がピラミッドの中に副葬品とともに丁重に埋葬されたのと類似する。

ただし，儒教では，孔子が「未だ生を知らず，焉んぞ死を知らんや」（『論語』先進篇）——まだ生のこともよく理解していないのに，どうして死のことが分かろうか——と死後の世界についてはあまり詳しく説かなかった。儒教の最大の目的は，現実世界をいかに生きるかにあったからである。

これに対して民間信仰や道教では，「不老不死」を究極の目的とし，肉体が死んでも，修練や薬物によって魂を昇天させることができると考えた。こうした観念が，馬王堆漢墓帛画に見られるような「昇仙図」となったのである。

（湯浅邦弘）

**参考文献**

曽布川寛『崑崙山への昇仙』中公新書，1981年。

## X　芸術と思想

## 画像石と古代の文化

### 1　石に刻む文化

　今から数百年前，数千年前の中国の思想が今に伝わっているのは，それを記した文献が残っているからである。つまり，思想は文字情報として記録され，伝えられてきた。はじめは，亀の甲羅や牛の肩甲骨に刻まれた「甲骨文字」として，また，青銅器に鋳込まれた「金文」として。やがて竹簡・木簡・帛などに大量の文字が記されるようになり，良質な紙の発明によって文字文化は定着した。さらには，今から1000年ほど前に木版印刷技術が発明されたことにより，それまで手書き写本として伝わっていた文献が，大量に印刷され，広く伝播していくようになった。中国は早熟な文字文化の国である。

　ただもう一つ，古代の思想を雄弁に語る資料がある。それが画像石である。画像石とは，壁のような平たい大きな石に絵や文字を刻んだものであるが，特に，後漢時代以降，地下の墓室の壁画として大量に残されるようになった。後世の劣化や破壊によって画像石そのものは失われてしまうこともあるが，それを写し取った拓本▷1によって残される場合が多い。

　最も有名なのは，中国山東省清寧市嘉祥県にある武氏祠の石刻である。武氏はもともと古代殷王朝の末裔とされ，後漢時代の地方豪族であった。その武氏を祭る祠が造営されたのは，後漢時代末期，おおよそ2世紀頃と推定されている。もとは墓の地下石室の壁に刻まれていたが，後に川の氾濫によって埋没してしまった。それを後世の人が発掘して改めて祠堂を建設し，現在は，旧武氏祠跡に建てられた武氏墓群石刻博物館が資料を展示している。

　墓室の壁に画像石を備え付けたのは，あの世における永遠を願ったものであろう。竹簡や紙は書写材料として優れていて携帯にも便利であるが，一方，耐久性という点で懸念があり，また火や水にも弱い。これに対して石は，ほぼ永久に絵や文字を残し伝えることができる。秦の始皇帝が中国統一を果たした後，全国を巡遊して各地に石碑を残したのも，そうした意識からであろう。

　こうした石刻資料は，文字情報だけでは充分に分からなかった当時の風俗・習慣・伝承・信仰などを視覚的に明らかにしてくれる。

### 2　再現される古代の生活と文化

　画像石から読み取れるのは，当時の人物，家屋，娯楽，産業，戦争など多彩

▷1　拓本
石碑や画像石に紙を押し当て，上から墨を含ませたタンポでたたいて文字や絵を写し取ること。また転写した紙のこと。画像石は完全な形で残っているものは少ないので，この拓本が貴重な資料となる。

▷2　⇨ II-2 「『淮南子』」

**図1　宗布画像石**
（中国河南省）
（『中国画像石全集6』河南美術出版社・山東美術出版社，2000年）

な内容である。また，神話伝説，故事，信仰に関わるものも多い。

　例えば，「宗布」という武人の画像石は，漢代の『淮南子』に記された次のような伝承に基づいている。古代の堯の時，一度に十個の太陽が現れ，人々は旱魃と害獣に苦しんでいた。そこで堯は弓の名人羿に命じて九つの太陽を射落とさせた。『淮南子』によると，天下の害を除いたこの羿が後に「宗布」と呼ばれて祀られたという。その画像石に描かれる宗布は，口に矢をくわえ，弩の弦を両足で力強く引いている（図1）。弩は機械仕掛けの大型の弓である。これが画像石の題材になったのは，一種の魔除けの意味合いもある。

　また，伏羲，女媧，西王母なども題材とされる。伏羲と女媧は，人身蛇尾（体が人間で尾が蛇）の神で，尾を絡ませた姿で描かれる（図2）。このうち伏羲は，八卦と文字を作り，人間に農業や漁業を教えたとされる。これと対にされる女神の女媧は天を支える柱が壊れた時，それを修復したとされる。いずれも人間世界を創造した神である。西王母は西の彼方の崑崙山に住むとされる仙女で，その庭には，食すと不老不死となる桃の木が生えていたという。

　戦国時代の故事として有名なのは，荊軻の画像石である。荊軻は秦王（始皇帝）を暗殺するため燕から送り込まれた刺客であった。『史記』によれば，荊軻は，秦の亡命将軍樊於期の首と燕の地図を手土産に秦の都咸陽に入った。秦王にお目通しを許されたが，あと一歩のところで暗殺は失敗する。背後から抱き留められているのが荊軻で，中央の柱に荊軻の投げつけた短剣が刺さっていて，その向こうに逃げまわる秦王が描かれる（図3）。緊迫した場面を刻んでいる。

　思想家としては，孔子や老子，親孝行で知られる曾子などが描かれた。特に『史記』に記される孔子と老子の会見は画題になることが多い。かつて孔子は周の都に遊学し，そこで老子から礼を学んだという。今に伝わる思想家の顔や姿は，ほとんどが後の木版印刷の時代に想像で描かれたものであり，もちろん実写ではない。画像石では，顔の表情までは分からないが，当時の人々が抱いていたイメージや理想を読み取ることができる。

## ③　文字情報を補うもの

　また，画像石に類するものとして，画像磚や瓦当がある。画像磚はレンガに絵や文字を刻んで焼いたものである。画像石と同じく，墓の前の祠堂や墓室内に備え付けられた。元になる粘土にこまかな彫刻をすることができるため，美しい幾何学模様が描かれることもあった。瓦当は軒先瓦の丸い部分に文様や文字を刻んだもので，建築物を災禍から守る意味合いもあった。

　これまでの思想史研究は，文献主体で進められてきたが，これらの画像資料も有効に活用することが必要である。　（湯浅邦弘）

図2　西王母（中央），伏羲，女媧画像石
（中国山東省）
（『中国画像石全集2』河南美術出版社・山東美術出版社，2000年）

▶3　崑崙山
中国の西の彼方にあるとされた伝説上の山。黄河の源流で美しい玉を産出し，中国の地下に流れる龍脈（大地の気の流れ）の源であると考えられていた。

### 参考文献
林巳奈夫『石に刻まれた世界』東方書店，1992年。宇佐美文理『中国絵画入門』岩波新書，2014年。

図3　荊軻
（中国山東省武氏祠画像石）
（『中国画像石全集1』河南美術出版社・山東美術出版社，2000年）

# X　芸術と思想

 印　章

## 1 印章の歴史と役割

　デジタルの時代となって文書決裁も電子化が進み，はんこ（印章）は肩身が狭くなりつつある。

　しかし，数千年に及ぶ印章の文化は，確たる意義があったから今日まで続いてきているのである。紀元前の古代メソポタミアでは，古代神話を描いたスタンプ印章があり，英雄や動物の図柄を円筒印章に描いた。丸い筒を転がして押印すると，横に長い物語が描かれるという仕掛けである。

　古代中国においても印章の文化は早くから花開いていた。すでに2000年以上前に，墨，筆，印などは発明されており，印も，官吏の所属や身分を表す「官印」として発達した。役人が常に官印を身につけることを「佩印」と称した。「佩」は帯びる意。また公文書や荷物の搬送の際の証拠，いわゆる証明印や割り符としての役割も担った。紙が発明される以前，文字は**竹簡・木簡**に記されたが，そうした文書や荷物を役所間で送達する場合，まず，ひもでしばり，その結び目を粘土で封じ，その粘土が柔らかいうちに押印した。これを封泥という。受信先は，その封泥の印面を見て，先方からの郵送物であることを確認したのである。封泥が欠損していれば，送達途中の事故，例えば誰かが開封してしまった，などを意味する。印は，中国の官僚制度の中できわめて重要な意味を持っていた。

　印章は，その印面に墨や朱を塗りつけて押すと何度でも同じ文字や模様が再現できる。後の拓本や木版印刷の原理をすでに先取りするものであった。早熟な文字の国である中国で，印章が古くから発達したのは当然でもあった。

## 2 印章文化の展開

　やがて，この印章は官印から私印へ，実用から芸術へと装いを新たにしていく。石，木，陶器など，様々な印材が試みられ，その紐の造形美が追求された。紐とは，印の柄，つまみの部分である。印面に刻まれる文字についても，もとは偽造されないよう古い字体の**篆書**が使用され，この文字によって刻むことを篆刻と言ったが，後には多様な装飾的文字が使われるようになった。

　特に，宋の時代，印章の文化は大きく展開した。紙の印刷技術の普及により，出版文化が花開いたのと同じように，印章も書画芸術に付随する形で発達を遂

▷1　竹簡・木簡
紙が発明される前の主要な書写材料。孔子・孟子など諸子百家の時代には，主にこれが使用された。竹簡は竹を細く加工し，「冊」として連ねることができるため，長い文書を記すことができた。一方，木簡は，耐久性が高いため，一枚物の名札，帳簿，名刺などとして活用された。紙が発明されると，竹簡はその役割を終えて淘汰されるが，木簡はその特性から併用され，日本にも伝えられた。

▷2　⇨ X-2 「画像石と古代の文化」

▷3　⇨ XII-2 「木版印刷の発明」

▷4　篆書
隷書や楷書のもとになった古代の文字。大篆・小篆の別があり，大篆は周の太史籀，小篆は秦の宰相の李斯が作ったとされる。現在の印でも，偽造防止の観点から，実印などは篆書で刻むことが多い。

げたのである。これには，宋代に，金石学という新たな学問が発達したことも関わっている。青銅器や石碑に刻まれた古代の文字を研究する金石学の発達により，古代文字に注目が集まって，古代の印を広く収集しようという動きが起こったのである。

　また，押された印は印譜として集成され，鑑賞が重んじられるようになった。中国最初の印譜は，宋の皇帝徽宗の時の『宣和印譜』であるとされているが，残念ながら，これは今に伝わっていない。伝存最古のものとしては，明の顧従徳の『集古印譜』（1572年）がある。ただこれも原本は現存せず，その複製本が伝わるのみである。

　私印が普及するのは明代に入ってからであり，著名な篆刻家が現れて，私印の妙を競った。官印には，官職名や氏名が刻まれていたが，私印には，文人の号や字，古典から取った名言などが刻まれた。好きな言葉を自由に刻むという意味から，こうした印は「遊印」と呼ばれた。中でも，吉祥を願う語句を刻む印を「吉語印」といい，めでたいものとして重宝された。

## ③　小宇宙の中の思想

　そうした「遊印」「吉語印」に象徴されるように，印章は，わずか数センチ角の小宇宙の中に，大きな思想を表明することができる。例えば，吉語印としてよく見られる「延寿」「千秋万歳」「長楽富貴」などは人類共通の願いを端的に表すものであろう。

　また，文人の印で最も多く見られるのは蔵書印である。本の所有者が代わると蔵書印が追加で押され，それをたどると書籍の来歴を知ることができる。この他，書画に押印される落款や関防印も重要である。落款とは，「落成款識」の略で，書画が完成したことを示すために，その作品の末尾（向かって左下）に押印するものである。作品の制作者の名号，制作年月日などのほか，その作品にちなむ詩文の言葉などがこれにあたる。一方，関防印は，落款とは対照的な位置，つまり作品の右肩に押される長方形の印で，偽作を防ぐというのが元来の意味である。これらも，単なる実用を越えて，その文人が作品に込めた思いを託したものである。

　こうした印の文化は，書籍の伝来とともに中国から日本にも入り，普及していった。多く見られるのは方形の陽刻の印である。陽刻とは，凸状に文字を刻んだ印で，押印すると文字が朱で示されることから朱文とも言われる。この逆が，文字を凹状で刻んだ陰刻で，押印すると文字が白抜きになることから白文とも言う。

　デジタル化によって文書決裁を簡易化するのはよいが，印章の文化とそこに込められた思いまでをも忘れ去ってはならない。　　　　　　　（湯浅邦弘）

▷5　徽宗（きそう：在位1100-26）
北宋の第八代皇帝。政治的能力はとぼしかったが，書画の才能には優れ，北宋第一の芸術家と評される。

▷6　中国の印文化は日本にも伝わった。以下の印は，江戸時代の大阪学問所「懐徳堂」で使用されていた印。上は陽刻の「大阪府學教授」で，下は陰刻の「積善之印」。「積善」とは，懐徳堂第四代教授中井竹山の名である。いずれも大阪大学懐徳堂文庫所蔵。

（参考文献）
湯浅邦弘『墨の道 印の宇宙』大阪大学出版会，2008年。沙孟海（中野遵・北川博邦訳）『篆刻の歴史と発展』東京堂出版，1988年。

## X 芸術と思想

# 横山大観《屈原》

▷1 **横山大観**（よこやま
たいかん：1868-1958）

現在の茨城県水戸市に生ま
れ，明治22年（1889）に東
京美術学校（現在の東京藝
術大学）の第一期生として
入学。同校で岡倉天心の薫
陶を受け，卒業したのち母
校で教鞭を執った。天心の
失脚に伴って職を辞したの
ち，明治31年（1898）に下
村観山，菱田春草らと新
しい美術団体として日本美
術院を創立。東京画壇の実
力者として近代日本の美術
界を牽引した。昭和12年
（1937），第一回文化勲章を
受章。昭和33年（1958）没。
享年89歳。

▷2 《屈原》は日本美術
院の旗揚げ展となった第五
回日本絵画協会第一回日本
美術院連合絵画共進会に出
品された。現在は厳島神社
に所蔵されている。

## ① 概要：主題と制作動機について

　明治31年（1898）の**横山大観**作《**屈原**》は，近代日本画を代表する屈指の名
作である。本作は絹本著色による縦132.7×横289.7センチメートルの大画面
に，中国最初の伝説的詩人として名高い屈原（前343？-277？）が描かれる。戦
国時代の楚で国政に携わった屈原は，讒言を信じた楚王により国を追われ，諸
国を放浪ののち，祖国の首都陥落の報せを受けて汨羅江に身を投じた。実在に
関しても諸説あるが，『楚辞』に収められた「離騒」や「九歌」は屈原の代表
作として知られている。画中で屈原は，広漠とした風景の中，黒々とした髪や
長い鬚をなびかせながら，ひとり風を受けて佇んでいる。

　本作については，発表から少し前の明治31年（1898）3月に起こった岡倉天
心をめぐる東京美術学校騒動（美術学校騒動あるいは美校騒動）が，制作動機の
一つとして位置づけられ，大観自身が後に振り返って「あの頃の岡倉先生が，
ちょうど屈原と同じような境遇にあったのではないかと思い，あの画題を選ん
だ」と語っている。美校騒動とは，東京美術学校校長を務めた天心を誹謗する
怪文書が流され，天心が帝国博物館美術部長および同校校長の職を追われた事
件である。それに伴って教授や助教授らが連袂辞職しているが，大観もその
中の一人であった。

## ② 典拠「山鬼」を読む

　この天心の不遇を，大観は屈原に仮託した。そこで彼は，屈原イメージの典
拠として当時一般的であった『楚辞』「漁夫」ではなく，『楚辞』「九歌」のう
ち「山鬼」を採用する。「漁夫」中の「衆人皆酔へるに我独り醒めたり」とい
う一節から，従来屈原は高潔な人格者とされたが，大観は怒りを見せる俗人と
して描き出した。

　大観が採用した「山鬼」については，女の精霊が待ち人に対する嘆きを歌っ
たものと解釈されることも多く，主人公の恨みや憂いがうかがえる。作品の描
写に直接的に関係していると見られる一部を次に紹介する。

　これを読むと，いわれのない謗りを受けた天心の当時置かれた境遇がさまざ
まに想像される。

表独立兮山之上　　表く独り山の上に立てば

雲容々兮而在下　　雲容々として下に在り

杳冥々兮羌昼晦　　杳冥々として羌昼も晦し

東風飄兮神霊雨　　東風飄りて神霊雨らす

留霊修兮憺忘帰　　霊修を留めて憺として帰るを忘れしめん

歳既晏兮孰華予　　歳既に晏るれば孰れか予を華やかにせん

采三秀兮於山間　　三秀を山間に采らんとすれば

石磊磊兮葛蔓蔓　　石磊磊として葛蔓蔓たり

怨公子兮悵忘帰　　公子を怨みて悵として帰るを忘れ

君思我兮不得閑　　君我を思ひて閑を得ざるならん

山中人兮芳杜若　　山中の人は杜若芳しく

飲石泉兮蔭松柏　　石泉を飲んで松柏に蔭はる

君思我兮然疑作　　君我を思ひて然疑作りしならん

靁填填兮雨冥冥　　靁填填として雨冥冥たり

猿啾啾兮又夜鳴　　猿啾啾として又夜鳴く

風颯颯兮木蕭蕭　　風颯颯として木蕭蕭たり

思公子兮徒離憂　　公子を思へば徒らに憂ひに離るのみ

▷3　屈原が『楚辞』の作者であるか否かについては議論があるが，『楚辞』「九歌」は，おそらく屈原のものと考えられる。岡村繁「楚辞と屈原——ヒーローと作者の分離について」『日本中国学会報』第18号，1966年，矢田尚子『楚辞「離騒」を読む——悲劇の忠臣・屈原の人物像をめぐって』東北大学出版会，2018年などに詳しくまとめられている。

▷4　横山大観『大観画談』大日本雄弁会講談社，1951年。

▷5　「新作説明　屈原（横山大観氏筆）」『日本美術』第1号，1898年10月。

山の上に一人立てば，湧き出た雲が眼下を覆う。どんよりと昼なお薄暗く，東風が飄って，神霊が雨を降らせている。あなた様をここに引き止めて，安寧のうちに帰るのを忘れさせたい。すでに歳をとってしまっては，誰が私を華やがせてくれるというのですか。年に三度花咲く霊草を山間にとろうとすれば，辺りは石がごろごろとして蔓がはびこっています。あなた様をうらみに思い，失意のうちに帰るのを忘れてしまいます。あなたは私を思っていながら，会いに来る暇がないだけなのでしょうか。山中の人は杜若のように芳しく，石泉を飲み松柏に囲まれて暮らしているといいます。あなたは私を思っていながら，疑いの心が出てきたのでしょうか。雷がゴロゴロ鳴り響き，ざあざあ降りの雨は辺りを暗くし，一匹の猿が悲しげに夜小さく泣く。風がびゅうと吹き抜け，木々はざわざわと音を立てる。あなた様を思うと，私の心はいたずらに憂いにとらわれるばかりです。

## 3　作品解釈と当時の評価

作品に目を向けると，昼にもかかわらず辺りが暗く，下方に雲が湧き，風が吹き荒れて木々を揺らす情景描写は，典拠の記述に忠実であると分かる。蔓草の絡まった木々が風に翻弄される様子は，屈原すなわち天心自身の心象風景とも言えるだろう。

また，屈原の後方に描かれる特徴的な目つきをした二羽の鳥は，黒鳥が鴆で，

もう一方の小鳥はツツドリとみられる。これらのモチーフも「離騒」の一節，「吾鴆をして媒を為さしむるに，鴆余に告ぐるに好からざるを以てす。雄鳩の鳴き逝くすら，余猶其の佻巧を悪む。」に基づいたものと思われ，ここで，毒鳥である鴆は讒佞の人，ツツドリはそれに同調する小心者を象徴したと解釈できる。鴆は草むらの中に身を隠すように配され，ツツドリは屈原の背後から襲いかかろうとしているようにも見え，主人公の身に迫る危機を予感させる。

　屈原は身の潔白を主張するかのように，右手には高士の象徴とされた蘭を携える。しかし，その表情には高士らしからぬ怒りが溢れ出ており，切れ長の目は吊り上がって，睨みつけるように前方を見据えている。こうした画中の人物が感情を露わにする当時「エクスプレッション」とも称された面貌表現は，西洋の歴史画に倣った臨場感あふれる新しい手法として当時注目された。

　斬新な屈原像は発表当時も議論の的となり，「想を未踏の地に著けて，之れを行るに揮筆の大胆を以てするは，大観子の特色にあらずや。[6]（意訳：前人未踏の着想を生み出し，これを揮筆の大胆さでやってのけるのは，いかにも大観君の特色ではないか。）」と評されている。大観は，身近な事件をきっかけに創作意欲を燃やし，新しい古典解釈と人物表現を採り入れながら，無実の人である屈原を反骨精神にあふれた激情的な人物として描き出した。その大胆な着想が日本美術史上に画期をもたらしたと言えるだろう。

（藤本真名美）

▶6　番狂生［綱島梁川］「大観氏の「屈原」を評す」『読売新聞』1898年11月7日。

**参考文献**

塩谷純「《屈原》拾遺」東京国立博物館・朝日新聞社編『横山大観　その心と芸術』図録，朝日新聞社，2002年。植田彩芳子「二　横山大観《屈原》とエクスプレッション」『明治絵画と理想主義』吉川弘文館，2014年。

横山大観《屈原》
明治31年（1898）　絹本著色　132.7×289.7cm　嚴島神社蔵

# 橋本関雪《木蘭》

 **概要：主題について**

　**橋本関雪**[▷1]は，近代を代表する日本画家の一人である。神戸で儒者・漢詩人として名を馳せた父**海関**[▷2]のもとに生まれた関雪は，幼時から父のそばで来舶清人らの交遊を目にし，自身も漢詩文をはじめとする中国の文物に親しみながら育った[▷3]。

　たぐいまれな環境で培われた中国文化に対する素養は，関雪の作画に生かされている。中でも，関雪の代表作の一つとして知られる大正7年（1918）作の《木蘭》[▷4]は，陳の釈智匠『古今楽録』に収められた「木蘭詩」（あるいは「木蘭辞」）を典拠とし，年老いた父に代わって，若い娘が男装して自ら戦地へ赴き武功をあげるという主題の一場面が描かれる。その元は北魏の騎馬民族による馬上軍歌であったとされる。現代ではディズニー映画「ムーラン」などで知られているが，当時の日本でも書籍，演劇，映画等で紹介され，人口に膾炙していた物語である。

　《木蘭》は絹本著色による各190.0×376.2センチメートルの六曲一双屏風で，左隻には木の根元に腰掛ける男装の麗人木蘭と，右隻には仲間と見られる馬上の男性が描かれる。戦の合間の休息だろうか。木蘭は傍らに兜を置き，物思いに耽るかのように目を伏せ，口元には穏やかな笑みを浮かべている。

**2** **典拠「木蘭詩」を読む**

　さて，ここで「木蘭詩」前半部分を見てみよう。

| | | |
|---|---|---|
| 唧唧復唧唧 | 木蘭當戸織 | 唧唧また唧唧　木蘭戸に当りて織る |
| 不聞機杼聲 | 唯聞女歎息 | 聞かず機杼の声　唯だ聞く女の歎息 |
| 問女何所思 | 問女何所憶 | 女に問ふ何の思ふ所ぞ　女に問ふ何の憶ふ所ぞ |
| 女亦無所思 | 女亦無所憶 | 女また思ふ所無し　女また憶ふ所無し |
| 昨夜見軍帖 | 可汗大鮎兵 | 昨夜軍帖を見るに　可汗大いに兵を鮎ず |
| 軍書十二巻 | 卷卷有爺名 | 軍書十二巻　巻巻に爺名有り |
| 阿爺無大兒 | 木蘭無長兄 | 阿爺大兒無く　木蘭長兄無し |
| 願爲市鞍馬 | 從此替爺征 | 願はくは為に鞍馬を市ひ　此に従ひて爺征 |

▷1　**橋本関雪**（はしもとかんせつ：1883-1945）

現在の兵庫県神戸市に生まれ，明治36年（1903）に京都で日本画家の竹内栖鳳による画塾竹杖会に入門。文部省美術展覧会（文展）や帝国美術院展覧会（帝展）などで受賞を重ね，帝展では審査員も務めた。中国へはたびたび旅行しており，呉昌碩，銭瘦鉄，といった中国の文人らとも交遊しながら造詣を深めていった。昭和20年（1945）没。享年61歳。

▷2　**橋本海関**（はしもとかいかん：1852-1935）

旧明石藩松平家の儒者を務め，廃藩後は兵庫県師範学校や神戸中学校等の教諭となった。自宅に塾を開き，漢学漢詩の指導にあたり，弟子は各地に及んでいる。海関のもとには，康有為（⇨ Ⅲ-7 ），鄭孝胥といった中国の政治家や学者らをはじめとする外国人が出入りしたという。

▷3　関雪と中国文化をめぐる考察については，稲賀繁美「表現主義と気韻生動——北清事変から大正末年に至る橋本関雪の軌跡と京都支那学の周辺」『日本研究』第51号，2015年3月に詳しい。

▷4　《木蘭》によって，関雪は第12回文展で特選を受賞し，永久無鑑査の資格を得た。同作は現在，関雪の邸宅白沙村荘内の美術館に所蔵されている。

▷5　《木蘭詩》（京都国立近代美術館蔵）と《木蘭詩巻》（ボストン美術館蔵）の二点。なお，これらはそれぞれ五つの画面で構成されており，いずれにも《木蘭》と同じ「木蘭の休息する場面」を見ることができる。各作品によって場面選択は少々異なるが，前半に「木蘭が父の身を案じる場面」，「兵士たちと戦場へ赴く場面」，「家の中で父や妹が木蘭の帰りを待つ場面」があり，それから《木蘭》と同じ「木蘭の休息する場面」が描かれ，その後に「木蘭が帰郷前に化粧をする場面」，「雌雄の兎が野山を駆ける場面」へと展開する。

▷6　南画
中国絵画に影響を受けて江戸時代に成立した，主に山水や花鳥を描く絵画。中国の高級官僚が余技に手がけた文人画や，中国江南地方の温暖な風景を柔らかな筆づかいでとらえた南宗画を起源とし，江戸中期以後人気を博した。

に替へん

| | |
|---|---|
| 東市買駿馬　西市買鞍韉 | 東市に駿馬を買ひ　西市に鞍韉を買ふ |
| 南市買轡頭　北市買長鞭 | 南市に轡頭を買ひ　北市に長鞭を買ふ |
| 旦辞爺嬢去　暮宿黄河邊 | 旦に爺嬢を辞して去り　暮黄河の辺に宿す |
| 不聞爺嬢喚女聲 | 聞かず爺嬢女を喚ぶ声 |
| 但聞黄河流水鳴濺濺 | 但だ聞く黄河の流水濺濺と鳴くを |
| 旦辞黄河去　暮至黒山頭 | 且黄河を辞して去り　暮に黒山の頭に至る |
| 不聞爺嬢喚女聲 | 聞かず爺嬢女を喚ぶ声 |
| 但聞燕山胡騎鳴啾啾 | 但だ聞く燕山の胡騎啾啾と鳴くを |

　パタンパタン，パタン——木蘭は窓口に向かって機を織る。機の音が途絶え，彼女の嘆息だけが聞こえてきた。「木蘭よ，何に思いを馳せているのだ，何を思い出しているのだ。」彼女は思い馳せているのでも，思い出しているのでもなかった。「昨晩，軍の徴兵名簿を見ると，皇帝がたくさんの兵を集めるということでした。十二巻の徴兵名簿の，どの巻にも父の名があったのです。」彼女の父には大きな息子がおらず，木蘭に兄はいない。「私が鞍と馬を買って，父の替わりに出征します。」東の市場で駿馬を，西の市場で鞍と鞍敷を買った。南の市場で轡を，北の市場で鞭を買った。夜明け，彼女は父母に別れを告げ，日暮れには黄河のほとりで宿を得た。両親が娘を呼ぶ声はもう聞こえない。聞こえるのは，黄河に滔々とそそぐ水の音のみ。夜明けに黄河を発ち，日暮れに黒山の麓に着いた。両親が娘を呼ぶ声はもはや聞こえない。聞こえるのは，燕山で軍馬のひひんと鳴く寂しい声のみ。

### ③ 作品解釈

　関雪はこの物語を気に入っていたようで，大正9年（1920）にも少なくとも二点，「木蘭詩」を主題にした作品を手がけている。これらの作例で描かれた木蘭が休息を取る場面は「木蘭詩」の中に具体的な記述が見出せないが，彼女が帰郷するまでの行間を想像したものだろう。また，この図様は，江戸時代の南画家中林竹渓が中国宋代の絵画を模写したという《木蘭従軍図》の構図をほぼそのまま踏襲している。竹渓の模写画では，木蘭は目を開き仲間の方を向いていることから，《木蘭》での目を伏せた木蘭の面貌表現は，関雪の翻案によるものと考えられる。「木蘭詩」では，②で紹介したように，両親が娘を呼ぶ声がしばしば強調されている。目を伏せる木蘭の表情は，遠く離れた両親の声に耳を澄まそうとしているようにも見え，彼女の家族への想いを観る者へ想起させる役割を果たしていると言えるだろう。同時に，目を伏せて微笑む女

性像は，レオナルド・ダ・ヴィンチ《岩窟の聖母》などをはじめとする聖母（マドンナ）もイメージさせ，木蘭に作者が理想とする女性像が重ね合わせられていると考えられる。

　木蘭という主題は，宋代以降，民衆芸能の世界で「巾帼英雄（女性の英雄）」の典型となって，凛々しく悪と戦うイメージが継承されていき，明末清初には革命的な強い女性としてのイメージが託されるなど，「愛国」「孝順」の象徴となり，時に国家的イデオロギーの中で語られることもあった。しかし，関雪が「木蘭詩」について，「支那の詩にある「木蘭」！　女の身でありながら，父に代り男装して戦いに出て行く，その場面の変化に興味を感じたのが木蘭詩を読んでの私の制作動機です。……あの題材は詩的な，ロマンチックなもので，場面の変化が殊に面白いのです。私のやうに始終支那に遊び，万里の長城など屢々見て来たものには，是非ああした題材が選びたくなるのでもあらう。」という言葉も残しているように，作者の意識は，主に物語の詩情や場面展開の妙をとらえることにあったと言えるだろう。中国古典への深い理解によって，運命に翻弄されながらも健気でたくましく生きる女性の姿を，鮮やかに描き出した作品である。

（藤本真名美）

▷7　神戸市の橋本喜造旧蔵とされる中林竹渓《木蘭従軍図》の図版は，橋本喜造編『福寿海　第三輯』，1940年，大阪市立美術館『大阪市立美術館展観図録第二〇（名宝展覧会図録第七回）』便利堂，1941年に掲載されている。同作の画中に記された跋文の末尾には，「竹渓業，宋人の図を摹し，並びに録す」とあることから，竹渓が宋代の画家による作品を模写したものであるとされる。

▷8　宮尾正樹「ネット上の木蘭（一）」『お茶の水女子大学中国文学会報』第23号，2004年4月。

▷9　橋本関雪「木蘭詩」（大正9年第二回帝展出品）『美之国』第11巻第8号（通号123号），1935年8月。

参考文献

飯尾由貴子「《木蘭》考」兵庫県立美術館・朝日新聞社大阪企画事業部編『生誕130年橋本関雪展』図録，生誕130年橋本関雪展実行委員会，2013年。中島由実子「橋本関雪《木蘭》にみる画家の中国観」『デアルテ』第36号，2020年。

橋本関雪《木蘭》
大正7年（1918）　絹本著色　各190.0×376.2cm　© 白沙村荘 橋本関雪記念館

# 第4部

## 大事件と論争に見る中国思想

### guidance

　坦々と静かに流れているように見える歴史も，ある出来事や事件によって，それまでにはない勢いで大きく動き出すことがある。後から振り返ると，その時，歴史が転換したと思える瞬間がある。この部では，歴史や文化の転換をもたらした大事件と論争を取り上げたい。

　古代では，孔子の死後，その弟子門人たちの精力的な活動によって儒家が勢力を拡大し，やがて儒教という国家の正統教学に発展していった。また，従来の戦争形態が激変し，「孫子の兵法」に説かれるような戦略的・謀略的思考を生んだ。秦の始皇帝による「焚書坑儒」も当時の世界に強い衝撃を与えた。

　中世から近代では，官吏登用試験「科挙」が始まり，写本に代わって木版印刷が発明され，中国の学術と文化の行方に決定的な影響を与えた。さらに近年では，中国の古墓から2000年以上前の文献が次々と出土し，中国思想研究の様相を一変させつつある。歴史の歯車が大きな音を立てて動き出す瞬間を，ここから読み取っていただきたい。

# XI　古　代

# 孔子の死と門人たちの活動

▷1　⇨ Ⅰ-1 「孔子」

▷2　麒麟

王者が仁政を行った時に姿を見せる瑞獣。キリンビールのラベルで有名。

▷3　子貢（しこう：前507-？）

姓は端木，名は賜，子貢は字。政治・外交のほか，商才にも優れていた。

▷4　顔回（がんかい：前521-前481）

姓は顔，名は回，字は子淵。顔淵ともいう。質素な生活をしつつ学問を好み，孔子に最も愛されたが早逝。

▷5　⇨ Ⅸ-1 「孔子廟」

▷6　『孔子家語』

孔子や孔子一族，弟子の説話を収録。魏の王粛による偽作とされるが，古い資料に基づく部分もある。

▷7　閔子騫（びんしけん：前536-？）

姓は閔，名は損，子騫は字。季孫氏の仕官話を断っている。

▷8　冉伯牛（ぜんはくぎゅう：前544-？）

姓は冉，名は耕，伯牛は字。

▷9　仲弓（ちゅうきゅう：前522-？）

姓は冉，名は雍，仲弓は字。

▷10　宰我（さいが：前522-？）

姓は宰，名は予，字は子我。礼や道徳を軽視し，孔子にしばしば叱責される。

## 1　孔子の死

　孔子は晩年，魯において弟子の育成に励みつつ，時に魯の哀公より政治に関する諮問を受けていたらしい。そうした孔子の死にまつわる伝承は，『春秋』最後の記事である前481年（哀公14）の「西狩獲麟（西に狩して麟を獲）」から語るべきであろう。この年，治世に現れるはずの聖獣麒麟が乱世であるにもかかわらず捕らえられ，さらに世間の人は聖獣を無気味な生き物であると見なした。孔子はこうした事件に絶望し，『春秋』の編集を打ち切ったというのである。

　その二年後，孔子が病に倒れて子貢が面会に訪れると，孔子は自分が見た夢を告げた。孔子が堂の中の東西にある二本の柱の中間で，死者に対して行う祭祀を享けたというものであるが，東の階段でするのが夏礼，西でするのが周礼，そして柱の間が殷礼である。殷人の後裔である孔子はこの夢により自分の死期を覚り，果たして7日後に世を去った。前479年（哀公16）4月，享年73歳，世は春秋時代から戦国時代へと変わっていく。

　孔子の葬儀を取りまとめたのは子貢であったらしい。子貢の裁定により，かつて孔子が顔回の喪に服した方法を参考にし，学問の師である孔子に対しては子が父にする方法を用い，喪服は着用しないとした。また，棺と車との仕立ては夏・殷・周の様式を折衷させ，新奇の様式を作り出している。こうして孔子は泗水に葬られ，弟子たちは三年の喪に服したが，子貢のみはさらに三年間，孔子の墓の側に起居して喪に服したという。その後，孔子の墓の側には孔子門人や魯の人などが移り住んで孔里と呼ばれるようになり，現在も曲阜の孔林のほぼ中央には孔子の墓がある。また，孔子の旧宅は哀公によって孔子を祀る廟とされ，今も曲阜の孔子廟では孔子を祀る盛大な釈奠が行われている。

## 2　四科十哲

　『史記』や『孟子』，『孔子家語』によると，孔子の弟子は3000人を数え，優秀なものは70〜77人ほどとされるが，特に有名な弟子は，孔子が部門別にあげた計10名で，これを「四科十哲」という（『論語』先進篇）。

　［徳行］顔淵・閔子騫・冉伯牛・仲弓
　［言語］宰我・子貢

[政事] 冉有[11]・季路[12]
[文学] 子游[13]・子夏[14]

ここで言う「言語」とは弁舌,「文学」とは学問のことを指す。

ただし,この四科十哲には曾参[15]や子張[16]・有若[17]が含まれていないことに留意しておきたい。『論語』は孔子没後に,孔子の言行を弟子やその弟子たちがまとめたものとされるが,その『論語』の中で,曾参や有若は閔子(閔子騫)・冉子(冉有)とともに曾子・有子と呼称されており,また,子張は子路・子貢に次いで登場回数が多い。つまり,曾参や子張・有若の流れを汲む者が『論語』の編纂に大きく関わっていたと考えられるのである。

## ③ 弟子の活躍

孔子の死後,門人たちは各地へ散ってゆき,孔子の教えは世に広まっていくのであるが,儒家と天下を二分したとされる墨家は,孔子の没後まもなくして活動を開始したと考えられている。つまり,孔子の弟子たちには,墨家との熾烈な言論闘争が待ち受けていた。

孔子の弟子の中で最も活動したのは子貢であろう。『春秋左氏伝』や『史記』には魯を救うために外交官として斉・呉・越・晋を駆け回り,縦横家さながらの弁舌によって謀略をめぐらす姿が記述されており,魯・衛の宰相まで務めている。諸子百家の書物には子貢が随所に登場しており,魯国では孔子よりも賢明であるという評価もあったらしく,当時から孔門を代表する弟子として認識されていた。また,子路・冉有は魯の実力者の季孫氏に登用されており,放浪中の孔子が魯に帰国できるよう尽力したのが冉有である。なお,子路は後に衛に仕えて厚遇されるも,非業の死を遂げた。

このように孔子の弟子は政治・外交で活躍した者が多いが,学問では魏の文侯に招聘された子夏が代表格であり,経学伝授の源流とされている。また,朱子学では朱子が孔子−曾参−子思−孟子という道の伝授の系譜を唱えたため,曾参こそが孔子の正統な教えを受け継いだ弟子とされた。

このほかにも名を遺した弟子は数多いが,孔子に自らの過ちを覚らせた弟子として子羽[18]がいる。子羽は容貌が醜かったため,孔子は初め弟子にするのを躊躇したが,孔子のもとで研鑽に励んだ子羽は,後には南方で活躍し弟子300人を抱えるに至る。これを聞いた孔子は,弁舌で人を判断しては宰予(宰我)で失敗し,容姿で判断しては子羽で失敗したと述回したという。

このように個性豊かであった弟子によって孔子の教えは伝えられてゆき,『韓非子』によると戦国末期には「子張・子思・顔氏(顔回)・孟氏(孟子)・漆雕氏・仲良氏・孫氏(荀子)・楽正氏」の八派に別れていたという。

(黒田秀教)

▷11 冉有(ぜんゆう:前522-?)
姓は冉,名は求,字は子有。季孫氏の横暴を止めず,孔子に批判されたこともある。

▷12 季路(きろ:前542-前480)
姓は仲,名は由,字は子路。武勇を好み,人間味を孔子に愛された。

▷13 子游(しゆう:前506-?)
姓は言,名は偃,子游は字。子夏の弟子を批判したことがある。

▷14 子夏(しか:前507-?)
姓は卜,名は商,子夏は字。魏の文侯に招聘され学問の師となる。

▷15 曾参(そうしん:前505-前434)
姓は曾,名は参,字は子輿。『孝経』の作者とされる。

▷16 子張(しちょう:前503-?)
姓は顓孫,名は師,子張は字。孟子は子張を子游・子夏とともに聖人の風格があると評している。

▷17 有若(ゆうじゃく:前518-?)
姓は有,名は若,字は子有。孔子の死後,有若が孔子の容貌に似ていたので子夏・子張・子游が仕えようとしたが,曾参に拒否される。

▷18 子羽(しう:前522-?)
姓は澹台,名は滅明,子羽は字。

**参考文献**

加地伸行『孔子』角川ソフィア文庫,2016年。白川静『孔子伝』中公文庫BIBIO,2003年。下村湖人『論語物語』講談社学術文庫,1981年。

# XI　古　代

# 臥薪嘗胆と孫子兵法の誕生

## ▷1　呉
伝承では，周の文王の伯父である太伯が建国。前585年に即位した寿夢が王号を称した。

## ▷2　越
伝承では，夏王の庶子が起源とされている。前500年頃には王号を称していたらしい。

## ▷3　闔閭（こうりょ：？-前496）
名は光。呉王寿夢は四人の子の中で，末子の季札を王にしたいと願った。そこで兄弟の順に王位を継承したが，季札は出奔してしまい，三兄の余昧の次は余昧の子の僚が即位する。しかし，長兄の子であった闔閭は不満に思い，僚を謀殺して王位に就いた。

## ▷4　伍子胥（ごししょ：？-前484）
名は員。楚の平王によって一族が誅殺される。呉が郢を攻略した時，平王はすでに死んでいたが，伍子胥は平王の墓を暴いて遺体に笞を打った。

## ▷5　孫武（そんぶ：生没年不詳）
闔閭が孫武を登用する時，宮女を兵に，闔閭の寵姫二人を隊長にして孫武に指揮をさせたが，宮女は号令に従わなかった。孫武が寵姫を切り捨てたところ，女官は号令に従うようになったという。実は孫武に関する具体的なエピソードは乏し

## 1　臥　薪

　春秋時代，現在の江蘇省のあたりに呉が，浙江省のあたりに越という国があった。この二国の興亡史は『呉越春秋』として後漢の時代にまとめられており，数多くの故事が遺されている。

　呉は前514年に闔閭が即位すると，春秋五覇に数えられることもあるまでに強大化したが，その闔閭を支えたのが，楚から亡命してきた伍子胥と，兵家の祖とされる孫武とである。闔閭は楚に攻めると見せては退却するという作戦を繰り返して楚の国力を低下させると，ついに前506年に楚の都である郢を陥落させることに成功する。しかし，虚を突いて越が呉本国に攻めてきたことなどがあり，それ以上は楚を追撃できなかった。

　前496年，越で句践が王位に即くと，闔閭は十年前の報復として越に侵攻する。しかし，越臣范蠡の奇策の前に敗北し，さらに戦傷を負い世を去った。闔閭は子の夫差に越への復讐を遺言しており，即位した夫差は就寝時には臣下に闔閭の遺命を述べさせ，薪の上に寝ては痛みを感じることで，復讐を忘れないようにした。これが「臥薪」の故事であるが，実は「臥薪」という言葉が夫差と結びつけて語られるのは，北宋以前の資料では確認されていない。

## 2　嘗　胆

　前494年，国力の回復に努めた夫差は攻め込んできた句践を逆に打ち破り，追い詰めることに成功する。命乞いをする句践に対し，伍子胥は殺害するよう主張したが，夫差は越が呉に臣従し，句践が夫差の召使いになるという条件で句践を助命した。越に帰ることを許されてからの句践は，国力の回復を計りつつ，屈辱を忘れないために胆を嘗めて過ごし，また，呉を弱体化させるために美女西施を送るなどして，復讐の時を待っていた。これが「嘗胆」の故事であるが，「臥薪」と異なり，「嘗胆」は古くから句践の逸話として語られている。

　越を降した夫差は覇者としての地位を求めて北進を始め，中原の大国であった晋と盟主の地位を争うようになるが，そのために越への警戒を重視する伍子胥とは対立し，死に追いやってしまう。そして前482年，夫差が会盟に出席した隙を突いて句践が呉に侵攻すると，呉越の抗争が再開した。

　前473年，越が呉の都を攻略すると，逃れた夫差は和睦を願う。范蠡は温情

をかけてはならないという進言をするが，句践は夫差を憐れみ，辺境の島流しという条件での助命を提示する。しかし，夫差はこれを聞き，伍子胥に会う顔がないとして顔を布で覆うと自裁し，呉は滅亡した。この後，句践は春秋五覇に数えられることもあるように越を強大な国にしたが，范蠡には見限られ，また功臣の文種を死に追いやっている。

## 3 『孫子』の兵法

　呉越が抗争をしていたのは，まさに春秋時代から戦国時代へと変わろうとしていた時期であった。この頃，戦争の形態にも変化が起こっている。春秋時代の戦争は基本的に，貴族階級の人間が戦士となり，戦場の作法に従って戦うというものであって，短期間で結着がつき，講和によって戦争を終結させていた。ところが戦国時代になると，民衆を大量の歩兵として動員するようになって戦争の規模が飛躍的に巨大化し，戦闘も長期間に及び，どちらかの国が亡ぶことで決着がつくというように，国同士の総力戦へと変貌する。

　そうした時代背景をもとに，戦争に勝つ方法を専門的に考える兵家の学が興る。その始まりとされ，そして代表とされるのが，闔閭に仕えた孫武であり，その著述とされる『孫子』[10]である。

　なお，かつて，『孫子』は孫武ではなく，その子孫とされる戦国時代の斉の孫臏[11]の作ではないかと言われたこともあった。しかし，1972年に出土した銀雀山漢墓竹簡に『孫臏兵法』という兵書が含まれていたことから，『孫子』はやはり孫武に関わるものであろうとされている。

　『孫子』の特色は，戦争を国家の一大事として位置づけると同時に，戦争は経済的に国力を低下させるものであり，害悪が大きいことを充分に理解していた点である。そこで，『孫子』は国力の保全を目的にしており，戦わずして勝つことを最上とする。そのための手段として，出兵前の入念な諜報活動と，入手した情報に基づく戦争計画の立案とを重視しており，戦争が発生する前に勝利を確実にすることを目指していた。

　また，事態の変化には柔軟な対応で臨み，「詐」を用いることを重視する。さらに，攻撃よりも防御を優先し，個人の武勇ではなく集団としての戦闘能力が勝利をもたらすとしている。当時は呪術的要素に基づく戦争観念が根強かった中で，『孫子』は今日の目から見ても充分に合理的な思考を展開していたのであった。

　明治時代，三国干渉には「臥薪嘗胆」をスローガンにしてロシアへの復讐を誓い，また武田信玄が『孫子』の教えから「風林火山」の旗を作ったように，呉越の興亡史は日本にも影響を与え，今日まで語り継がれている。

（黒田秀教）

い。出土資料の中にも呉越の名臣の中に孫武の名は登場しない。

▷6　句践（こうせん：？ -前465年）
勾践とも。王号を称した父の允常を継いで即位。句践所有とされる銅剣が出土している。

▷7　范蠡（はんれい：生没年不詳）
策謀によって句践を覇者に押し上げる。ただし，句践の人間性は評価しておらず，「狡兎死して走狗烹らる（兎が狩り尽くされたら，不要になった猟犬は烹殺されて食われてしまう）」と言って，越から出奔した。

▷8　夫差（ふさ：？-前473年）
闔閭は評価していなかったが伍子胥が推挙したことで後継者になる。所有の銅矛が出土している。

▷9　西施（せいし：生没年不詳）
中国四代美女の一人で，『墨子』によると入水して死亡。

▷10　『孫子』
全13篇。魏武帝曹操による注釈が有名。

▷11　孫臏（そんぴん：生没年不詳）
同門の龐涓の策謀によって臏刑に処せられた。その後は斉の将軍となり，魏の将軍になった龐涓と戦ってこれを破る。

**参考文献**

湯浅邦弘『孫子・三十六計』角川ソフィア文庫，2008年。湯浅邦弘『諸子百家』中公新書，2009年。趙曄・佐藤武敏『呉越春秋』東洋文庫，2016年。

## XI　古　代

# 3　商鞅の変法と法治主義

▷1　子産（しさん：？−
前522）
姓は姫，氏は国，名は僑，
子産は字。祖父は鄭の穆公。
春秋時代を代表する賢人と
され，孔子も絶賛した。
Ⅰ -10「韓非子」も参照。

▷2　鼎
三本足の金属製の釜。祭礼
の器具としても用いられ，
鼎に鋳込んで公示するとい
う行為は，宗教的権威を背
景にしている。

▷3　叔向（しゅくきょう：
生没年不詳）
姓は姫，氏は羊舌，名は肸，
叔向は字。晋を代表する賢
人。

▷4　呉起（ごき：前440-
前381）
孫子と並び称される兵家の
代表的人物。『呉子』の作
者とされる。衛の出身。曾
子に学ぶが，母の葬儀のた
めに帰らなかったことが不
孝として破門される。楚の
悼王に信任され法治に基づ
く改革を遂行するが，悼王
が亡くなると反呉起派に
よってただちに討たれた。
その最後は悼王の遺体に覆
い被さり，遺体もろとも射
抜かれるというものであっ
たという。

▷5　孝公（こうこう：前
381-前338）
商鞅を登用して改革を断行
し，秦を中興する。

## 1　成文法の公開

　春秋時代，斉の桓公（在位前685-前643）・晋の文公（在位前636〜前628）の頃に
はすでに成文法があったとされている。しかし，法の内容を知らせる対象は士
大夫階級に限定されており，庶民に公開されることはなかった。こうした状況
を変化させたのが鄭の国政を任されていた**子産**である。

　前536年，子産は刑法を**鼎**に鋳込んで公開した。法の公開は諸国に衝撃を与
え，晋の**叔向**は子産に書簡を送って批判している。

　叔向の論旨は，①先王はあらかじめ刑法をつくることはせず，事ごとに審議
した，②あらかじめ刑法を定めると，人民は法の裏をかき，上と争うようにな
るので，法ではなく道徳で教化するべき，③夏・殷・周の刑法は政治が乱れた
結果の産物であり，刑法を定めるのは亡国のきざしである，④これからは，人
民は何でも裁判沙汰にしようとし，賄賂が横行する，というもので，子産の死
後は鄭が乱れるであろうと指摘した。これに対し，子産は，自分は非才である
から今のことを考えるだけで手一杯であると返信している。

　果たして『呂氏春秋』によると，鄧析というものが民から謝礼を受け取って，
裁判で主張を押し通す方法を教えるようになり，鄭は大いに混乱したという。

　なお，『論語』では孔子が「法や刑罰によって民を治めようとすると民は裏
をかくようになって恥じ入ることはない」（為政篇）と言っており，『老子』に
も「法令が増えれば盗賊が増える」（第57章）とある。学派の垣根を越えて，法
治は道徳的頽廃をもたらすと考えられていたことが分かるであろう。

　しかし，戦乱の時代になれば，人民を強制的に統制する必要に迫られる。子
産に後れること23年にして，晋も鼎に刑法を鋳込むのであった。

## 2　商鞅の変法

　戦国時代，楚は**呉起**を登用して法治による改革を行うが，結局は守旧派の反
発により失敗し，一時的なものに終わる。法の徹底は，貴人階級から数々の特
権を剝奪することになり，恨みを買うからである。しかし，当時は辺境の国に
過ぎなかった秦は，法治により大きく飛躍していく。

　秦を法治国家へと変革したのは，**孝公**に信任された**商鞅**である。この改革は
「商鞅の変法」と呼ばれており，二段階に分けて行われた。第一次変法は前359

年であり，その骨子は，①戸籍をつくり，民衆を五人ないし十人の組に分け，相互に監視・告発させる，②告発や戦争での功績は爵位によって賞し，軍功がなければ降格させる，③農業を奨励し，商業を抑制する，というものであった。

　民衆の生活水準は基本的に低くされており，勝利した戦争で軍功をあげなければ生活を向上させられなかったという（『荀子』議兵篇）。また，君主一族や貴族も法によって支配され，実際に太子が罪に問われることもあった。信賞必罰を徹底し，生産力を増大させるという改革の成果は，前354年に当時は強国であった魏から小梁を奪うという形になって現れる。

　第一次変法の成功を踏まえ，前350年には第二次変法が行われた。その主なものは，①国都を咸陽へ遷す，②全国を県に分けて令・丞を置き，中央集権化をしつつ官僚制度を整える，③度量衡を統一し，農地の区画を整理して徴税を公平にする，④中原では野蛮とされていた父子兄弟の同居を禁止し，戸を増やして税収を伸ばす，などである。

　こうした改革により，秦はさらに国力を増大させ，前343年には周王朝より覇者として認められるまでに至った。

　ただし，商鞅その人の末路は悲惨である。戦国時代，恨まれた実力者は政治的後ろ盾を失うとただちに失脚する。孝公が亡くなり，かつて罪を問われた太子の**恵文王**[7]が即位すると，商鞅はただちに罪を着せられて討伐された。しかし，改革は破棄されず，秦は法治によってますます強大化していくのであった。

## ❸ 法治主義の展開

　商鞅の変法より少し後，秦と隣接して弱小であった韓に，申不害（前400？-前337）が登場する。申不害は法に基づく政治を推進し，君主が臣下を操作する「術」を唱えた。そして，商鞅・申不害の法治思想を集大成したのが韓の韓非[8]である。

　ところで，法治を推進した子産・商鞅・申不害・韓非は，拠って立った国が弱小または後進的であったという共通点を持つ。そもそも，法治以前に社会秩序の維持を担っていたのは，礼であった。礼とは長い年月を経て形成された習俗的規範であり，古に力点を置き，強制力は有さない。そこで道徳的為政者が礼の遵守を喚起するという徳治が理想視されるのであるが，戦乱の時代には非力である。そこで，今という情勢に対応し，規範を強制するために注目されたのが法治であり，ついには天下統一の原動力にもなった。しかし，統一帝国を瓦解させたのも法治による過酷な圧政であり，徳治のみでも法治のみでも秩序は維持できない。戦国末期の『荀子』[9]は徳治と法治との融合を語っているが，その理念を実践した漢帝国は長命を保ったのであった。　　　　　（黒田秀教）

▷6　**商鞅**（しょうおう：前390-前338）
姓は姫，氏は公孫，鞅は名。衛の公族であることから衛鞅とも。秦で商の地に封じられたことから，商君・商鞅と呼ばれる。魏の宰相に仕え，後任として推薦されたが魏王に用いられなかったため，秦へ行く。『商君書』は商鞅の思想を書き記したものとされる。法家思想を嫌う儒者はこれを厳しく評価するが，懐徳堂の五井蘭洲は重農主義の祖として位置づけている。

▷7　**恵文王**（けいぶんおう：前356-前311）
秦の君主として初めて王号を名乗る。連衡を説いた張儀を宰相として登用した。

▷8　⇨ Ⅰ-10 「韓非子」

▷9　⇨ Ⅰ-3 「荀子」

**参考文献**
清水潔『商子』明徳出版社，1970年。籾山明『秦の始皇帝』白帝社，1994年。

## XI　古　代

# 秦の始皇帝による焚書坑儒

▷1　始皇帝（しこうて
い：前259-前210）
姓は嬴，氏は趙，名は政。
前247年に秦王として即位，
前221年に統一を果たし，
初めての皇帝であることか
ら始皇帝と名乗った。

▷2　皇帝
戦国時代は諸侯が「王」を
名乗っていたので，伝説の
王者である三皇五帝にちな
んで統一国家の君主号を
「皇帝」とした。

▷3　⇨ XII-1 「科挙の開
始」

▷4　李斯（りし：？－前
208）
楚の出身で，荀子に学んだ
後，呂不韋の食客となり，
推薦されて秦王政に仕える。
同門の韓非の才能に嫉妬し，
死に追いやった逸話が著名。
二世皇帝胡亥を諫め続けて
不興を買い，最後は趙高の
謀略により処刑された。

▷5　方士
修行して不老長生の仙人に
なること目指した人たちの
こと。祭祀や卜筮などに携
わる。始皇帝によって東方
へ派遣された徐福は日本へ
渡ったという伝承がある。

▷6　扶蘇（ふそ：？－前
210）
始皇帝の長子。『史記』に
よると，始皇帝は死の間際，
自身の葬儀を扶蘇に取り仕
切らせるという遺詔を作成
したが，趙高はこれを握り
つぶし，李斯と共謀して扶
蘇に死を命じる偽詔を作成，

## ❶　焚　書

　始皇帝[▷1]による焚書坑儒は，悪行として後世名高い。書物を焼き捨てて儒者を穴埋めにしたという事件であるが，実は焚書と坑儒とは独立して行われている。

　焚書は，統治政策に関わる言論統制である。そもそも始皇帝の統治は，初めて中華を統一したという自負から，皇帝[▷2]の称号に代表される名称の刷新，文字や度量衡の統一，そして封建制から郡県制への移行[▷3]というように，制度の革新を基軸にしていた。しかし，革新に対しては常に保守派が立ちはだかる。

　『史記』秦始皇本紀によると前213年，咸陽宮で開かれた酒宴の場で博士70人が始皇帝を祝い，斉出身の淳于越が殷・周にならって始皇帝の子弟を諸侯として封じるよう上申した。これは，逆臣が現れた時に皇帝を助けられるよう力を持たせるためであったが，郡県制への移行に反するものである。

　始皇帝が群臣に諮ると，丞相の李斯[▷4]は，かつての王者や王朝も過去の制度は踏襲せず，時宜に適した方法によって統治していたとして反対した。そして，学者は古代を持ち出して始皇帝の政策を批判しており，勝手な学問は禁止するべきで，そのために史官による秦の記録以外は焼き捨て，また民間所蔵の『詩』『書』および諸子百家の書物は官吏に提出させて焼却，ただし医薬・卜筮・農業に関する書物は例外とするという「焚書」を提案する。さらに，『詩』『書』を語る者は死罪とし，古代を持ち出して今を批判する者は族滅，今後は官吏について学ぶべきとした。こうした李斯の言を容れて始皇帝は焚書を実行したのである。

　ここには普遍をめぐる思想的せめぎ合いが存在する。儒家は，時間を超越した普遍の存在を想定しており，聖賢であった先王の統治方法は今の時代においても有効であるとし，墨家もそうした一面を持つ。これに対して始皇帝や李斯が信奉した法家では，古今を貫く普遍を否定し，統治方法は常にその時々の情勢に応じて選択しなければならないと考えるのである。

　なお，始皇帝が天下を統一した前221年には，丞相の王綰が始皇帝の諸子を遠隔地統治のために諸侯として封ずるよう建議し，李斯が反対して実行されなかったということがあった。李斯が厳しい対処を望んだのも，こうした背景が存在している。

## ② 坑　儒

　儒者を穴埋めにしたと語り継がれる事件は、『史記』秦始皇本紀によると、焚書の翌年である前212年に起きている。こちらは焚書事件とは異なり、人心掌握が主目的であった。

　始皇帝は不老長生を求めて仙薬を方士[15]に捜索させていたが、この事業は当然ながら難航し、方士の侯生・盧生は身の危険を感じて逃げ去ってしまう。始皇帝は激怒し、侯生・盧生が始皇帝を非難していたことから、咸陽にいる学者の発言も取り調べ、禁令に反した者460人余りを天下の人々への見せしめとして穴埋めにした。始皇帝の長子扶蘇[16]はこれを諌めたが、怒った始皇帝によって北の国境地帯を警備していた蒙恬[17]のところへ送られてしまうことになる。

　これが事件の経緯であるが、『史記』の記述では、穴埋めにされたのは「諸生」となっており、儒者であるとは特定されていない。事件そのものも方士の出奔によって発生しており、儒家を狙い撃ちにしたものではなく、偶発性が強い。したがって、司馬遷は「坑儒」という言葉を使っていない。ただし、扶蘇の言葉の中に、学者らは孔子の教えを大切にしていると見えることから、儒者も巻き添えになって多数穴埋めにされたであろうことは確かである。なお、この事件を「坑儒」と表現するのは、後漢の王充[18]『論衡』や班固[19]『漢書』に確認できる。

## ③ 後世への影響

　焚書坑儒は儒教に対し、大きなダメージを与えた。戦国時代、儒家がすでに『詩』『書』『礼』『楽』『易』『春秋』の六経を信奉していたことは、近年発見された出土資料からも確かであるが、焚書により『楽』が失われて五経になったとされる。また、『書』はもと100篇あったが、焚書により一部が失われ、少なからぬ欠損が生じたという。さらに、漢代になってから壁中書[10]のように時を超えて戦国時代の書物が発見されることがあり、焚書を生き延びて伝存していたものを今文、発見されたものを古文と呼んで、清代まで続くテクストの真贋論争を引き起こすことになった。諸子百家も焚書坑儒の対象に含まれており、秦以外の国の歴史記録も多くが失われたことから、焚書は文化・思想に大きな被害を与えたことになる。

　また、秦帝国の命脈にも大いに関わっている。扶蘇が北辺に送られてしまったことから、二世皇帝として胡亥[11]が即位する余地を生み出してしまった。

　こうした始皇帝の焚書坑儒は、儒教が国教化されて以後は否定的にしか評価されない。しかし、学問の分裂衰退を憂う立場からは、官吏を師として学問を統一するという焚書政策を肯定的に評価することもある。　　　　（黒田秀教）

---

扶蘇は自裁した。なお、秦の最後の君主となった子嬰の父ともされるが、明示する資料はない。

▷7　蒙恬（もうてん：？-前210）
秦の将軍。統一事業で活躍し、統一後は北辺で長城の建設に携わる。扶蘇と異なり、趙高らの偽詔を疑ったが、改めて胡亥より死を命じられ自決。なお、筆の発明者とする伝承がある。

▷8　⇒ Ⅱ-4「王充」

▷9　班固（はんこ：32-92）
後漢の歴史家。『漢書』は前漢王朝一代の断代史であり、体裁も本紀・表・志・列伝としたが、これが以後の正史の範例となった。⇒ Ⅵ-2「『列女伝』」

▷10　壁中書
前漢武帝の時代、孔子旧宅の壁の中から発見された焚書以前の書物。『書』や『論語』『孝経』などがあったらしい。

▷11　胡亥（こがい：？-前207）
始皇帝の末子。趙高らによって二世皇帝に担ぎ出されるが、最後は趙高に謀殺された。出土資料によると、始皇帝が李斯らの推薦によって胡亥を後継者に定めたとする伝承もあったらしい。

【参考文献】
鶴間和幸『中国の歴史3 ファーストエンペラーの遺産　秦漢帝国』講談社学術文庫、2020年。鶴間和幸『人間・始皇帝』岩波新書、2015年。吉川忠夫『秦の始皇帝』講談社学術文庫、2002年。

# XI　古　代

# 儒教の国教化

## 1　前漢初期の思想界

　秦王朝は法家思想を尊んで焚書坑儒をしたことから，儒教に冷淡であったというイメージを抱いてしまうかもしれないが，博士官には儒者も任命されており，ことさらに儒者が冷遇されていたわけではなかった。そして，漢王朝も**叔孫通**が王朝儀礼を整備したように，建国当初から儒者に活躍の場を与えている。しかし，儒教が他の思想に比べて特別に優遇されていたというわけでもなく，前漢初期に隆盛したのは，道家思想と法家思想とが結びついた黄老思想であった。

　黄老思想は戦国末期に登場し，斉の稷下の学者が発展させていった。「黄」とは文明の始祖とされる黄帝のことであり，「老」は老子を指す。法の源泉を道徳に求め，世の中のことに無為自然によって対応していくという思想である。黄老思想が世を風靡していた頃は道家を最も尊ぶという風潮が強く，これは**司馬談**の六家要指の説や**『淮南子』**に顕著に見て取れる。

　前漢初期に黄老思想が好まれたのは，当時の情勢と関連していよう。秦の圧政や楚漢戦争によって社会が荒廃し，匈奴を軍事的に討伐する国力がなかった建国当初の漢王朝は，積極的な政策・事業を控える傾向にあった。そこで，無為を柱に据える黄老思想が好まれたのである。

　この時期，儒教も法家思想との結びつきを強めていく。儒教は孔子の時から政治の現場での活躍を目指していた思想であり，漢王朝が法治国家であった秦の制度を継承していたことから，儒教も法治思想を取り込まざるを得ない。すでに『荀子』において徳治・法治の融合が図られていたが，漢代になると，法治制度を為政者の道徳性によって制御し，礼と法との適用範囲を棲み分けることで，統治手段として有用な法治を取り込み整理していった。

　そうした儒教は，漢王朝においてしだいに存在感を増していく。文帝（前203-前157）の頃には**賈誼**のように皇帝に重用されて政策を進言する儒者が登場し，また孝廉などの儒教が重視する徳目に基づいた人材登用制度が整備されていく。さらに，博士官にしても，一つの経書に造詣が深いとして博士に任じられる儒者が景帝（前188-前141）の頃からしだいに増えていった。

　武帝（前156-前87）が即位してしばらくは，黄老思想を信奉していた竇太皇太后（文帝の后）が実権を掌握していたため，儒者が政治の場で活躍すること

はなかったが，武帝が政治を執るようになると，初めて儒者が丞相になり，儒教の政治的影響力が強くなる。

## ❷ 五経博士の設置

『漢書』には，『春秋』に通じていることで博士となった董仲舒の，武帝に対する上奏文が掲載されている。董仲舒の提言内容は，①天人相関，②太学の設置，③大一統，というものであるが，これは学校を設置して儒者官僚を養育し，諸子百家など儒教以外の思想を排斥しようというものである。これを武帝が容れて，前136年に『易』『書』『詩』『礼』『春秋』の五経博士が置かれ，ここに儒教が国教化された。

以上が伝統的な説明であるが，この董仲舒の遺策によって儒教国家が成立したとするドラマチックな歴史叙述に対しては，近年疑義が提出されている。これは，例えば五経の博士を歴史資料に照らして確認すると，『詩』『書』『春秋』は景帝までに立てられており，『易』『礼』は昭帝（前94-前74）以後になってから確認できることや，董仲舒の上奏文は『史記』には見えない上に，『漢書』でも時期が不明瞭であることなどによる。

そこで近年は，文帝の頃から徐々に儒教が重視されるようになり，武帝以後は儒者官僚の増加や礼制の改革によって儒教一尊の傾向が加速し，前漢の末から王莽（前45-23）の新，後漢の光武帝（前5-57）にかけて儒教思想に基づく祭祀制度が整備されていき，章帝（57-88）の白虎観会議によって儒教国家の容貌が完成されたというように，段階的に儒教国家が成立していったとする説明をすることが多い。

ただし，武帝は儒者官僚の登用のみならず，諸侯の領土は必ず子弟に分けて相続させる推恩の令や，匈奴に対する外征など，黄老思想に基づく無為の治ではなく，人為を重視した政策を推進しており，前漢王朝における画期点になっていることは確かである。そして，武帝は政策の正当性を説くために儒教思想を利用し，董仲舒ら儒者も政権に望まれる思想を提供することで，政治と儒教との一体化が促進されていった。

なお，儒教一尊の内実にしても，戦国時代の論争のように，儒教が他学派の思想を否定・排斥するという類のものではないことには留意すべきであろう。儒教は法治思想や讖緯説など，孔子や孟子であれば拒否したであろう様々な分野の思想を取り込んでいき，一種の総合学問へと変貌していくのである。それは，儒教のもとに諸学が統一されていったと言い換えることもできよう。後漢に成立した『漢書』は，儒教を尊重していないとして『史記』を批判し，儒教一尊主義の立場で編纂されている。その『漢書』が董仲舒を儒教国家樹立の英雄として祭り上げ，「芸文志」では，儒教の経典である六経の下に諸子の学を排列して**九流十家**の説を唱えるのであった。 （黒田秀教）

▷6 ⇨ Ⅶ-6「董仲舒」

▷7 ⇨ Ⅺ-7「白虎観会議」

▷8 九流十家
現存最古の図書目録である『漢書』芸文志における思想・書籍分類。劉歆『七略』の分類を踏まえて書かれているが，こちらは亡びて伝わらない。諸子百家を儒家・道家・陰陽家・法家・名家・墨家・縦横家・雑家・農家に分類し，これに小説家を加えて十家とする。それぞれの思想は，周官からの流出とするのが特徴である。なお，儒教の経書は「六芸」として別格とされている。

（ 参考文献 ）

渡邉義浩『漢帝国』中公新書，2019年。西嶋定生『秦漢帝国』講談社学術文庫，1997年。

## XI　古　代

 **塩鉄論争：漢代の経済政策**

### ① 武帝の財政再建

　前漢の武帝（前156-前87）は，北は匈奴を討伐し，南は越南を征服，東は衛氏朝鮮を滅ぼすというように，活発に外征を行う。また，宮殿の建設なども手掛けて奢侈にはしる面もあった。しかし，漢王朝は大事業の数々に耐えうるほどの財政基盤を有しておらず，武帝は破綻した財政の再建に迫られる。そこで，税収を増やすために農業を振興するとともに，商工業には増税を課して脱税者の密告を奨励し，貨幣制度の改革や売官・売爵，金銭による贖罪も実施した。

　さらに，武帝は商家の出である桑弘羊（前152-前80）を用い，以下の政策を実行した。

　[塩・鉄・酒の専売]　前119年，生産された塩はすべて国家が買い上げて専売し，鉄は生産・販売ともに国家が独占する。前98年には酒も国家が専売。
　[均輸法]　前115年施行。地方の特産物など余剰物資（価格が安い）を税として徴発し，不足している土地（価格が高い）に運搬，安価にて販売。
　[平準法]　前110年施行。物価が安い時に政府が買い上げて貯蔵（物価は高くなる），高くなった時に販売（物価は安くなる）。

　これにより財政は劇的に好転したが，これは商人が生業として利益にしていたことへの介入に外ならず，民業を圧迫するものであり，商人は甚大な被害を被った。当然のことながら世に不満が蔓延し，武帝が崩御して昭帝（前94-前74）が即位すると，政策継続の是非が議論されることになる。

　ただし，塩鉄論争と呼ばれるこの議論は，純粋に経済政策を目的として行われたわけではなく，政争という性質も強い。武帝の崩御後は，大司馬の**霍光**[1]が政権を掌握したが，その霍光と桑弘羊との間で権力闘争が勃発し，塩鉄論争は霍光の桑弘羊に対する攻撃でもあったと考えられている。

### ② 塩鉄論争

　昭帝が即位して六年の前81年，皇帝の詔によって，全国より集められた**賢良・文学**[2]と桑弘羊らとが，経済政策の是非について議論をした。賢良・文学が儒教に基づき，桑弘羊が法家的思想を土台として進んだ論争の様子は，議論内容が散逸することを惜しんだ桓寛（生没年不詳）により『**塩鉄論**』[3]としてまと

▷1　霍光（かくこう：？-前68）
匈奴討伐で活躍した霍去病の異母弟。8歳で即位することになる昭帝の補佐を，上官桀らとともに武帝より託された。しかし，上官桀は霍光と敵対して桑弘羊と手を結び，霍光の殺害を企む。そこで，霍光は逆にこれを滅ぼし，政治の実権を掌握した。霍光自身は謙虚に振舞い驕ることもなく，専横も避けていたが，霍氏一族は増長していたため，霍光死後に宣帝によって一族関係者は皆殺しにされた。なお，擁立された宣帝が政権を霍光に委ねた詔に「関り白す」とあり，これが日本の令外官「関白」の由来とされる。

▷2　賢良・文学
文帝の時，官吏を登用する制度が作られ，諸侯王や中央・地方の長官に対し，賢良・文学・方正に該当する者を推薦させることにした。賢良は賢く善良，文学は学問，方正は品行方正のことである。

められており，それによると，議論の対象となったのは専売制・均輸法・平準法のみならず，貨幣問題や匈奴対策など，広範囲にわたっている。

　専売制廃止を主張する賢良・文学は，「国家は民と利を争ってはならない」という儒教的理念に基づき，専売制を批判する。そもそも儒教では，『孟子』滕文公上篇に「上にある者が好むことを，下の者は輪をかけて模倣する。孔子が『論語』顔淵篇において『君子の徳は風で，小人の徳は風になびく草のようなものだ』といったように」とあるように，為政者は民に対して常に模範的でなくてはならず，よって国家が商利を求めることは許されない，と考える。そこで，均輸法なども否定される。また，専売制度は民に粗悪なものを高価で販売するという弊害が生じてしまい，民衆を虐げることになる。さらに，国庫を圧迫する要因である匈奴への防備も，軍事力に頼るのではなく，徳によってなつかせ，上に立つものが倹約に努めれば，財政問題も発生しないとする。

　こうした批判に対し，桑弘羊側は，民生を安定させるためには，物資の流通を促進させて需要・供給のバランスを調整することが重要であるとする。そして，当代の社会問題は貧富の格差が拡大していることにあり，均輸法はその是正を視野にいれており，儒教の重視する孝も物質的充足が不可欠なのであるから，人民の生活安定も目的にしている各種政策は妥当であると主張する。さらに，現実に匈奴の侵攻によって被害が発生している以上，充分な防備をしなければならず，そのためには費用が必要であるとし，政策の必要性を主張する。

　この両者の議論は，基づく経済思想が重農主義か重商主義かという対立でもあった。賢良・文学側は儒教の常に則って農業を尊び商業を卑しむが，桑弘羊側は商業こそ国や人民を富ませる原動力であると位置づける。戦国時代の法家は重農主義であり，桑弘羊を単なる法家と見なすことは単純にすぎよう。

　こうした議論を経た結果，酒の専売については前81年に廃止となったが，塩・鉄の専売は継続となった。これは，文学・賢良側が主張する儒家的理念に一定の配慮はしつつも，財政難を解決する現実的対策を儒教思想は打ち出すことができないため，塩・鉄の専売は継続させたということになろう。つまり，この時点では，現実が儒教の理念を凌駕していた。

　なお，後に元帝（前74-前33）の時代，前44年に塩・鉄の専売が中止されたが，前41年には復活している。この元帝は儒教に傾到しており，父の**宣帝**から将来を心配されていたが，その元帝をもってしても経済政策という現実に対して儒教の理念を貫くことは難しかったのである。しかし，専売制が一度は中止に追い込まれたことから，ここに儒教の権威が昭帝の頃よりもさらに重みを増していたことが読み取れよう。

　ちなみに，生活必需品である塩の専売は以後の歴代王朝においても重要な収入源になっており，これは中華人民共和国も同様であった。塩の市場自由化がされたのは，2014年のことである。

（黒田秀教）

▷3　『塩鉄論』
10巻60篇。論争の記録をもとに，桓寛が賢良・文学側に左袒（さたん）して増補整理したものである。問答体で叙述されており，各篇はつながりがある。末尾の雑論第六十は当時の著述の慣例に従って桓寛の自序とされている。

▷4　宣帝（せんてい：前91-前48）
政変により皇太子であった祖父は処刑されたが，生後間もなかったために助けられ民間で養育された後，霍光に擁立された。民間にあったことから現実的な思考をしており，理想論にはしりがちな儒者を遠ざけて能吏を登用し，前漢を中興させる。皇太子であった元帝が儒教に基づいて刑罰を緩くすべきであると言ったことに対し，漢朝は覇道・王道を交え用いているのだから，儒教だけを尊重することはできない，と叱りつけ，皇太子が漢を衰亡させるであろうと予言した。果たして元帝は儒教に肩入れしすぎて王莽の躍進を許すことになり，前漢滅亡の原因を作っている。

（参考文献）
渡邉義浩『漢帝国』中公新書，2019年。桓寛・佐藤武敏訳注『塩鉄論』東洋文庫，1970年。山田勝美『塩鉄論』中国古典新書，明徳出版社，1977年。

# XI　古　代

 **白虎観会議：儒教国家の完成**

---

▷1　**王莽**（おうもう：前45-23）
元帝の皇后の甥。父・兄が早逝したために若い時は生活に苦労していた。漢王朝より禅譲されて「新」を建国するが，実体は簒奪であり，その治世は後世，暴政として語り継がれた。ちなみに『西遊記』で孫悟空が封印前に暴れ回っていたのは，王莽の時のこととして設定されている。

▷2　**讖緯思想**
讖・緯どちらも神秘的であり，厳密な区分は難しいが，讖とは未来予言に関するものである。そして緯とは，経書の釈義に関するものであり，孔子の手になると称して漢代に盛んに偽作された。

▷3　⇨ Ⅴ-4 「『礼記』」

▷4　**華夷秩序**
文明を持つ中華を世界の中心とし，周辺の夷狄を野蛮な非文明的社会・国家と見なす世界観。周辺国は中華の皇帝を頂点とした序列に組み込まれることになり，前近代の東アジア世界に国際的な秩序をもたらした。なお，日本も夷狄になるため，江戸時代を通じて華夷の概念にどう向き合うかが儒者の間で問題になっている。

---

## 1　儒教の政治利用

　儒教に傾倒した元帝（前75-前33）は，経義（経書の意味内容）に基づく政治を行う。漢朝は郡や諸侯王の国都に劉氏の祖廟を建てていたが（郡国廟），これは自分の先祖以外を祀ることを戒める儒教の教え（『論語』為政篇）に反しており，前40年，この制度を廃止した。しかし，中央と地方とを結合させ，民を一統するために設けられていた制度の廃止は，儒教理念が現実に先行したとも言えよう。従前は現実に対応するための政策を正当化する道具であった儒教が，これより以後は逆に現実を儒教理念実現の道具にしていく流れができる。

　元帝の皇后の甥であった**王莽**は，**讖緯思想**における符命という神秘的な予言と，儒教経義に基づく周公の故事とを利用することで，居摂践祚（摂政でありながら王者として即位）を果たす。そして，やはり儒教経義によって禅譲の理論を整えると，8年に皇帝として即位し，新を建国した。王朝を乗っ取るという荒技を，儒教が可能にしたのである。

　王莽は経義に沿って祭祀制度を制定しなおし，また井田や学校，封建などの儒教が理想とする制度の実現を目指していくが，その際に特に重視したのが，周公の作とされる『周礼』であった。

　しかし，周の制度を今の時代に再現することは難しい。また，外交政策も儒教の**華夷秩序**を大真面目に現実化して匈奴や高句麗を蔑んだ結果，離反されている。つまり，現実を度外視して儒教理念を実現しても，社会に混乱を招いてしまうのである。こうして赤眉の乱を皮切りに反乱が相継ぎ，25年に景帝の六世の孫になる**光武帝**によって漢（後漢）が再興されることになる。その光武帝も『尚書』を学んで讖緯思想にも傾斜していたことから，儒教を振興して儒教理念に基づいた制度政策を推進めていくのであった。

## 2　白虎観会議

　前漢末から後漢の光武帝，明帝（28-75），章帝（57-88）にかけて，経学はきわめて盛んとなる。しかし，盛んになるということは，諸説が乱立することも意味する。制度政策を儒教と融合させる場合，経義が諸説あっては不都合であろう。そこで，異説を排除して標準的な見解を定めようとする動きができる。

　実は，経義を統一する試みは前漢から行われている。宣帝（前91-前49）は前

51年に石渠閣会議を開催して五経の異同を正したが，この時に焦点となったのは『春秋』の公羊学と穀梁学との対立であり，宣帝の政治方針に合致する穀梁学が重用された。後漢でも明帝が即位初年の57年に五経の異説を正しているが，そこで利用されたのが讖緯の説であった。

そうした試みの集大成とも言える事業が，章帝が79年に行った白虎観会議である。章帝は学者に経義を討論させ，章帝自らが正しい経義を定めていき，その結果は班固（32-92）によって『白虎通義』としてまとめられた。

白虎観会議で焦点となるのは，**今文・古文**の対立と，讖緯思想とである。王莽が古文学に基づいて篡奪したことから光武帝は今文学を重視したが，学問としての規模・精緻は古文の方が優れていた。そこで，白虎観会議では表向き今文説を優先させつつも古文説を援用し，両者の折衷が計られる。また，讖緯学を忌避する儒者も少なくなかった中，讖緯の書である緯書が経書とまったく同等に扱われ，儒教を構成する要素として正式に組み込まれることとなった。

このように儒教の枠組みが定められつつ，後漢王朝の制度は儒教によって「天」を頂点とした体系を付与され，理屈づけられていく。例えば，君主の称号としては「皇帝」「天子」の二つが併用されていたが，白虎観会議において，「皇帝」とは臣下に対する称号であり，「天子」とは天より賜った爵位である，とするのである。ちなみに，「天子」を爵位とするのは今文説，外国に対する自称とするのが古文説であるが，夷狄（外国）は緯書説に基づいて臣下としない存在とされており，臣下としないのであるから夷狄に対して「皇帝」の称号を使えないことになる。果たして，後漢王朝の対外用途の印璽は「天子」であり，こうしたところに緯書を媒介にした今古文の折衷が垣間見えよう。この他，刑罰も儒教経義に来源が設定され，儒教が法家思想を消化している。

### ❸ 後世への影響

白虎観会議が後世に与えた影響は大きい。思想史として語れば，儒教の枠組みである。今文・古文を折衷し，緯書を経書と同等に扱う学術観は，経学的世界を完成させた鄭玄に受け継がれる。また，神秘的な緯書が儒教を構成する一要素として公認されたことで，「怪力乱神を語らず」（『論語』述而篇）であった儒教が神秘性を帯びることにもなった。緯書は隋の煬帝（569-618）によって禁止されたが，すでに経義の中に混入してしまっていたことから日本へ伝わった儒教も緯書説を内包しており，神武天皇元年を前660年とするのも，鄭玄の利用した緯書説に基づくと言われている。

また，政治史として語れば，後漢王朝の命運を決定づけている。臣下としない対象は夷狄以外にも二つあり，それは**二王の後**と妻の父母とであるが，後漢王朝は章帝以後，外戚の専横によって混乱していく。外戚が権力を握った理由こそが，白虎観会議における規定であった。　（黒田秀教）

▷5　**光武帝**（こうぶてい：前5-57）
前漢景帝六世の孫。一度は滅びた統一王朝を再興した史上唯一の皇帝。功臣には儒教を学ぶよう勧め，粛清をしなかったことでも知られる。倭の奴国に金印を授与した皇帝でもある。

▷6　⇨ XI-4 「秦の始皇帝による焚書坑儒」

▷7　『白虎通義』
班固撰，全4巻。爵・号以下の44項目について，儒教経典に基づいて解説をしている。

▷8　今文・古文
今文とは始皇帝の焚書坑儒をくぐり抜けて伝えられ，「今の文字」で書かれた書。古文とは漢代になってから発見された，「古い文字（戦国時代の文字）」で書かれた書。今文・古文では同一書物であっても記載内容が異なっており，激しい論争になった（今古文論争）。

▷9　⇨ II-3 「鄭玄」

▷10　二王の後
武王が周を建国した際，旧王朝の夏・殷の末裔を諸侯として封じた故事に基づく。『白虎通義』は，天下は一家の私物でないことを明らかにするためであるとしている。漢王朝では，殷・周の子孫を「二王の後」としたが，孔子を殷王の子孫として，殷の後に孔子末裔をあてた。

【参考文献】
渡邉義浩『漢帝国』中公新書，2019年。西嶋定生『秦漢帝国』講談社学術文庫，1997年。

## XII　中世から近代

# 1　科挙の開始

## 1　科挙の始まり

　科挙とは隋代から清代まで行われた，官吏登用試験制度のことである。

　中国において**封建制**は春秋・戦国時代に早くも有名無実化し，中国全土を統一した秦が**郡県制**を導入した後，前漢初期の郡国制を経て，歴代王朝は基本的に郡県制を継承していった。これにより，官吏が行政を担う社会制度が定着し，漢代には「**察挙**」，魏晋・南北朝時代には「**九品官人法**」と呼ばれる官吏登用制度が用いられてきた。しかし，いずれも当時の権力者階層（漢代は「豪族」，魏晋・南北朝時代は「貴族」）から代々官僚を生み出す再生産システムとして機能したため，官僚の家を世襲・固定化させる傾向が強く，政治腐敗の温床となっていた。

　そうした問題を解決すべく，隋の文帝（在位581-604）が，秀才・明経・進士という科目に分かれた試験を導入したことが，科挙の始まりとされる。しかし隋および唐代においては，高位高官に就くとその子孫に任官資格が与えられるという「任子（恩蔭）」なる制度が存在した上，科挙もまた有力高官との人脈の有無が合否を左右するような仕組みになっていたため，依然として貴族出身者が有利な状況が続いていた。

　しかし唐代末期から五代にかけての武人支配を経て，貴族は消滅することとなる。そののち，全国を統一した宋王朝は完全な文人支配体制へと移行したが，その際，効率的な官僚の選抜・補充のため，人材を広く求める制度として科挙を積極的に取り入れていくことを決める。これにより，形式の上では誰もが受験可能であり，公平性・客観性を備えた官吏登用試験としての科挙が整備されることとなったのである。

## 2　科挙制度の整備

　宋代において，科挙は王安石（1021-86）や司馬光（1019-86）の改革により，次第に整備されていく。まず経書の暗記能力を問う「明経科」などを廃止し，文学の才を問う「進士科」のみが科目として設定された。試験内容は，経義（経書の解釈）・詩賦（作詞）・論策（論文）の三種である。受験者は，解試（本籍の州で受験）・省試（中央・礼部貢院で受験）・殿試（皇帝の面前で受験）の三段階の試験を受け，殿試に合格することで官僚となる。

▷1　**封建制**
主に周代に行われた社会制度。天子が一族や功臣に土地を与え諸侯とし，諸侯はその爵位を世襲し，自らの封土を治める。

▷2　**郡県制**
秦代以降に封建制に代わり中国全土で採用された社会制度。全国を郡に分け，郡の下にさらに県を設置し，天子により任命された官吏が地方行政を行う。

▷3　⇨ II-2 『『淮南子』』

▷4　**察挙**
「郷挙里選」ともいう。中央政府から派遣された地方官が郷里社会の優秀な人材を推挙する制度。実質的には「豪族」の意向によって左右されることが多かった。

▷5　**九品官人法**
中央政府から派遣された中正官が郷里の評判を聞いて人物を九段階のランク（「九品」）で評価し，その報告を受けた中央政府がその評価に基づいて官職に任命する制度。

▷6　**科挙試**
明代以降は「郷試（省都の貢院で実施）」，「会試（北京の礼部貢院で実施）」，「殿試」と呼ばれるようになった。

このような試験制度は，元代に一時的に中止されたり，明代以降は**科挙試**[16]の前に**学校試**[17]なるものが組み込まれたりしたが，清代末期に廃止されるまで，中国の政治システムを支える制度として長く機能することとなった。

## ③ 科挙と思想

思想史の観点から言えば，宋代における科挙の整備は，家柄を問わない立身出世の道が示されたことで，学問人口を飛躍的に拡大させたという点において大きな意味を持つ。この科挙受験のために，首都に「太学」，地方に「州県学」という国立学校が設立されたほか，私立学校・学塾である「書院」が各地で設立されたことにより，民間教育も格段に発達していくこととなる。

このような社会状況にあって，科挙を経て官僚となった「士大夫」の他にも，科挙合格を目指して学問を修めた「士人」[8]あるいは「読書人」[9]と呼ばれる人々が多数存在することとなり，彼らが当時の知識層を牽引していくこととなった。

一方で，受験戦争の激化は，「なぜ学問をするのか？」という問題意識を抱かせることにもつながった。誰でも学問によって聖人になれるという「聖人可学論」を説いた周敦頤に学んだ程頤は，太学で学んでいた時に「顔子所好何学論」を書いている。程頤は，孔子が特に「学を好む」と評した弟子・顔淵が好んでいた「学」とは何かを論じる中で，学問とは「聖人の道」に至るために自身の性を涵養していくためのものであり，今のような科挙の合格のために博覧強記・巧文麗辞を第一とする学問は本来の学問ではない，と述べた。この思想はさらに朱子[10]に継承され，『論語』を出典とする「**為己の学**」[11]は，朱子学の大きなスローガンとして標榜された。このように，自分自身の人格的成長を学問によって目指すような思想が誕生・発達していった背景にも，科挙が深く関係していると言われている。

科挙は，テキストに指定されたものを受験生すべてが学ぶことにより，その時代の学者の思想的基盤の形成に大きな影響を及ぼす，という側面も持つ。元・仁宗（在位1311-20）の代に，**四書**[12]が科挙の試験科目となり，朱子の四書解釈が標準解釈に定められ，朱子学は国家公認の学問としての地位を占めるようになる。また明代には永楽帝（在位1402-24）の命によって編纂された，いわゆる「**永楽三大全**」[13]が科挙のための国定教科書として指定されたことで，朱子学関連の思想を総合的に学ぶこととなり，朱子学のさらなる普及へとつながった。

なお，朱子学は自己が成長した上での政治実践を目指すが，日本の江戸時代においては，科挙のような制度がなく，武士以外の身分の者の政治実践がきわめて困難であった。この点が中国と日本の大きな違いであり，日本の儒学者が直面した大きな課題であったとも言われている。 （佐藤由隆）

▶7 学校試
「県試」，「府試」，「院試」の三段階がある。これに合格して府州県学に籍を置き「生員」となることで，はじめて科挙試を受ける資格が与えられる。

▶8 ⇨ Ⅲ-1 「北宋の五子」

▶9 ⇨ Ⅲ-1 「北宋の五子」

▶10 ⇨ Ⅲ-2 「朱子」

▶11 為己の学
『論語』憲問篇の「古の学者は己の為にし，今の学者は人の為にす」を出典とする語。朱子学では「他人から評価されるためではなく，自分自身の成長のために学問をすべし」という意味で解釈する。

▶12 四書
朱子学において，五経とは別に特に学習すべきだと設定された，『大学』『中庸』『論語』『孟子』の四つの書の総称。⇨ 序-1 「中国思想の誕生と展開」

▶13 永楽三大全
『五経大全』『四書大全』『性理大全』の総称。朱子の学説を中心に据えつつ，宋・元の学者の「五経」「四書」の注釈と性理学説を広く集めて編集したもの。

（参考文献）
宮崎市定『科挙』中公新書，1963年。宮崎市定『科挙史』東洋文庫，平凡社，1987年。平田茂樹『科挙と官僚制』山川出版社，1997年。

# XII　中世から近代

 木版印刷の発明

▷1　中国の四大発明
紙・火薬・羅針盤・印刷技術の四種を指す。

▷2　⇨ X-3「印章」

▷3　⇨ XII-4「正始石経
（三体石経）の発見」

▷4　『旧唐書』
五代十国時代，後晋の劉昫らによって編纂された，唐王朝一代の歴史書。北宋の欧陽脩らが唐王朝の一代史を新たに編纂したため，前者を『旧唐書』，後者を『新唐書』と呼ぶ。

▷5　⇨ IX-5「敦煌莫高窟」

▷6　なお，世界最古の印刷物とされるのは，日本の法隆寺が所蔵する『百万塔陀羅尼』である。これは，770年（宝亀元）に日本において完成した，と『続日本紀』に記されている。諸説あるが，木版印刷であるという説が有力である。そうだとすると，『百万塔陀羅尼』は敦煌本『金剛経』よりもさらに古い木版印刷物であり，当時すでに中国において存在していた木版印刷技術が日本に伝えられた，とも考えられる。

▷7　『九経』
実際には『易経』『書経』『詩経』『周礼』『儀礼』『礼記』『春秋左氏伝』『春秋公羊伝』『春秋穀梁伝』『孝経』『論語』『爾雅』の十二経である。

## 1　木版印刷の萌芽

　木版印刷とは，それまでの書写に代わり，印刷したい内容を彫刻した「版木（板木）」を作ることにより，長文の印刷物を大量に作成することを可能にした，**中国の四大発明**にもあげられる技術である。

　この印刷術が誕生した原動力となったと言われているのが，印章と拓本である。印章（ハンコ）は，裏返しに文字を彫る点が共通している。これは先秦以来，すでに公私において使用されていたとされている。

　拓本とは，石碑や器物などに紙や絹などを密着させ，上から墨を打つことで凹凸を写し取る技法である。このような目的で作成・使用されたのが，例えば熹平石経や正始石経である。記録に残る最古の石経である熹平石経が175年（熹平4）に立てられたものであるから，その歴史は古い。この拓本は，長文を写し取るという点が木版印刷と共通している。

　しかし拓本となる石碑などは，製造するための費用が莫大にかかる上，基本的に持ち運ぶことを考慮して製造されておらず，低コストでの大量印刷，という点においては適していなかった。こうした課題の中で，木版印刷が発明されたと考えられる。

　木版印刷が発明された正確な時期についてははっきりしない。『旧唐書』を見ると，835年（太和9）に暦を私版することを禁止した勅命が出されており，少なくとも9世紀にはすでに木版印刷が存在していることが確認される。

　中国で現存する最古の印刷物は，イギリスの探検家オーレル・スタイン（1862-1943）が敦煌で発見した，巻子本の『金剛経』である。この本の巻末を見ると，「咸通九（868）年四月十五日」などと印刷されていることから，木版印刷が唐代後期にはすでに存在していたことが実証されている。

## 2　木版印刷の普及

　王朝が木版印刷に着手した記録として最も古いのは，五代十国時代の政治家である馮道（882-954）が，932年（長興3）に後唐の明宗（在位926-933）に上奏してから開始された，『九経』の出版事業である。馮道の建議の内容を見ると，当時の王朝には従来の石経を製造するだけの余裕がないため，中国南部の民間ですでに浸透していた木版印刷を採用してはどうか，という趣旨のことが述べ

られている。こののち，後周の955年（顕徳2）までに，『九経』のほか，『五経文字（きょうもじ）』『九経字様（きゅうけいじよう）』『経典釈文（けいてんしゃくもん）』の版木が完成し，刊行された。これらの書物を総称して「五代監本（ごだいかんほん）[8]」という。

　この「五代監本」は，すべて儒教関連のテキストである。馮道も，木版印刷物として儒教経典はまだ存在していないので，これを印刷・刊行して流行させることで文教政策を進めたい，と述べている。このことの背景には，それまで国教である儒教の経典は「正経」とされ，歴代王朝が編纂した歴史書である「正史」とともに，民間における刊行が一切禁止されていた，という事情がある。版木の前身ともいえる石経も，正統なテキストの版権を国家が有している，ということを意味するものでもあった。

　このような経緯を経てあらゆるテキストが木版印刷によって刊行されるようになり，次の宋代になると，**活字印刷**[9]の技術も発明され，印刷物は爆発的に増えることとなる。特にこの時代の印刷物は「宋版」と呼ばれ，非常に完成度の高い印刷物として評価されている。

　こうして宋代以降になると，テキストの元データとしての役割を版木が担うようになり，版木を大切に保存して後世まで印刷を繰り返すという習慣が確立されることとなる。

## ③ 思想への影響

　印刷技術の発達により書物の大量出版が可能になったことは，思想史においても大きな衝撃を与えた。それまで口伝や書写によって特権階級に独占されていた知識は，木版印刷によってより広範囲に伝達することが可能となったのである。南宋時代には民間の印刷業者（書肆（しょし））が様々な書物を安価に出版し，人々はそれを買い求めた。これはつまり，一種の情報革命である。知識層の拡大は，すなわち学問層の拡大とも密接な関係を持つ。したがって，印刷技術の発達は，科挙（かきょ）[10]の整備と相まって，学問の民間層への浸透にも大きな役割を果たしたと言える。

　また②で述べた「五代監本」によって儒教経典も木版印刷されたのち，宋代では，儒学者が著作を世間に向けて出版する活動も活発化するようになる。こうした活動を行った代表的な人物が，朱子（しゅし）[11]である。彼は北宋の五子（ごし）[12]の諸説をまとめた『近思録（きんしろく）』などを出版し，自説の基礎となる先哲の顕彰運動を進める一方で，『四書集注（ししょしっちゅう）』などの自著をも精力的に執筆・出版していくことで，自らの思想を広く宣伝していくことに努めたのである。そして朱子の弟子たちもまた，朱子の言行録を『朱子語類（しゅしごるい）』としてまとめて出版することで，朱子の顕彰運動を進めていく。このように，木版印刷の発明による印刷技術の発達は，中国思想の新たな潮流を後押しする，大きな原動力ともなったのである。

（佐藤由隆）

▷8　五代監本
現在では日本に『爾雅』の覆刻版（ふっこくばん）（テキストから新たに版木を作成し，印刷し直したもの）の一部が伝わるのみで，ほぼ散佚している。

**五代監本『爾雅』**
（『古逸叢書』）

▷9　活字印刷
一字ずつ彫刻された文字（活字）を組み合わせて文句をなすように造る印刷法。彫刻する素材は様々で，粘土活字・木活字・銅活字・鉛活字がある。

▷10　⇨XII-1「科挙の開始」

▷11　⇨III-2「朱子」

▷12　⇨III-1「北宋の五子」

（参考文献）
長澤規矩也『書誌学序説』吉川弘文館，1960年。陳国慶（沢谷昭次訳）『漢籍版本入門』研文出版，1984年。張小鋼『中国人と書物』あるむ，2005年。

## XⅡ　中世から近代

# 『武経七書』の成立

## ❶　『武経七書』とは何か

　『武経七書』とは，北宋に編纂された書籍であり，代表的な七種の兵書（『孫子』『呉子』『司馬法』『尉繚子』『六韜』『三略』『李衛公問対』）から成る。

　『孫子』は，春秋時代末期の孫武の思想をまとめたとされる兵書。開戦前の情報収集・分析を重視する点や，「戦わずして勝つことが最善」という戦略，敵の裏をかき正面衝突を避ける戦術を説く点で特徴的である。▸1

　『呉子』は，戦国時代前期の呉起の思想をまとめたとされる兵書。戦争を行う前提としての政治の重要性を説く点や，兵士の特性に合った用兵を説く点が特徴としてあげられる。「孫呉の兵法」のように，『孫子』と併せて称されることが多い。

　『司馬法』は，春秋時代末期の司馬穣苴の思想をまとめたとされる兵書。ただし，戦国時代中期の成立とされることもあり，詳細は不明。内容の特徴としては，平時と戦時を区別した上で，それぞれ然るべき統治を行うべきという点があげられる。

　『尉繚子』は，戦国時代中期（もしくは末期）の尉繚の思想を伝えるとされる兵書。厳格な軍令による兵士の管理や，富国強兵を重視する点で特徴が見られる。

　『六韜』は，周の呂尚が記したとされる兵書。殷末周初の文王・武王と呂尚の問答形式で語られる。内容は，軍事・政治の要点から状況・地形ごとの戦術，武器の使用法や練兵法など，広範にわたる。

　『三略』は，黄石公が秦末漢初の張良に授けたとされる兵書。具体的な戦術というよりは，政治・軍事の大綱・格言を並べる。呂尚の著作という説があるため，『六韜』と合わせて「韜略」と称されることがある。

　『李衛公問対』は，唐の太宗と李靖との問答集であり，数々の軍事的な議論を行っている。特に，『孫子』以来の「**奇正**」▸2に関する解釈や，異民族に関する軍事問題について紙幅を割いて論じる。

　『武経七書』の中で最も重視されてきたのは『孫子』である。このことは，中国で古くから最も多く注釈がなされてきたことから明らかである。▸3

---

▸1　⇨ [XⅠ-2]「臥薪嘗胆と孫子兵法の誕生」

▸2　奇正
「奇」は奇策，「正」は正攻法を指す。ただし，「奇」「正」は，状況によって絶えず変化するものである点には注意を要する。『孫子』勢篇に「凡そ戦いは，正を以て合し，奇を以て勝つ（戦争は，まず正攻法で相手にあたり，奇策によって勝利する）」という語が存在する。

▸3　『孫子』注釈の中で最も一般的なものが，計11人（三国時代の曹操，梁の孟氏，唐の李筌・杜牧・杜佑・陳皞・賈林，宋の梅堯臣・王皙・何延錫・張預）の注釈をあわせた『十一家註孫子』である。日本でも林羅山・新井白石・荻生徂徠など多くが注釈を残している。

## ❷ 北宋における武挙・武学と『武経七書』の成立

　『武経七書』の成立には北宋前期の情勢が，その流行には武挙・武学がそれぞれ密接に関わっている。初代皇帝の太祖が徹底した文治主義・軍縮政策を進めた結果，北宋は遼や西夏など周辺から圧迫を受けていた。その対策として，第四代仁宗や第六代神宗の時代では，軍事を重視した。その具体策が武挙の整備，武学の創立であり，『武経七書』の刊行であった。

　武挙とは，武官を選抜するための試験制度であり，唐より始まった。一般的な科挙（文科挙）[14]と対比して「武科挙」と称されることもある。

　試験科目は時代によって異なるが，唐代では「長垜（遠距離からの的当て技術）」「騎射（騎乗した状態にて弓を射る技術）」「馬槍（馬上での槍の技術）」「歩射（地上にて矢を射る技術）」「材質（体格）」「言語（弁舌の巧みさ）」「挙重（筋力）」の七項目が受験者に課された。

　武挙は，基本的に武学（軍事学校）で一定の成績を収めた学生が受けることができた。武学は1043年（北宋・慶暦5）に創設され，一旦廃止されるものの1072年（北宋・熙寧5）に復活している。武学では，毎年春と秋に試験が行われた。試験では，実技（歩射・騎射）や軍事的な時事問題に関する論述，『孫子』『呉子』『六韜』からの問題が課された。

　武挙・武学が整備される中，1075年（北宋・熙寧8），神宗は兵書を整理するよう命令し，朱服[15]を中心として作業が進められた。この時，『孫子』をはじめとする七書も整理の対象となっており，この頃から「七書」の概念が成立した。三年の期間を経て校定[16]が完了し，元豊年間（1078～85）に刊行された。

　その後，『武経七書』は武学のテキストとして採用され，また武挙では『武経七書』から問題が出されるようになる。清末に武挙が廃止されるまで，受験者は『武経七書』を通じて兵法を学び，試験に臨んだ。以上のように，『武経七書』は北宋の対外情勢への対策の過程で成立し，武挙・武学における採用によって確固たる地位を築いた。

## ❸ 『武経七書』のその後と日本における受容

　北宋の成立以降も，『武経七書』の本文校定や解釈が行われ続けた。代表的なものとして，『武経七書講義』（南宋・施子美），『武経七書直解』（明・劉寅）（図1），『武経七書彙解』（清・朱墉）があげられる。

　また，日本にも古くから輸入され，特に徳川家康の命令によって『武経七書』の木版印刷がなされてから，広く読まれるようになった。

　このように，『武経七書』は中国や日本において尊重され，現代に至るまで読み継がれている。

(椛島雅弘)

▷4　⇨ XII-1「科挙の開始」

▷5　朱服（しゅふく：1048-？）
北宋の人であり，1073年（熙寧6）に科挙に合格した。

▷6　校定
当時は，同じテキストでも文字や篇の異同が存在していたため，別資料を参照しつつ比較検討を行い，正しいテキストを定める必要があった。その作業を校定と呼ぶ。

図1　『武経七書直解』
（和刻本）

（参考文献）
湯浅邦弘『よみがえる中国の兵法』大修館書店，2003年。湯浅邦弘『孫子の兵法入門』角川選書，2010年。

## XII　中世から近代

# 4　正始石経（三体石経）の発見

▷ 1　⇨ V-2 「『書経』」

▷ 2　⇨ V-5 「『春秋』」

▷ 3　⇨ X-3 「印章」側
注 4

▷ 4　③ で述べる通り，
新出土文献に書かれている
文字と共通するものが存在
する。

▷ 5　熹平石経
後漢の熹平 4 年（175）に
作成された石経。今文テキ
ストである『周易』『尚書』
『詩経』『儀礼』『春秋』『春
秋公羊伝』『論語』を刻し
た。

▷ 6　太学
儒教を学ぶ教育機関で，官
僚を育成する役割を果たし
た。

**図 1　正始石経**（拓本）
（孫海波編『魏三字石経集
録』台湾藝文印書館，
1975年）

▷ 7　⇨ VII-6 「董仲舒」

## ❶　正始石経の基礎情報

正始石経とは，三国魏の正始年間（240〜249）に作成された石経である。石経とは，主に石碑に刻まれた儒教・道教・仏教の経典のことを指す。正始石経は，儒教の経典である『尚書』『春秋』『春秋左氏伝』の文章が刻まれている。

特徴としては，古文・小篆・隷書の三書体で記されている点である。ここから，正始石経を「三体石経」と称することもある。古文とは，戦国時代において，秦以外の地域で用いられた文字であり，三書体の中では最も貴重である。作者は，邯鄲淳・衛覬・嵆康らの名が候補としてあがるものの，詳しいことは分かっていない。

正始石経は，**熹平石経**とともに洛陽の**太学**に置かれたが，西晋以降の戦乱で大部分が失われた。残石は546年（東魏・武定 4），洛陽から鄴へ遷都する際に輸送されたが，その過程で一部が黄河に水没したという記録が残っている。その後，洛陽に戻されるものの，隋の時代になると長安に移された。

7 世紀，唐初の魏徴が残石を集めたところ，十分の一も残っていなかったという。この「十分」とは，おそらく喜平石経と正始石経を合わせたものを指し，両石経の欠損が甚だしかったことがうかがえる。

その後，正始石経の行方は長らく不明となっていたが，1884年（清・光緒20），1922年（民国11）に洛陽でそれぞれ残石が出土している。具体的には，『尚書』無逸篇・君奭篇・多方篇，『春秋』僖公・文公の一部などが確認できる。文字数としては，約2500字残存している（図 1）。

現在，現物は中国の北京大学や故宮博物院，東京台東区の書道博物館や京都の藤井斉成会有鄰館をはじめとして，各機関に保存されている。また一部は個人蔵となっている。

## ❷　熹平石経・正始石経と儒教における今古文論争

そもそも，なぜ漢から魏にかけて儒教の経典を石経として立てる必要があったのか。この背景には，前漢の文帝・武帝期以降，儒教が他の学派を抑え，国家への影響力を強めていったことが関係している。具体的には，賈誼・韓嬰・董仲舒など，各経書に通じる学者が博士となり，国政に参加した。

一方，直接的原因として，経書のテキスト問題が存在する。当時は，一つの

テキストでも文章や篇に大きな異同が存在しており，どれを基準とするかが大きな問題であった。この問題を解決するために作成されたのが，熹平石経・正始石経であった。

　では，なぜ熹平年間から約70年しか経っていない正始年間に，改めて石経が作られる必要があったのだろうか。これは，今古文論争が原因である。

　今古文論争とは，儒教経典のテキストやその解釈の正当性について，今文学派と古文学派が争ったことを指す[10]。今文学派とは，秦による焚書坑儒を経て[11]，口伝によって継承されたテキストを重視する学派である。当時の通行書体である隷書で記されるため，「今文」学派と称される。

　一方，古文学派とは，秦以前の古文によって書かれたテキストを重視する学派である。前漢末に劉歆が提唱し，後漢末から魏にかけて勢力を持った。結果，古文テキストの『尚書』『春秋』『左伝』を正始石経として刻することとなった。このように正始石経は，儒教の隆盛や学派間の争いを背景として作成された。

## ③ 正始石経の意義

　儒教の石経は，正始石経の後も，唐・後蜀・北宋・南宋・清で作成されており，儒教と石経文化が長年にわたって密接に関わりを持ち続けたことが分かる。

　以上の石経は，儒教経典の保存と普及に大きく貢献した。『後漢書』蔡邕伝は，「熹平石経が完成した際，それを見に来る者や記録する者で溢れた。」と記している。

　また正始石経は，古文が記されていることにより，許慎の『説文解字』や郭忠恕の『汗簡』，夏竦の『古文四声韻』[12]とともに，文字学的な意義が存在する。特に，新出土文献に見える戦国文字（多くが楚系文字）の解読に寄与している[13]。

　戦国文字は，その名の通り戦国時代に使用されていた文字であり，近年の新出土文献に見えるケースが多い。通行の文字とは大きく異なるため，読解が非常に難しい。しかし，正始石経などに見える古文と戦国文字は一部が類似しており，文字の特定につながる場合がある。

　例えば，上海博物館蔵戦国楚竹書（上博楚簡）の『三徳』という文献には，「&#x7B9F;」という文字が存在する。この文字は，当初様々な推測が立てられたが，とある学者が正始石経の「&#x7B9F;（翯）」と似ていることに気づき，解読された。

　この他，包山楚簡「&#x9769;（革）」「&#x81EA;（㠯）」と石経「&#x9769;」「&#x81EA;」，郭店楚簡「&#x4FE1;（信）」「&#x5176;（其）」と石経「&#x4FE1;」「&#x5176;」のように，字形が似ているケースが複数確認でき，石経の資料的価値が見直されている。

（椛島雅弘）

▷8 ⇨ VII-6「董仲舒」

▷9 ⇨ XI-5「儒教の国教化」

▷10 ⇨ XI-7「白虎観会議」

▷11 ⇨ XI-4「秦の始皇帝による焚書坑儒」

▷12 三書とも古文を集録している。また，洪适『隷続』には，「魏三体石経左伝遺字」として，正始石経の残字が集録されている。

▷13 ⇨ XII-5「新出土文献の発見」

（参考文献）

銭存訓（宇都木章・竹之内信子・沢谷昭次・広瀬洋子訳）『中国古代書籍史』法政大学出版局，1980年。神田喜一郎・田中親美監修『書道全集』第三巻，平凡社，1959年。

## XII　中世から近代

# 5 　新出土文献の発見

### 1 　新出土文献とは何か

　　近年，中国各地の遺跡や古墓において，大量の出土文献が発見されている。その中でも特に，1970年代以降に発見されたものを「新出土文献」と呼ぶ。

　　新出土文献の大半は，戦国時代中期（紀元前 4 世紀頃）〜前漢時代（紀元前 2 世紀頃）の墓の副葬品の中から発見されている。例えば，銀雀山漢墓竹簡（銀雀山漢簡）や馬王堆漢墓帛書（馬王堆帛書）は，ともに前漢時代の墓より出土している。また，上海博物館蔵戦国楚竹書（上博楚簡）や清華大学蔵戦国竹簡（清華簡）のように，骨董市場にて発見・購入されたものもある。

　　新出土文献は主に竹簡や帛書に記されている。竹簡とは，竹を短冊状に加工した後，ひもで綴じたものである（図 1 ）。帛書とは，絹の布に文字を書いたものである。帛書は竹簡と比べ，図や挿絵を描きやすく，また保管する際にかさばらないという利点があるが，高級品であったため，出土した文献の多くは竹簡資料である。

### 2 　どのような文献が発見されたのか

　　新出土文献の発見は，①現在まで伝わっているものが出土するケース，②文献名のみ伝わるものが出土するケース，③文献名すら伝わらないものが出土するケースの三つに大別される。

　　①について，例えば儒家関係では，『周易』（馬王堆帛書・阜陽漢簡・上博楚簡），『尚書』（清華簡），『詩経』（阜陽漢簡・安徽大学蔵戦国竹簡），『論語』（定州漢簡・平壌漢簡・海昏侯漢簡）などが発見されている。道家関係では『老子』（馬王堆帛書・郭店楚簡・北京大学蔵西漢竹書）や『荘子』（阜陽漢簡・張家山漢簡），兵家関係では『孫子』（銀雀山漢簡）や『六韜』（銀雀山漢簡・定州漢簡）などがあげられる。

　　②については，①③ほど多くはないが，『孫臏兵法』（銀雀山漢簡），『帰蔵』（王家台秦簡），『黄帝四経』（馬王堆帛書）が例としてあげられる。これらはいったん歴史の中で失われてしまったものの，古墓から出土したことで，再び世に現れた資料である。

　　③については，例えば儒家関係では，孔子と弟子あるいは為政者との問答体の文献である上博楚簡『中（仲）弓』『君子為礼』『弟子問』『季康子問於孔

---

▷ 1　新出土文献が発見されるきっかけとしては，考古学的発掘調査が行われるケース，土地開発作業中に偶然見つかるケース，墓が盗掘された後，骨董市場に出回るケースなどがある。

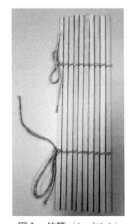

**図 1　竹簡**（レプリカ）

▷ 2　「冊」は竹簡を広げた形，「典」は竹簡を手で広げた様子（あるいは机上に置いた様子）を模した漢字である。

▷ 3　⇨ V - 1 「『周易』」

▷ 4　⇨ V - 2 「『書経』」

▷ 5　⇨ V - 3 「『詩経』」

▷ 6　⇨ V - 6 「『論語』」

▷ 7　⇨ I - 6 「老子」

子』『孔子見季桓子』や，孔子の孫の子思が登場し，「忠臣」をテーマとする郭店楚簡『魯穆公問子思』などがある。道家関係の郭店楚簡『太一生水』と上博楚簡『恒先』は，独自の宇宙生成論が見られる文献である。また，上博楚簡『鬼神之明』は，『墨子』の明鬼論と関係が深い。

この他，医学・術数[11]・兵学・法律・歴史・文学に関する文献も多数発見されており，既存の文献と比較しながら研究が進められている。

## ❸　新出土文献の意義

新出土文献の発見により，従来の説が見直されたり，新事実が明らかになったりと，中国思想史研究に大きな影響を与えた。

例えば『老子』については，『史記』の伝承によれば，春秋時代末期の老子による著作とされる。しかし，老子の伝承が曖昧であるため，『老子』の成立年代については諸説あり，中には魏晋以降の偽作とする説もあった。そのような状況において，馬王堆帛書・北京大学蔵西漢竹書（前漢時代）や郭店楚簡（戦国時代中期）が発見され，その中に『老子』が含まれていたことから，少なくとも魏晋以降の偽作とする説は成立しなくなった。

また，『孫子』[13]の作者については，春秋時代の孫武とする説と戦国時代の孫臏とする説の二つが長らく存在していた。しかし，銀雀山漢簡の中に『孫子』と『孫臏兵法』の二種が含まれていたことにより，現行本『孫子』は孫武が書いたものである可能性が高まった。

さらに，銀雀山漢簡『孫子』の内容からも，一つの事実が明らかとなった。それは，本来の篇順である。現行本『孫子』13篇は，12番目が火攻篇，13番目が用間篇という順序であるが，銀雀山漢簡『孫子』では，用間篇が12番目，火攻篇が13番目となっている。火攻篇の末尾には，冒頭の計篇と対応した締めくくりの文があるため，おそらく本来は用間篇→火攻篇という並びであったのが，いつの時代からか火攻篇→用間篇という並びに入れ替わったと推測される。

孔子に関するものとしては，新資料が多数発見され，それらの内容は『論語』に見える孔子の言葉と類似するものもあれば，微妙な違いが存在するものもある。このことから，孔子の言葉は様々な弟子によって伝えられた後，整理・淘汰され，最終的に『論語』としてまとめられたと考えられる。

この他，安徽大学蔵戦国竹簡（2015年，安徽大学が入手，安大簡）や海昏侯漢簡（2019年，江西省にて発見）など，現在も新たな文献が陸続と発見されている。今後さらに新出土文献の研究が進めば，我々が予想だにしない事実が明らかになるかもしれない。

（椛島雅弘）

▷8　⇨[Ⅰ-7]「荘子」

▷9　⇨[XII-3]『武経七書』の成立」

▷10　これらの新出土文献は，確認できる内容の割合が異なる。北京大学蔵西漢竹書（北大漢簡）の『老子』のように，ほぼ現行の『老子』と同様の形で発見されることもあれば，張家山漢簡『荘子』のように，一部分のみ（盗跖篇の第一章とほぼ一致）が発見されることもある。

▷11　⇨[Ⅷ-1]「馬王堆漢墓帛書『導引図』」

▷12　術数
ここでは未来の吉凶を占う手段の総称を指す。

▷13　⇨[XI-2]「臥薪嘗胆と孫子兵法の誕生」

（参考文献）
朱淵清（高木智見訳）『中国出土文献の世界』創文社，2006年。草野友子「新出土文献学」湯浅邦弘編著『概説 中国思想史』第15章，ミネルヴァ書房，2010年。中国出土資料学会編『地下からの贈り物』東方書店，2014年。

# 第 5 部

## 中国思想の周辺

*guidance*

　中国思想の本流は儒教であるが，その周囲には，インドから伝来した仏教や，民間信仰と老荘思想を基に形成された道教があり，「三教融合」の様相を呈していた。中国思想の全体像を把握するためには，こうした周辺への目配りも欠かせない。ここでは改めて仏教と道教を取り上げる。

　また中国思想は，大きな流れとなって東アジア世界にも広がり，日本の歴史と文化にも強い影響を与えた。その精華は，江戸時代に隆盛した「日本漢学」である。ここでは，林羅山，山崎闇斎，伊藤仁斎などの著名な儒者を追うことにより，中国思想と日本漢学の特質について考える。

　そして最後に，中国思想と西洋世界との関わりについて考えたい。宣教師によって中国にもたらされたキリスト教は中国思想とどのように対峙したのか。また，中国思想は西洋社会にどのように伝播したのか。そうした世界的視野の記述をもってこの部を終わりたい。

## ⅩⅢ　仏教と道教

# インド仏教の伝来

### ① 中国への仏教伝来

　仏教は，ブッダ[1]の教えであり，インドにおいて成立した。その仏教が中国に伝来した時期については諸説があり，確定していない。

　仏教伝来の伝説としては，「明帝感夢求法説」と「白馬寺伝説」が名高い。「明帝感夢求法説」は，後漢の明帝（28-75）が夢に金人を見て，臣下がそれは仏であると指摘したことにより，仏教を探求するようになったという話である。『後漢紀』や『後漢書』などに見える。この伝説は，さらに「白馬寺伝説」へと発展する。明帝は求法のために大月氏国[2]に使者を送り，摂摩騰と竺法蘭が『四十二章経』などを携えて洛陽に至り，彼らが住居したのが中国最初の仏寺白馬寺であるという話である。

　しかし，これらの伝説は現在では史実とは見なされない傾向にある。仏教が中国に伝来する前提としては，中国と西域諸国との交流が考えられる。前漢の武帝（前141-前87）は匈奴に対する軍事的な意図から，張騫（？-前114）を西域に派遣する。これが中国と西域との交流の端緒になる。その後，中国を訪れる西域の人々によって，徐々に仏教が伝えられたと考えられる。やがて仏教に興味を持つ中国人も現れるようになり，インド・西域出身の仏教僧たちによって仏典の漢訳が始められたと考えられる。

### ② 仏教と中国思想との出会い

　三国時代の動乱を経て西晋時代になると，知識人階層の間で清談が流行し[3]，老荘思想[4]が好まれるようになる。この時期，仏教を老荘思想に置き換えて理解しようとする傾向があり，知識人階層のサロンにおいて仏教が話題にのぼった。

　インドから伝来した仏教は，ここで中国思想との対立または融合を迫られることになった。この時，仏教が用いた方法が「格義」であった。格義とは，中国思想の中から仏教に類似する教えや用語を引いて，仏教の講義や仏典の漢訳に当てようとするものである。しかし，格義では仏教思想を歪曲して伝える危険性があり，仏教の神髄には到達しがたいとの批判があった。仏教が正しく理解され受容されるためには，優れた翻訳家による正確な翻訳によって，インド仏教の原義が伝えられることが待ち望まれた。

▷1　ブッダ
釈迦，釈迦牟尼，釈尊ともいう。生没年については前463-前383とする説など，諸説ある。

▷2　大月氏国
中央アジアにいた遊牧民族月氏が，匈奴に攻められ，現在のアフガニスタンあたりに建てた国。

▷3　⇨ Ⅱ-5「清談・玄学」

▷4　老荘思想
老子と荘子の思想が融合したもの。魏から晋の時代に，貴族層を中心に好まれた。⇨ ⅩⅢ-3「老荘思想と道教の成立」

▷5　かつて魏から晋の時代の仏教を「格義仏教」と呼んだが，現在では，その時代を「格義仏教」と呼ぶのは不適切であるとされる。

## 3　翻訳家・鳩摩羅什の登場

　仏教が中国に浸透しつつある時に登場するのが，鳩摩羅什（344-412または350-409）である。羅什は亀茲国[6]の仏教僧であるが，384年に前秦の軍勢が亀茲国を攻め滅ぼした時に捕虜となり，涼州に留め置かれた。401年に後秦の皇帝姚興（366-416）は涼州を攻めて，羅什を長安に迎えた。姚興の保護を得た羅什は，『阿弥陀経』『維摩経』『妙法蓮華経』『大智度論』『中論』など多数の仏典を漢訳した。

　羅什の翻訳事業は，インド仏教の思想を正しく中国に伝えることになり，その後の中国仏教の発展に大きく寄与した。羅什以前の翻訳は古訳と呼ばれ，羅什の翻訳とは区別されている。羅什の翻訳した漢訳仏典は，中国のみならず日本の仏教にも大きな影響を与えている。現在の日本仏教の諸宗派で読誦されている『阿弥陀経』『法華経』は，羅什訳である。

## 4　翻訳家・玄奘の登場

　鳩摩羅什を頂点とする仏典翻訳家の多くは，西域もしくはインド出身の僧侶であった。しかし，唐代に入って，中国人僧侶で自らインドに赴き，インドで本場の仏教を学び，多くの仏典を中国に持ち帰り翻訳するという人物が現れた。『西遊記』の三蔵法師のモデルとなる玄奘（602-664）である。

　玄奘は，洛陽近郊に生まれ，少年期に出家し早くから非凡な才能を認められた。中国における仏教学の習得に飽き足らず，インド留学を決意し，インドの仏教総合大学であるナーランダー寺院に学ぶことになる。玄奘が特に力を注いで学んだのは，大乗仏教の重要な教理である唯識学[7]であった。留学を終えた玄奘は，膨大な量の仏典を中国に持ち帰った。帰国した玄奘は，早々に翻訳活動を開始する。玄奘の翻訳現場には多くの優秀な学僧が集い，玄奘の指導を受けて翻訳作業にあたった。玄奘は多くの優れた弟子たちを養成することになり，ここにおいて中国仏教の教理研究は最高のレベルに達した。玄奘が訳出した仏典は，『大般若経』『解深密経』『瑜伽師地論』『摂大乗論』『成唯識論』『大毘婆沙論』『阿毘達磨倶舎論』『順正理論』など75部1335巻に及んだ。玄奘の翻訳は新訳と呼ばれ，それ以前の翻訳は旧訳と呼ばれた。現在，日本で読誦される『般若心経』は，玄奘訳の代表作の一つである。

　このように，西域との交流から始まった中国への仏教伝来であるが，鳩摩羅什や玄奘など傑出した翻訳家の出現により，本格的なインド仏教が伝来することになった。他に著名な翻訳家としては，インド出身の真諦（499-569），中国人僧の義浄（635-713）などがいる。しかしこの陰には，多くの無名の伝道者・翻訳家が存在したことを忘れてはならない。

（野口眞戒）

▷6　亀茲国
クチャ国。中央アジアの都市国家。仏教文化の中心地でもあった。

▷7　唯識学
大乗仏教における重要な教学。あらゆる存在は識，すなわち心であるとする。

参考文献
鎌田茂雄『新中国仏教史』大東出版社，2001年。大正大学仏教学科編『お坊さんも学ぶ仏教学の基礎2　中国・日本編』大正大学出版会，2015年。鎌田茂雄編『中国仏教史辞典』東京堂出版，1981年。中村元・福永光司・田村芳朗ほか編『岩波仏教辞典（第二版）』岩波書店，2002年。湯浅邦弘編著『中国思想基本用語集』ミネルヴァ書房，2020年。

# XⅢ　仏教と道教

# 2 仏教諸派の展開

## ▷1　空
あらゆる存在には，固定的実体がないという仏教の教理。『般若心経』はこの教えを説く。

## ▷2　⇨ XⅢ-1「インド仏教の伝来」

## ▷3　禅宗
中国において成立した仏教の宗派の一つ。坐禅の実践を重視する宗派。

## ▷4　律宗
中国において成立した仏教の宗派の一つ。出家者の戒律を『四分律』に依拠しているので四分律宗ともいう。

## ▷5　密教
大乗仏教の発展上にある神秘的宗教。秘教的修行の実践と神秘的儀礼を重んじる。日本の空海がこれを日本に持ち帰ったが，中国では後に断絶している。

## ▷6　三階教
釈迦の滅後にしだいに時代が悪くなるという末法思想に基づき，帰依の実践と懺悔を説く宗派。庶民の熱烈な信仰を集めたため，危険視され弾圧された。

## ▷7　十王信仰
死後の世界に，死者の罪悪を裁く十人の王がいるという信仰。中国において発生した。

## 1 隋・唐代の展開

インドにおいて仏教は，歴史的に発展し，多くの仏典が成立した。中国では，大量の仏典が成立順序に関係なく伝来したので，どの経典に優位性を認めるかという観点から，多くの宗派が分派成立することになる。

隋・唐代に至って仏教諸派の展開は最盛期となり，多くの宗派が成立し，隆盛した。

智顗（538-597）により，天台宗が立てられた。これは『法華経』に依拠した教えで，智顗が天台山に住んだので天台宗という。

吉蔵（549-623）により，三論宗が立てられた。この教理は，『般若経』の**空**▷1の思想に基づくもので，『中論』『十二門論』『百論』の三つの論書に依拠しているので三論宗という。

法蔵（643-712）により，華厳宗が大成された。この宗派は『華厳経』に依拠しており，「一即一切，一切即一」という壮大な教理を説く。華厳の教理は，宋代の儒学に影響を与えている。

インドから大量の仏典を持ち帰り翻訳した玄奘（602-664）の門下からは法相宗が起こった。玄奘がインドから伝えた唯識学を教理とする。

インドから中国に来た菩提達摩（？-530？）を初祖とする**禅宗**▷3には，神秀（？-706），慧能（638-712）らが出た。唐末以降は臨済宗，曹洞宗などの五家七宗に分派した。

阿弥陀仏を信仰する浄土教には，善導（613-681）が出た。

僧侶が守るべき戒律を伝える**律宗**▷4には道宣（596-667）が出て，その系統は南山律宗と呼ばれる。

インド出身の善無畏（637-735），金剛智（671-741）が伝えた**密教**▷5は，唐王朝の庇護を受け，不空（705-774）の登場により最盛期を迎える。

その一方で，広く民衆の信仰を集めた**三階教**▷6は，たび重なる唐王朝の弾圧を受け，ついに消滅した。

唐末には，死後の世界での裁判を説く**十王信仰**▷7が起こり，道教との融合と相まって民間に流布した。

以上のように，隋・唐代には仏教諸派は多彩な展開を遂げた。

## ❷ 宋代から明代までの展開

　宋・元代には，禅宗が隆盛する。唐末以降，五家七宗と呼ばれるように禅宗は諸派分立した。臨済宗は，**公案**[18]を重視する看話禅を主張し，曹洞宗は，ただ黙々と坐禅する黙照禅を主張した。『碧巌録』『無門関』といった禅宗の典籍もこの時代に作られている。

　明代には，禅宗と浄土教との融合が進んだ。その代表ともいえる人物が袾宏（1535-1615）である。杭州の雲棲に住んだので雲棲袾宏とも，蓮池大師とも呼ばれる。禅・浄土・戒律に造詣が深く，著作も多い。また儒教，道教にも詳しく，儒教・仏教・道教の三教一致を説いた。

　袾宏の影響を受けた智旭（1599-1655）は，天台を中心として諸宗派の教理を学び，儒学やキリスト教にまで及ぶ博識で，著作が多い。

## ❸ 日本仏教への影響

　中国仏教が日本仏教に与えた影響は大きい。天台宗は，日本人僧最澄によって日本に伝えられた。日本の天台宗は，『法華経』の信仰に加えて密教・戒律・禅を含む総合的性格を持ち，日本仏教史上に大きな影響力を持った。

　華厳宗・法相宗は，奈良時代に日本に伝えられた。どちらも学派的性格が強いが，華厳宗の教理にしたがって造られた東大寺の大仏は有名である。

　僧侶が守るべき戒律を伝える律宗は，道宣の孫弟子鑑真（688-763）の渡航により，日本に伝来した。

　浄土教の善導の教えは，平安時代の浄土信仰や鎌倉時代の法然・親鸞に大きな影響を与えた。法然・親鸞の教えである浄土宗・浄土真宗は，日本の民衆の支持を得て，日本仏教の大きな柱となる。

　密教は，日本人僧空海によって日本に伝えられ真言宗となるが，日本天台の僧円珍・円仁らも，日本に密教を伝えた。密教の教えは，仏教と神道との融合を進め，神社に隣接した寺院の建立や，神前での読経が行われるようになる。

　十王信仰は，閻魔王の信仰として，日本人の死後の世界観に影響を与えた。

　臨済宗は，日本人僧栄西によって，曹洞宗は，日本人僧道元によって日本に伝えられた。また，南宋の末から元代には，多くの中国人禅僧が日本に渡航している。蘭渓道隆（1213-78），無学祖元（1226-86）らで，鎌倉幕府の北条氏一門によって厚遇された。江戸時代には，明の禅僧隠元（1592-1673）が来日し，黄檗宗を伝えた。これら禅宗各派は，武士階級を中心に支持を得て，日本文化に大きな影響を与えている。

　また江戸時代には，木版印刷の発達により仏教書も多く出版され，明の袾宏・智旭の著作は日本においても普及した。[19]　　　　　　　　　　　　（野口眞戒）

▷8　公案
禅宗において師僧が弟子を指導する際に出す問題。臨済宗において重視される。

▷9　⇨ XⅡ-2「木版印刷の発明」

**参考文献**

鎌田茂雄『新中国仏教史』大東出版社，2001年。大正大学仏教学科編『お坊さんも学ぶ仏教学の基礎2　中国・日本編』大正大学出版会，2015年。鎌田茂雄編『中国仏教史辞典』東京堂出版，1981年。中村元・福永光司・田村芳朗ほか編『岩波仏教辞典（第二版）』岩波書店，2002年。湯浅邦弘編著『中国思想基本用語集』ミネルヴァ書房，2020年。

# 3 老荘思想と道教の成立

## 1 老荘思想と道家と道教の成立

「老荘」は老子と荘子を指し，前漢に定立された「道家」の中心的な思想であった。「道教」は，後漢の太平道や天師道（五斗米道）が教団を持って活動したことから始まり，戦国秦漢以来の道家思想，神仙思想，陰陽五行説，**讖緯思想**◁1などを承けつつ，仏教の影響もあって，南北朝時代に宗教として成立した。ただ，南北朝時代のどの時期を道教の成立期とするかには諸説ある。のちの道教は，さらに多くの中国文化を取り込んだ。本節では，道教成立の基礎となった教団と思想について老荘思想との関連を取り上げる。

太平道のいわれは次のようである。後漢の順帝（在位126-145）の時，宮崇が『太平清領書』を朝廷に献上した。その書は陰陽五行説や神霊のお告げを内容とし，宮崇の師の干吉（于吉とも）が伝えたものだった。その干吉は呉や会稽（浙江省）に居住し，「**精舎**◁2」を立てて「道書」を読み，「**符水**◁3」を使って病気を治療した。人々の注目を集めたため，呉の孫策（175-200）に処刑された。ところが『太平清領書』は張角（？-184）の手にも伝わっていた。張角は「**黄老道**◁4」を信奉し，「符水」と「**首過**◁5」による病気治療で大量の信者を獲得して軍事組織化し，184年に黄巾の乱を起こした◁6。

天師道は，**張陵**◁7が四川省の成都近くの鵠鳴山（鶴鳴山とも）で修行して書物を書き，信者を得て始まった。信者に五斗の米を納めさせたので五斗米道と言われた。この教団は215年に弾圧されるまで約30年間も，四川省から陝西省南部にかけて教区を維持した。病気治療には，病者を「**静室**◁8」に入れて罪の想起と告白をさせ，「**三官手書**◁9」を書かせた。信者に『老子』の学習を勧めた。

天師道の教団組織は解散させられたが，移住政策によって信者が各地に拡散し，貴顕階級にも広まった。「蘭亭序」で有名な書聖の王羲之（303-361）も天師道の信仰があったという。西晋末の混乱で，北中国の天師道信者が南下，長江南岸でも信仰されるようになり，道教の発展の基礎となった。

以上から道家と道教の関連を見ると，太平道の張角は「黄老道」を信奉し，後漢で黄帝と老子が神格化された状況を承けている。天師道では『老子』を読むことからして，老子が信仰対象だったようだ。道教経典の一つ『太平経』は，干吉の『太平清領書』の再編集版と思われるが，『老子』の影響を濃厚に受けている。例えば「道」を最高位に置き，「無為」「自然」を「道」と一体とみる

▶1　**讖緯思想**
儒家の経書や孔子にかりて，経書の神秘的な解釈や予言などを記す。主に前漢末から後漢に流行した。

▶2　**精舎**
宗教的な実践のための小屋。

▶3　**符水**
特殊な文字で呪文を書いた紙や木片を，そのままか，あるいは燃やした灰を溶かした水。

▶4　**黄老道**
黄帝と老子を崇敬する信仰。上古の帝王である黄帝に関する伝説が，戦国時代に陰陽五行家など天人相関の諸思想に取り込まれた。それが老子と結びつけられて「黄老道」とされた。そのあと神仙思想によって黄帝と老子は神仙的な色彩を持つようになった。後漢になると仏教伝来によって黄帝と老子はブッダとともに祭祀対象となった。

▶5　**首過**
自分の過去の罪を想起告白し，再び罪を犯さないと神と約束すること。

▶6　張角は乱のさなかに病死した。『後漢書』「皇甫嵩伝」による。

▶7　**張陵**(ちょうりょう：？-177)
張道陵とも。天師道からは張天師と称される。沛国の豊，現在の江蘇省豊県の人とされる。

▶8　**静室**
信者が一人で閉じこもる狭

部分がある。また，『老子』の「道は一を生ず」の「一」を体得する「守一」という思念方法を提唱する。のちの道教では，「一」を体内に住む神と考え，その神を具象的に思念する実践を行うようになる。

## 2　玄学と神仙道と『抱朴子』

　後漢から魏晋時代には，儒学の素養を持った知識人が「玄学」を好んだ。玄学は，『易経』『老子』『荘子』をもとに世界を考える解釈学である。玄学者は社会的拘束を避けて荘子的な自由を求める志向がある。この志向は，世間を避けて個人の長生を探求するような，漢代以来の神仙思想と親和的であった。このため，玄学者でありつつ，神仙や不老長生の養生術に関心を持つ者が現れた。嵇康（けいこう）（223-262）は「与山巨源絶交書」（山巨源に与えて絶交する書）や「養生論」で，神仙思想の実践者との交流から，不死の神仙の存在を認め，『荘子』がいう「吐故納新（とこのうしん）」や動物をまねたストレッチングなどの実践により，俗人でも神仙に近づき，数百歳まで長生できると考えている。これに対し嵇康の友人の向（しょう）秀が厳しい反論を書いた。つまり，『荘子』にある養生の実践の一部は，漢代の神仙思想を経由して，嵇康の時代までには，まとまった思想と実践を持つ神仙道に取り込まれていたのであり，玄学者にとって，神仙道は老荘思想に背反するのかどうかが問題となっていたことが分かる。

　玄学の流れを承けつつも，神仙道を正面から認め，玄学の限界を踏み越えて，人は誰でも神仙になれると主張したのが葛洪（かっこう）（282？-343？）である。彼は，自分が収集したそれまでの神仙道の資料に基づいて『抱朴子（ほうぼくし）』内篇を著わし，荘子的な「気」の摂取から進んで，鉱物によって**不老不死の薬物**を作る手法も重視している。『抱朴子』では，老子は思念して礼拝する対象であり，神格化されている。葛洪の思想は道教の重要な要素の一つとなった。

## 3　のちの道教と老荘思想

　道教では，老子は神とされ，老子の「道」そのものが神格化され崇拝された（図1）。それゆえ道教教団や道士による『老子』の注釈も多く作られた。北魏の寇謙之（こうけんし）（365？-448）が天師道の改革を行ったが，その教団に関連すると思われる『老子』想爾（そうじ）注では，万物に対する「道」の支配を強調して神秘化させた。また，六朝末に道教の養生思想を加味してまとめられたと思われる『老子』河上公（かじょうこう）注もある。唐代以降も道士による注が書かれた。玄宗（げんそう）（在位712-756）は自身で注を書いたばかりか，741年に「道挙（どうきょ）」を始め，そこで試験したのは『老子』『荘子』『文子』『列子』といった道家のテキストだった。

　老荘思想と道教は，自然と人間の調和やエコロジーの観点から現代でも有用とされる。日本では哲学的な老荘思想と宗教的な道教とを分けるが，欧米ではタオイズムという語で統一的に受け取られている。　　　　　　（土屋昌明）

い部屋。治病だけでなく，瞑想や神降ろしにも使った。

▷9　**三官手書**
名前と服罪の覚悟を記した手紙を，山上と地中と水中にいる「官」という神に送付するもの。

▷10　⇨ Ⅱ-5 「清談・玄学」

▷11　**吐故納新**
古い気を吐き出し，新しい気を体内に入れる「気」の呼吸法。

▷12　動物をまねたストレッチングは『荘子』刻意篇に見える。

▷13　**不老不死の薬物**
葛洪が推奨したのは，水銀の化合物から「金丹」を作って摂取することだった。後世，体内に「気」による「内丹」を作る修行法が盛んになり，それと対照させて「外丹」ともいう。

**図1　道教三尊像**（北魏）
（大阪市立美術館蔵）

▷14　**道挙**
科挙の儒教経典の試験である明経科と同じ形式の官吏登用試験。

（参考文献）
神塚淑子『書物誕生 あたらしい古典入門 『老子』』岩波書店，2009年。浅野裕一『老子と上天』ぷねうま舎，2016年。

# XⅢ　仏教と道教

# 民間信仰と道教諸派の展開

▷1　歴史的に道教教団すべてが政治権力に近かったわけではない。
▷2　⇨ XⅢ-3「老荘思想と道教の成立」
▷3　教区
天師道は「治」という教区で太上老君を崇拝し，『老子』を重視し，神々を呼び招く祈願文の「章」を使った。
▷4　符
神に祈願するための特殊な文字。符のある陶器が後漢墓に見られる。
▷5　祭酒
天師道の聖職者として信者の教導にあたる。
▷6　永嘉の乱
304年頃から316年頃まで華北で続いた異民族の反乱。これにより西晋は滅び，江南に東晋を開いた。
▷7　華陽洞天
山中にある別世界で，神仙が住み，その地の諸事を管理している。中国全土に散在し，ほかの洞天と地下で通ずる。

茅山華陽洞天の洞窟入口

▷8　⇨ 序-1「中国思想の誕生と展開」

## ① 民間信仰と初期の天師道

「民間信仰」とは，中央の政治権力から周縁的で，ローカルな神を崇敬し，主に血縁や地縁に基づく組織による，超越的存在や人の死をめぐる信仰と考えておく。道教は老子を崇敬し，南北朝時代半ばには政治権力と結びついた[1]。

道教は，後漢末の太平道と五斗米道から始まったとされる[2]。太平道は，河北省付近で黄巾の乱を起こし鎮圧された。五斗米道（天師道）は四川省から陝西省南部にかけて**教区**[3]を作ったが，時の政権から移動させられて信徒が拡散，定着していった。そのため，天師道は道教諸派の一つとされる。両者は**符**[4]を使ったが，これは後漢の民間信仰に由来する。しかし天師道は，死霊への肉や酒による民間信仰の祭祀を否定した。個人や家の禍福は教戒を守ることによるとした。

## ② 神仙信仰・葛氏道・上清派・霊宝派

道教の基本となる不老長生の実践者は戦国時代から存在し，秦漢の権力者と結びつき「神仙」と呼ばれた。その一方，死後の超越的な存在や，山や川といった自然物の背後にいる超越的な存在なども神仙とされた。

不老長生を求める個人は，まず生身の長生を目標とする。その実践は，個人ないし少数の集団で世間的な環境から離れて行われた。そのため，彼らが実践した，運動や薬物などによる長生の経験が秘伝された。これらを収集したのが江南にいた葛洪（282？-343？）だった。

葛洪の『抱朴子』には，鉱物の化合物「金丹」の摂取による不老不死の技術が伝えられている。先祖や師匠から伝承されたもので，後世の道教に大きな影響を与えた。彼らの道教を「葛氏道」と呼ぶ。

東晋の興寧・太和年間（363～371）に江蘇省の茅山で，許氏の家の神仙信仰を実践していた楊羲（330-386？）が神降ろしを行った。彼らが経典化したり作ったりした文献を「上清経」，その信奉を「上清派」道教という。

上清派では，魏華存（251-334）や茅君といった神仙が重要である。魏華存は，河南省の王屋山麓で天師道の**祭酒**[5]だったが，**永嘉の乱**[6]で江南に来た。彼女の長子の劉璞（生没年不詳）は，江南の民間信仰である「霊宝五符」にも関心があった。また当時の大貴族の王氏と姻戚関係であった。つまり，大家族の親族が神仙となったのである。もう一人の茅君は，もと漢代の士人が修行して神仙

となり，茅山の**華陽洞天**▷7に棲むとされた地方神である。つまり，上清派は茅山の民間信仰も取り込んでいる。

「霊宝五符」▷8は，禹に由来し，災いを避ける護符とされた。葛洪の甥の子の葛巣甫（4世紀末に活躍）らが，この信仰に漢訳大乗仏典を導入，**元始天尊**▷9による救済の教義と儀礼をまとめた。この信奉を「霊宝派」道教という。▷10

宋の陸修静（406-477）は，外国の宗教である仏教に対抗するために，道教系の経典を収集し，上清経・霊宝経・三皇文に三分類して「三洞」と呼んだ。そのあと別の四分類「四輔」が加わり，老子・太平道・金丹・天師道の関連の経典に整理された。これにより，経典に基づく諸派の差別化がおこり，諸派が並立する道教のまとまりが成立した。北朝で寇謙之（365?-448）による天師道の改革は「新天師道」と呼ばれる。

唐代になると，諸派が制度的に統合されて相違が目立たなくなる。有名な道士は，どの教派の伝統を負っていても，多くは三洞の最上位である上清経まで伝授される位階を持っていた。その一方，天師道の教祖である張陵の子孫だとか，上清派の伝授の系譜にあるとか，天師道の章や符などの法術は低級だ，などと公言する道士もおり，アイデンティティの相違が見られる。道士の思想傾向や修行先の山による差異もあり，それで教派分類する場合もある。▷11

北宋になると，各地の教団がアイデンティティを強調する。天師道を継承するという龍虎山（正一派），上清派を継承するという茅山，霊宝派を継承するという閤皂山が鼎立した。金には全真教が興った。全真教では，儒教・仏教・道教は帰一すると考え，**内丹術**▷12を修行法とした。元初には，儒教の忠孝を主に内丹術も行う浄明道が興隆した。明では，華北は全真教，華南は正一派が大勢を占め，現在に至っている。

## ③ 民間信仰と善書と道教

宋代以降，民間信仰と道教の相互補完性は強くなる。民間信仰が道教に取り込まれた例に庚申信仰がある。体内には「三尸」がいて，庚申の日に天に昇り，人の寿命を司る神「司命」に当人の過失を申告し，その点数によって司命は当人の寿命を決定する，という。したがって，不老長生のためには，善行を積んで高得点を取る必要がある。庚申信仰は『抱朴子』に見えており，道教教義にも伝えられた。この考えによる著書「善書」があらわれ，その代表『**太上感応篇**』▷13は，民間の各階層に普及した。また，善悪の点数化は「**功過格**」▷14として出版された。その一方，民間の社会経済的実力があがり，非常死の者が地方神となった民間信仰が興隆，その祭礼に道教儀礼が組み込まれる状況も多くなっていく。現在の中国大陸では，民間信仰は迷信として否定される嫌いがあるのに対し，道教は国家から認められているため，民間信仰が道教的なふるまいを装う状況も見られる。

（土屋昌明）

▷9 **元始天尊**（げんしてんそん）
『老子』の「道」の神格化で最高神とされた。

▷10 霊宝派は葛氏道の流れをくむとされるが，葛氏道は金丹術の伝承を指す学術用語であり，歴史的に存在した教派ではない。金丹を作って摂取するという思想は，後世の道教への影響が大きい。また，のちに起こった体内に丹を作る内丹術では金丹術の用語をメタファーに使う。

▷11 例えば陝西省にある終南山の道士を，道観（道教の寺院）の名称によって「楼観派」と呼称する。

▷12 **内丹術**
北宋以降の道教で思想史的に重要なのは内丹術である。内丹は北宋の張伯端（987-1082）によって理論化された。静座の瞑想を通して体内に「丹（陰陽のバランスのよい特殊な気）」を作り，それを体内に巡らせる修行法である。内丹が目指す「虚」の境地や禅宗との関連，儒教の修養で目指す「天」や「理」との関係などが儒教士大夫からも問題になった。

▷13 『**太上感応篇**』
南宋に編集され，儒教や仏教の思想も濃厚だが，明の『道蔵』に収められ，道教経典の一つとされた。

▷14 **功過格**
具体的な行為に点数があり，自分で計算できた。現存最古の『太微仙君功過格』は，1171年に浄明道の道観で作られ，『道蔵』に所収。

**（参考文献）**

神塚淑子『道教思想10講』岩波書店，2020年。横手裕『道教の歴史』山川出版社，2015年。

## XIV　日本漢学

# 林羅山

▷1　林羅山（はやしらざ
ん：1583-1657）

▷2　朱子学
南宋の朱熹（朱子は尊称。
1130-1200）によって構築
された，新しい儒学。中国
はもとより，朝鮮・日本・
ベトナムにも大きな影響を
与えた。⇨Ⅲ-2「朱子」

▷3　藤原惺窩（ふじわら
せいか：1561-1619）
江戸時代初期の儒者。藤原
定家12世の子孫。京都相国
寺（五山の一つ）の僧とし
て仏学を修めたが，後に儒
学に強くひかれるように
なって，還俗した。ただし，
惺窩の学問は純粋な朱子学
ではなく，陽明学や仏教・
老荘思想なども取り込んだ，
独特なものであった。

▷4　林鵞峰「羅山先生年
譜」

▷5　建仁寺
京都五山第三位の禅宗寺院。
室町時代，五山では漢籍の
出版や漢学の研究なども行
われ，学問の中心であった。
当時，学問で身を立てるなら，
僧侶になるのが常識で
あった。

## ① 時代背景

　林羅山は，1583年京都で生まれた。この年，羽柴秀吉（後の豊臣秀吉，1537-98）が賤ヶ岳の戦いで柴田勝家を破り，時代は乱世から天下統一へと向かいつつあった。

　儒学の世界では，五山の僧を頂点とした伝統的な学問から，朱子学へと関心が移りつつある時代であった。朱子学が日本にもたらされた時期は，はっきりしない。ただ，鎌倉時代末頃には，後醍醐天皇（1288-1339）が学んでいたことなどから，一定の広がりがあったことはうかがえる。しかし，南北朝の争乱に始まる戦乱の時代にあっては，長い間ほとんど顧みられることはなかった。

　秀吉が朝鮮に出兵した文禄・慶長の役の際，朝鮮の朱子学者・姜沆（1567-1618）が捕虜となって（1597年）日本に連行された。藤原惺窩は，かねてから朱子学に強い関心を持ち，中国に留学したいと考えていたが，渡航に失敗して京都に戻っていた。惺窩は，伏見に抑留されていた姜沆に朱子学を学び，徳川家康（1543-1616）をはじめ諸大名に儒学を講義するまでになった。やがて訪れる泰平の世を見据え，学問の必要性が認識される時代であった。

## ② 羅山の生涯

　林羅山は，幼い頃から非常に聡明で，一度本を読めば，内容を決して忘れず，「此児の耳は嚢の如し」と言われたと伝えられる。13歳で元服すると，建仁寺に入って儒学を学び，ここでも「神童」「奇才」と讃えられる。寺では羅山の才能を見込んで，出家して禅僧になることを勧め，後には寺側から京都奉行にはたらきかけてまで，出家させるように父親に求めた。しかし，羅山は頑として聞き入れなかった。出家とは父母との縁を絶つことで，最大の親不孝であると考えたからである。

　15歳の時，建仁寺を去って家に戻り，より一層勉学に励む。やがて，朱子学に関心を抱くようになり，1604年，22歳の時に藤原惺窩に入門すると，惺窩にその才能を認められる。翌年，惺窩の推挙により，徳川家康に謁見がかない，1607年には幕府に出仕するようになった。ただ，家康は羅山に，剃髪して僧侶となることを要求する。室町幕府以来，学問で将軍に仕えるのは僧侶に限られていたからである。かつて出家することを頑なに拒んだ羅山にとって，きわ

めて不本意なことであったと思われるが，従わざるを得なかった。以後，道春という法号を名のるようになる。

羅山の公務は，家康の書庫の管理，漢文による外交文書の作成，漢詩文の作成，系図や歴史記録の編纂といった実務が中心であり，政策の立案などの行政の中心で活躍することはなかった。豊臣家滅亡の原因となる**方広寺鐘銘事件**▶6でも，重要な役割を果たしていたわけではない。

羅山は幕府の命を受けて，『**寛永諸家系図伝**』▶7『**本朝編年録**』▶8等を出版したが，私的にも多数の本を著している。朱子学では，『春鑑抄』『三徳抄』という啓蒙的な入門書を著した。儒学に限らず，兵書の内容を平易に解釈した『三略諺解』『六韜諺解』なども著している。さらに，『神道伝授』や『本朝神社考』などを著して神仏習合を批判し，『徒然草』の注釈書である『野槌』も著している。これらの広範な領域にわたる業績は，羅山の膨大な読書量から生み出されたものであった。

また，多数の漢籍に訓点を付けた和刻本を刊行した。これらの和刻本は羅山の法号にちなんで道春点本と呼ばれるが，対象は儒教の経典だけにとどまらず，老荘思想や史書など，広範な分野にわたるもので，江戸時代の漢文訓読法の基となった。

## ③ 後世への影響

羅山を思想史の面から評価すれば，独自の思想を生み出したとは言えない。惺窩とともに朱子学の隆盛をもたらす役割を果たしたと言えよう。

羅山は家康・秀忠・家光・家綱四代の将軍に仕えた。ただし，そのことは朱子学が幕府の官学となったことを意味するのではない。羅山は僧侶の資格で任用されたに過ぎず，1629年には民部卿法印という僧位を受けているからである。「治国平天下」に尽くすという儒家の理想とは，かけ離れていた。

ただし，羅山の存在が江戸時代における儒者の地位を高めることにつながったことは確かである。羅山の子鵞峰（1618-80），孫の鳳岡（1645-1732）など，子孫が代々江戸幕府の儒官として仕えることとなる。後に，柳沢吉保に仕えた荻生徂徠（1666-1728）▶9や，六代将軍家宣（1662-1712）に仕えた新井白石（1657-1725）のような，幕府の中枢において儒者が活躍する時代が訪れるが，その遠因として羅山の存在があったことは，間違いない。

羅山は上野忍岡の私邸に開いた塾で，多数の門人の教育にあたった。この私塾が後の**昌平坂学問所**▶10の基となり，以後は幕府直参の者だけではなく，藩士・郷士・浪人の聴講入門も許可される学府へと発展していった。　　（寺門日出男）

▶6　**方広寺鐘銘事件**
1614年，豊臣秀頼が鋳造させた方広寺の梵鐘の銘文に，「国家安康」「君臣豊楽」の二句があることを家康が難詰し，大坂冬の陣をもたらすことになった事件。

▶7　『**寛永諸家系図伝**』
大名および旗本の系譜集。

▶8　『**本朝編年録**』
神武天皇から宇多天皇に至る編年体の通史。

▶9　⇨ XIV-4 「荻生徂徠」

▶10　**昌平坂学問所**
林家の私塾は五代将軍綱吉の命で神田湯島に移された。1790年には，朱子学奨励の一環として，林家から切り離し，江戸幕府直轄の教学機関・昌平坂学問所となった。

（**参考文献**）
鈴木健一『林羅山』ミネルヴァ書房，2012年。揖斐高『江戸幕府と儒学者』中公新書，2014年。石田一良・金谷治『藤原惺窩　林羅山』岩波書店，1975年。

# XIV　日本漢学

# 2　山崎闇斎

▷1　山崎闇斎（やまざき
あんさい：1618-82）

▷2　闇斎の前半生につい
ては，よく分からないとこ
ろが多い。ここでは主に，
江戸後期の儒者・山田慥斎
が著した「闇斎先生年譜」
にしたがった。

▷3　妙心寺
京都市右京区花園にある臨
済宗妙心寺派の大本山。土
佐藩初代藩主とその妻の廟
所がある。

▷4　野中兼山（のなかけ
んざん：1615-63）
土佐藩の家老で，朱子学者。
藩主に登用されて藩政改革
にあたり，新田開発や産業
の奨励等で藩の財政を好転
させた。

▷5　南村梅軒（みなみむ
らばいけん：生没年不詳）
戦国時代の儒者。はじめ山
口の大内義隆に仕え，1548
年頃に土佐を訪れたと伝え
られる。

## 1　時代背景

　1615年，大坂夏の陣によって豊臣氏が滅亡すると，徳川家康の命によって元
号が慶長から元和に改められた。新元号には，長い戦乱の世が終わり，平和
な天下が始まるという意味が込められている。江戸時代前期の儒学者・**山崎
闇斎**[1]が生まれた元和四年は，応仁の乱以来続いた戦乱の世が，ようやく終わっ
て間もない頃で，武勇を重んじる気風が強く残っている時代であった。

　一方，天下人・徳川家康は学問を好み，林羅山らに命じ，銅活字を用いて
『群書治要』『大蔵一覧集』などの漢籍・仏書を出版させるなど，文化事業にも
力を入れていた。そのため，学問に対する関心が次第に高まりつつある時代で
もあった。

## 2　闇斎の生涯と思想

　山崎闇斎は，貧しい浪人で鍼医の父の末子として，京都で生まれた。幼少時
から聡明で，8歳の時に四書および『法華経』を暗誦して，人々を驚かせたと
いう。しかし気性の荒い乱暴者であったため，比叡山に入れられる[2]。後に京都
の**妙心寺**[3]に移り，15歳のとき剃髪して僧となった。ただ，乱暴な性格は相変わ
らずで，ある日同輩と議論して言葉に詰まってしまった闇斎は，夜中に同輩の
部屋に忍び込んで放火するなど，傲慢目に余る振る舞いも多く，寺では厄介者
扱いされていた。たまたま，妙心寺を訪れた**野中兼山**[4]が闇斎の才能を高く評価
し，儒学を学ぶよう勧めた。

　そこで，闇斎は19歳の時，土佐に渡り，僧侶として土佐の吸江寺に入る。
このことが人生の転機となった。土佐には，戦国時代末期に**南村梅軒**[5]によって
南学（朱子学の一派）が伝えられ，当時その流れを汲む**谷時中**[6]が，高知で塾を
開いていた。闇斎は時中に師事し，同門の野中兼山・**小倉三省**[7]と交わった。当
時，兼山は土佐藩の執政（主席奉行職）にあり，二代藩主山内忠義から絶大な
信頼を得て，朱子学による藩政改革を推進していた。そうした兼山の姿を間近
にしたことで，出家して俗世を捨てる仏教よりも，政治思想について論じる儒
学への関心が高まっていったと考えられる。

　闇斎は以前から伊勢神宮に対する信仰も厚かったことから，当初，土佐では
**三教一致論**[8]を唱えていた。しかし，25歳のとき朱子の書を読んで仏学の非を覚

り，僧侶をやめて儒者に転向する。だが，これは土佐の国法に触れる行為であり，藩主の逆鱗に触れる。闇斎は土佐に留まることが困難になり，逃れて京都に戻る。もっとも，京都で頼れるあてはまったくなかったが，兼山が家を買い与え，さらに米百石を贈って生活を支えたという。その後闇斎は，困窮生活を送りながら勉学に励み，崎門学（きもんがく）と称される独自の朱子学を生み出していく。

　当時，朱子の思想を理解するのに重要な『朱子語類』[9]は未刊で，『四書大全』などが最も代表的朱子学の書として学ばれていた。同書は朱子の『四書集注』に後世朱子学者の注釈を詳細に付けた書物で，中国では受験参考書として流行していたが，朱子の思想とは異なるものが大量に増補されていた。闇斎は，これら増補されたものを取り除き，純粋な朱子の思想だけを学ぶべきだと考えた。

　40代の頃からしだいに名が知られるようになり，教えを乞う大名が現れるようになり，たびたび京と江戸の間を行き来するようになる。48歳の頃には，幕府の執政・保科正之（1611-73）に招かれて賓師（ひんし）となった。これにより闇斎の名は広く知られるようになる。

　保科家の江戸屋敷に出入りするようになって，同じく神道の師として招かれていた吉川惟足（よしかわこれたり）（1616-95）に出会ったことが，闇斎の思想に大きく影響する。吉川は神道に朱子学の思想を取り入れた吉川神道[10]を唱えていた。闇斎はそこに陰陽学・易学をも取り入れた，垂加神道（すいかしんとう）という新たな神道を生み出した。天照大神（てらすおおみかみ）の子孫である天皇が統治する道が神道であり，天皇の尊崇，神道と儒学の合一を主張した。また，神仏習合を排し，保科の領地である会津の寺院・神社の整理を行った。

## ③ 後世への影響

　闇斎自身は『論語』の「述べて作らず」という言葉に従い，自身の思想を著すということをしなかったが，すぐれた門人を育成した。特に，崎門三傑と呼ばれる三人が名高い。佐藤直方（さとうなおかた）（1650-1719）は諸大名の学師となり，武家社会に崎門学を広めていった。浅見絅斎（あさみけいさい）（1652-1711）は，大名からの招聘を拒み，京都で多数の門人を育てた。三宅尚斎（みやけしょうさい）（1662-1741）は，諸大名に講説するとともに，多くの門人を育てた。

　宮中において多数の公家が処分された宝暦事件の中心人物・竹内式部（たけのうちしきぶ）（1712-68）は，崎門学の流れを汲む尊王論者である。明和事件の中心人物として処刑された山県大弐（やまがただいに）（1725-67）もまた，崎門学の影響を強く受けた尊皇攘夷論者である。後世に大きな影響を及ぼしたといえよう。

　絅斎はまた，『靖献遺言』（せいけんいげん）[11]という，中国の忠臣義士についての評伝を著したことでも知られている。同書は絅斎没後の1748年（寛延元）に出版され，幕末になると大ベストセラーとなり，吉田松陰をはじめ幕末の志士たちに愛読され，討幕運動に大きな影響を与えた。

（寺門日出男）

---

▷6　谷時中（たにじちゅう：1598-1649）
もと土佐の僧侶であったが，南学を学んで還俗した。出仕はせず，城下で儒学と医術とを講じた。

▷7　小倉三省（おぐらさんせい：1604-54）
土佐藩士で，朱子学者。野中兼山の藩政改革を助けた。

▷8　三教一致論
三教とは儒教・仏教・神道を指す。この三者が絶対的に矛盾対立せず，併存可能であるという主張。

▷9　『朱子語類』
朱子が門人と交わした問答を記録・分類した白話（口語）資料。

▷10　吉川神道
吉川惟足によって唱えられた神道の説。神道と儒教は一致し，神道が君臣の道であると説くなど，新しい神道の源流となった。

▷11　『靖献遺言』
屈原や諸葛孔明など，中国の忠臣義士の行状について記した書。

【参考文献】
澤井啓一『山崎闇斎』ミネルヴァ書房，2014年。岡田武彦『山崎闇斎』明徳出版社，1985年。浅見絅斎著，近藤敬吾訳注『靖献遺言』講談社学術文庫，2018年。

## XIV　日本漢学

# 3　伊藤仁斎

▶1　紫衣事件
紫衣とは，高徳の僧・尼に
与えられる法衣・袈裟のこ
と。天皇が下賜した紫衣の
多くを，幕府は無効である
と宣言し，取り上げるよう
命じた。

▶2　由井正雪の乱
1651年（慶安4），由井正
雪（1605-51）が計画し，
未遂に終わった幕府転覆計
画。

▶3　承応の変
1652年（承応元）に起きた，
老中暗殺未遂事件。

▶4　伊藤仁斎（いとうじ
んさい：1627-1705）

▶5　仁斎の生涯について
は，主に息子・伊藤東涯の
「先府君古学先生行状」に
よる。

▶6　『李延平答問』
朱子が師の李侗（号は延
平）と，学問・人生につい
て論じた問答集。青年期の
朱子をうかがえる資料で，
古くから朱子学入門の書と
して重んじられてきた。

## 1　時代背景

　1623年（元和9）7月，徳川家光（1604-51）が三代将軍に就き，翌年2月に元号が寛永に改められた。家光の時代には，老中・若年寄などの制を定め，将軍を頂点とする統治機構が確立された。大名の参勤交代制や鎖国令の発布もこの時代のことで，江戸幕府の基盤がほぼできあがった時期である。

　一方，**紫衣事件**▶1に象徴されるように，幕府は朝廷に対する統制を強めていった。また，多くの藩を取り潰し，その結果浪人が増えて社会問題となっていく。

　1651年に家光が亡くなると，**由井正雪の乱**▶2や**承応の変**▶3が相次いで起こった。そのため幕府は，家康以来の武断政治から，四代将軍家綱から七代家継に至るまで，いわゆる文治政治へと政治方針を転換していくこととなる。

## 2　仁斎の生涯と思想

　**伊藤仁斎**▶4は，京都の富裕な商家の長男として生まれた。幼い頃から沈着で他者と争うことのない温和な子であったという。▶5 11歳から四書を学び，19歳のとき朱子編の『**李延平答問**』▶6を読んで朱子学に傾倒する。以後，朱子学の書物を読みふけり，生涯を学問研究に捧げる決意をする。

　しかし，周囲は強く反対する。当時，民間では，学問によって生計を立てている者が，ほとんどいなかったからである。そして，仁斎に医者になるよう勧める。漢籍が読めれば，中国の医学書も理解できるという理由からであろう。

　28，9歳の頃には身体が衰弱し，時として激しい動悸に見舞われるようになる。外出することができず，会話を交わせるのは一人の友人だけであったというから，おそらく精神性の疾患と考えられる。原因はおそらく，「三十にして立つ」（『論語』為政篇）年齢に近づいているのに将来への展望が開けず，親族・友人から激しい反対に遭ったことが，主なものであろう。この病が十年ほど治まらなかったため，家督は弟に譲り，近所に隠棲して，仏教や老荘思想，さらには陽明学など，朱子学に限らず広汎な分野の書物を読みふけった。

　やがて，朱子学には孔子・孟子の教えとは関係のないものが含まれていることに気づいていく。例えば『論語集注』には，「釈氏（仏教）」を批判する言葉がしばしば見られるが，孔子の時代に仏教はまだ伝来していないので，『論語』の注釈で仏教に言及する必要はない。朱子学に限らず，注釈の傍ら自己の正当

性を主張し，他学派を攻撃するのが，中国の学問に往々みられる傾向である。このように他派を激しく攻撃する一方で，朱子学には仏教・老荘の思想が混入していることにも気づく。

　寛文2年（1662），京都に地震が発生したのを機に自宅に戻って塾を開く。この頃には，病状がだいぶ快方に向かっていた。これまで勉強を続けていた朱子学ではあったが，しだいに孔子・孟子本来の思想とは異なるものと考えるようになった。ついに，孔子・孟子の思想を理解するには，注釈を離れ，『論語』『孟子』の本文を繰り返し精読することが，最善の方法であると考えるに至った。孔子・孟子の古に復すという意味で，その学問を古学と呼び，著書に「古義」と名づけ，塾を古義堂と呼ぶようにした。『論語』を「最上至極宇宙第一の書」として尊び，『孟子』が孔子の思想を最もよく継承し，説明するものと位置づけた。

　仁斎より以前，山鹿素行（1622-85）が朱子学を否定して古学の祖と呼ばれている。しかし，素行と仁斎との関わりはない。仁斎は，幼少期を除いて特定の師につくことはなく，彼の学問はまったくの独学によって生み出されたものである。

　熊本の細川家から招聘されたこともあったが，母の病気を理由に断り，終生仕官することはなかった。門人の教育にあたること40年あまり，その傍ら，『論語』『孟子』『中庸』に対する独自の解釈の草稿を著わした。門人は年を追って増え，門人帳には3000人余りの名が記載されたという。

## 3 後世への影響

　崎門学も古義学も，江戸時代前期に京都生まれの学者が朱子学を基に生み出した儒学であるが，両者は対照的な性格のものである。例えば崎門学から生まれた『靖献遺言』では，明王朝第二代皇帝・建文帝に殉じた方孝孺（1357-1402）を賞賛するが，仁斎は逆に批判している。武士階級出身と，京都の町衆出身との，処世観の違いを明確に見ることができる。後世，崎門学が過激な思想と捉えられ，時に弾圧された一方で，古学は宮廷や町衆たちに支持されて，引き継がれていく。

　仁斎には五人の男子があったが，いずれも優れた学者となり古学の普及・発展に努力した。特に長男の東涯（1670-1736）は，古学派を江戸の古文辞学派に並ぶほどに盛り立てた。また，仁斎の著書，『論語古義』『孟子古義』などを出版した。東涯自身の研究成果としては，『制度通』が第一のものである。これは，中国の制度史について研究し，日本の平安時代の制度との関係について論じた名著とされる。

　他の四人の息子たちも，福山藩・和歌山藩などに召し抱えられ，藩儒として活躍した。

（寺門日出男）

▷7　仁斎没後，長男東涯によってそれぞれ『論語古義』『孟子古義』『中庸発揮』の名で刊行された。

▷8　⇨XIV-2「山崎闇斎」

▷9　明の永楽帝はクーデタによって皇帝の位に就き，方孝孺に即位の詔を書くよう命じたが，方孝孺は先帝に恩義を感じて拒絶。本人はもとより，その宗族・親友にいたるまで処刑された。

▷10　『童子問』下巻第12章。

参考文献

相良亨『伊藤仁斎』ぺりかん社，1998年。貝塚茂樹『伊藤仁斎』中央公論社，1983年。井東倫厚『伊藤仁斎・（附）伊藤東涯』明徳出版社，1983年。

## XIV　日本漢学

# 4 荻生徂徠

▶1　荻生徂徠（おぎゅう
そらい：1666-1728）

▶2　荻生徂徠『訳文筌
蹄』題言。

▶3　徂徠が江戸に戻った
時期は，1690年（元禄3）
とする説もある。

▶4　徂徠の代表的業績で
ある『論語徴』は，徂徠没
後に出版されるが，返り
点・送り仮名は一切ついて
いない。

## 1 生い立ち

　荻生家は祖父の代から医者となり，父の方庵は館林藩（群馬県南部）の侍医
を勤めていた。**徂徠**は1666年（寛文6），江戸の館林藩邸で生まれた。7歳の時，
林家の塾に入門。徂徠には兄がいたが，父は聡明な徂徠に期待した。その日に
あったことを徂徠に語り，それを漢文で記録させた。日々の訓練の成果によっ
て，11，2歳の頃には白文の漢文をすらすら読めるようになっていたという。

　しかし，1679年（延宝7），父・方庵が藩主・綱吉（後の五代将軍）の怒りに
触れ，江戸追放の処分を受ける。方庵は一家を引き連れて，妻の実家のある上
総国長柄郡本納村（現在の千葉県茂原市）に退くことにした。徂徠14歳の時のこ
とである。周囲は農民・木こり・漁民ばかりで，ともに語らう友人もおらず，
書物を思い通りに入手することも困難なところで，それまで暮らしていた藩邸
とは，正反対の環境である。学問に対する思いを断ち切ることができず，やむ
を得ず限られた書物を繰り返し繰り返し精読しながら，13年の歳月を過ごした。
この時期の読書が，後の徂徠の学問に生かされていく。

## 2 江戸帰還後

　1692年（元禄5），ようやく父が赦されて，徂徠は江戸に戻ることができた。
徂徠はすでに27歳になっていた。兄は本納村の医者として残り，父の後は弟に
継がせ，徂徠は芝・増上寺門前の豆腐屋の裏に住んで儒学を講じた。満足に食
事もできないほど貧窮を極め，豆腐のおからを食べてかろうじて生きたという
逸話が残されている。

　当時の儒者の講義は「講釈」といい，まず経典を訓読した後，訓読した日
本語の「字義」について逐一説明し，その後経典の内容に沿って道徳論を長々
と述べるという形式のものであった。一方，徂徠は漢文訓読そのものを否定
する。訓読自体が荘重さを感じさせるが，それは原文のニュアンスを反映させ
た翻訳ではないというのである。そうした方法ではなく，古典の中国語として，
一字一字の字義を吟味しながら読まなければならないと主張する。例えば，
「静」も「閑」も，従来は「しずか」と訓読するだけで理解しているが，果た
して両者は同じ意味の字と解釈してよいのか，といった問題にこだわるのであ
る。こうした斬新で刺激的な講義は，たちまち周囲の評判となっていく。ちな

みに，この頃の講義の一部は『訳文筌蹄』[15]という書物にまとめられて後に出版され，これによって徂徠の文名は広く知れわたることになる。

　1696年（元禄9），増上寺大僧正の推挙によって，**柳沢吉保**[16]に召し抱えられる。最初は軽微な待遇に過ぎなかったが，次第に加増され，やがて将軍綱吉にもしばしば講義するようになり，最終的には五百石の禄を受けるまでになった。

## ③ 古文辞学の創始

　徂徠が古文辞学という独自の学派を始めるに至ったのは，二つのことが契機となった。一つは伊藤仁斎[17]の学問に触れたことである。江戸に戻って，仁斎の著書『**大学定本**』[18]『**語孟字義**』[19]の写本を読み，ついで柳沢家に仕えるようになって，そこで伊藤仁斎の門人・渡辺子固と交わった。

　もう一つは中国の古文辞学派との出会いである。16世紀中頃の中国では，李攀龍・王世貞を中心とした古典文学者が，宋代の文学を堕落したものとし，散文は秦・漢時代のものを，詩は盛唐期のものを手本として，詩文を作るべきと主張していた。この学派は17世紀以降に廃れ，徂徠の時代には忘れ去られていた。偶然，この学派の主張を知り，徂徠は衝撃を受ける。当時，日本では宋の漢詩文が手本とされ，宋学（朱子学）が正統な学問とされていたからである。

　1709年（宝永6），綱吉が死去し，柳沢吉保が隠居すると，徂徠は藩邸を出て日本橋茅場町に塾を開くことを許された。徂徠はだいぶ以前から朱子学に疑問を持っていたが，幕府の要職にある人物の師という立場上，公然と批判できず，矛盾に苦しんでいた。藩邸の外に出たことで，ようやくその束縛から解き放たれた。やがて朱子学を厳しく批判し，経書に付けられている膨大な注釈を排除し，古文辞すなわち秦漢の時代の言語を学んで原典を読むことを主張した。

## ④ 後世への影響

　徂徠の門下からは，優れた弟子が育っていった。古文辞学は18世紀中頃には最も勢力が強く，道徳を重んずる朱子学は一時期衰退した。その結果，武士階級におけるモラルが低下し，田沼意次の時代には賄賂が横行するようになったと考えられている。

　やがて，朱子学の側も古文辞学の長所を取り入れ，折衷学的要素を併せ持ったものへと姿を変えていく。さらに，その考証学的な学問の方法は，『万葉集』や『古事記』など日本の古典研究にも応用され，国学の発展へとつながった。

　漢詩文の分野では，南宋末の周弼が編んだ『三体詩』が広く読まれていたが，徂徠の弟子である服部南郭（1683-1759）が『**唐詩選**』[10]を推奨した。南郭の口述書『唐詩選国字解』は，日本における『唐詩選』流行に大きく貢献した。

（寺門日出男）

---

▷5　『訳文筌蹄』
訳文は日本語を漢語に訳すこと。筌蹄は手引き，案内の意。

▷6　柳沢吉保（やなぎさわよしやす：1658-1714）
当時は川越藩主。五代将軍綱吉に重用されて，幕政を主導した。

▷7　⇨XIV-3「伊藤仁斎」

▷8　『大学定本』
『大学』の字句についての注釈書。朱子学の説を批判し，『大学』は孔子が遺したものではないとの立場から，自説を展開している。

▷9　『語孟字義』
『論語』・『孟子』中にある，道・理などの重要な語について字義を解説したもの。

▷10　『唐詩選』
古文辞派の李攀龍が編纂したとされる唐詩の詞華集。杜甫・李白をはじめとする盛唐の詩が多く採られている一方で，白居易の詩はまったく入っていないなど，選択に偏りが見られる。

（参考文献）
野口武彦『荻生徂徠　江戸のドン・キホーテ』中公新書，1993年。尾藤正英『荻生徂徠』中央公論社，1983年。田尻祐一郎『荻生徂徠』明徳出版社，2008年。

## XIV　日本漢学

 **5　中井竹山・履軒**

### 1　時代背景

　享保の改革で知られる享保年間（1716〜36）は，大都市を中心として学問に対する関心が，庶民階層に及ぶまで高まってきた時代である。1717年（享保2），神田湯島にあった林家の家塾では，毎日儒学の講義が開かれ，庶民にも開放されるようになった。1723年（享保8）には，**菅野兼山**[1]が幕府から金30両と江戸深川に校地を貸し与えられて，会輔堂を創設した。

　大坂では，大坂の有力町人が**中井甃庵**[2]とはかり，三宅石庵（1665-1730）を学主として招き，1724年（享保9），懐徳堂を創設した。その後，将軍吉宗には，京・大坂にも官許学問所を設けたいという意図があることを三輪執斎が伝え聞き，甃庵に知らせてきた。甃庵の熱心な運動の結果，1726年（享保11），懐徳堂は幕府公許の学問所として認められた。

　同じ頃，荻生徂徠は『弁道』『弁名』『論語徴』など，代表的な著作を次々と著し，古文辞学派興隆の基礎が築かれていた。やがて享保末頃になると，古文辞学派が全国へとしだいに浸透していく。その結果，朱子学派は相対的に衰退し，学問を修める上で道徳修養の観点が薄れていく。

　中井甃庵の子，竹山（1730-1804）と履軒（1732-1817）が懐徳堂内で生をうけたのは，儒学の主流が朱子学から古文辞学へと転換する時代であった。

### 2　中井竹山

　竹山が懐徳堂の学主に就任するのは，第三代学主・三宅春楼（1712-82）が没した1782年（天明2）のことであるが，春楼が病弱だったこともあって，それ以前から懐徳堂の中心的存在として活躍していた。1774年（安永3），経済対策をまとめた書，『社倉私議』を龍野藩に献上すると，その政策が実際に採用された。1776年（安永5）に漢詩の作法についての論著『詩律兆』を刊行すると，その学識の高さが評判となり，広く名を知られるようになった。また，京都所司代に招かれて毎月出講するなど，すでに学者としての名声は高かった。

　学主就任から二年後の1784年（天明4），竹山は，師であった五井蘭洲（1697-1762）の遺著『非物篇』と，竹山自身が著した『非徴』[3]とを刊行した。『非徴』[4]冒頭で徂徠学を「政事を害し，風俗を敗る」ものと激しく攻撃しているように，当時は田沼意次によるいわゆる賄賂政治が横行し，社会風俗が退廃

▷1　**菅野兼山**（すがのけんざん：1680-1747）
三宅尚斎・佐藤直方に学んだ崎門学派（⇨ XIV-2「山崎闇斎」）の儒者。

▷2　**中井甃庵**（なかいしゅうあん：1693-1758）
三宅石庵の門人。石庵没後は，懐徳堂第二代学主となった。

▷3　二書ともに荻生徂徠の論語注釈書『論語徴』を論駁したもの。「非物」とは荻生氏の本姓が物部で，徂徠が自身を「物徂徠」・「物茂卿」と称していたことによる命名。

▷4　『非徴』巻之一。

していた。竹山は『非物篇』『非徴』を公刊することで，自身および懐徳堂が，朱子学の復権を目指していることを明確にしたのである。

1787年（天明7），天明の大飢饉による米価の高騰のため，江戸・大坂を中心に，江戸時代最大規模の打ちこわし事件が発生する。同年老中首座となった松平 定信（1759-1829）は，翌1788年に巡見のため大坂を訪れ，竹山を招聘して政務について諮問した。その後，定信から「追々 存 寄を申上ぐべしとの内命」▶5を受け，具体的な政策への提言を逐次献上した。これをまとめたものが，『草茅危言』▶6である。同書では，大名が町人の借金を踏み倒すことを遠慮することなく批判するなど，町人学者としての思想的立場を見ることができる。

竹山の時代は懐徳堂の黄金期と呼ばれ，全国から門人が集まり，江戸の昌平坂学問所をもしのぐ勢いであったという。江戸・京の儒者たちとの交流も盛んで，懐徳堂は知的ネットワークの拠点となった。

## 3　中井履軒

一方，弟の履軒は，兄とは対照的な人生を歩んだ。30代半ばに懐徳堂を出て幽人と号し，私塾・水哉館を営むが，知人の紹介がなければ弟子を取らないなど，世間との交流を極力避け，大名からの招聘も断り，学問に没頭して独創的な研究成果を生み出した。

中国古典では，『七経逢原』▶8をはじめとする膨大な注釈を残した。『史記』の注釈書である『史記 雕題』は，注釈の一部が現代中国における『史記』注釈書にも採用されるなど，高く評価されている。

履軒は漢学だけにとどまらず，自然科学の分野にも関心を示し，注目すべき業績を残している。『越俎弄筆』は，1773年（安永2），履軒の筆による詳細な人体解剖図とその解説を記したものである。ちなみに，この書が書かれたのは，『解体新書』完成の前年である。天文学や暦学にも関心を持ち，「天図」▶9・「方図」▶10や，太陽暦を参考にした新しい暦書なども作製している。従来の学問の枠にはまることのない，自由で探究心旺盛な思考を持っていたことが分かる。

## 4　山片蟠桃

竹山・履軒の教えを受けた者は多数いるが，中でも山片蟠桃（1748-1821）の名が最もよく知られている。蟠桃は升屋別家の養子となって，当時苦境にあった本家の再興に尽力したり，仙台藩や豊後岡藩の財政を再建させたりするなど，商人として辣腕をふるった。その成功には，竹山の影響が大きかったと考えられる。彼の著書『夢の代』は，地動説に基づく宇宙観，神代史の否定，霊魂存在の否定など，実証的合理主義を見ることができ，履軒の影響がうかがわれる。

（寺門日出男）

▶5　西村天囚『懐徳堂考』（大阪朝日新聞に連載された「懐徳堂研究」を再編したもの）。

▶6　『草茅危言』
泰平の世なので，民間（草茅）にある自分が，憚ることなく意見を述べる（危言）という意味。

▶7　俗世を避けて隠者となるという意味が込められている。ただし，懐徳堂を出た後も，講義の担当や門人たちとの交流は続けていたようである。

▶8　『七経逢原』
儒教の経典四書五経の内，『礼記』『大学』を除く「七経」についての注釈書。

▶9　天図
木製の回転式天体模型。

▶10　方図
大地（方）の外側に月・太陽・星などを配した天体図。

参考文献

脇田修・岸田知子『懐徳堂とその人びと』大阪大学出版会，1997年。加地伸行ほか『中井竹山・中井履軒』明徳出版社，1980年。湯浅邦弘『増補改訂版 懐徳堂事典』大阪大学出版会，2016年。

## XV　西洋文明との交流

# ① キリスト教との対峙

▷1　康熙帝（こうきて
い：在位1661-1722）

（北京故宮博物院蔵）

西洋の天文学や大砲製造術
の導入やルイ14世との文化
交流などで知られる清朝前
期の名君。

▷2　マテオ・リッチ
（1552-1610）
氏が北京で製作した「坤輿
万国全図」により，中国人
の「天円地方」という古代
中国の宇宙観に基づく中国
中心の世界認識を変えた。

▷3　1858年米清天津条約
清朝と「アロー戦争」を
戦った英仏に追随して結ん
だ同条約により，新教の中
国での布教権が認められた。

▷4　W・A・P・マー
ティン（1827-1916）
『天道遡源』や『万国公
法』の著訳者で知られる米
国人宣教師。同文館や京師
大学堂など官立学校の総教
習を務めた。

## ① 清朝皇帝とバチカンとの「典礼論争」

　中国におけるキリスト教の歴史は長い。唐代の景教（ネストリア派），元代の天主教（カトリック），明末清初のイエズス会，晩年の**康熙帝**が許した天主教の布教およびロシア正教会宣教団の北京駐在，そしてアヘン戦争以降の新教（プロテスタント）などによる布教活動を考えあわせると，実に1500年の長きにも及ぶ。

　その間の有名な事件としてまず「典礼論争」が挙げられる。18世紀初頭に清朝の康熙帝とローマ教皇クレメンス11世（在位1700-21）との間で起きた論争だが，争点は次の三つである。

①中国人天主教徒が祖先崇拝の諸儀式に参加することを許してよいか。
②彼らが孔子崇拝の儀式に参加することを認めてよいか。
③キリスト教のデウスを訳するのにどんな中国語表現を用いたらよいか。

　これらの問題に，百余年前の**マテオ・リッチ**（中国名は利瑪竇）というイエズス会布教の先駆者がすでに直面したが，儒教の価値を尊重し中国人の慣習を寛容する姿勢で諸矛盾をうまく乗り越えた。その姿勢は「リッチ規範」ともいう。

　しかし，ここにきて，中国布教区の棲み分けおよび主導権や影響力をめぐるローマ教皇，ポルトガル，スペインおよびフランスの間の競合やカトリック教の各会派間の争いなどによって，問題は再びクローズアップされた。1704年，教皇は典礼を異端的なものと判定し，天・上帝などの文字の使用や，祖先や孔子に対する犠牲奉献ならびに位牌の供用を禁止する勅諭を発布した。これに激怒した康熙帝は，教皇の特派使節に帰国を命じただけでなく，中国在住の西洋人宣教師に対し免許制度を実行しはじめた。すなわち「リッチ規範」を認めた宣教師に限って，国籍・年齢・所属修道会・入国年月・永遠に帰国しない旨の誓約を漢文と満州文で印字した「信票（免許）」を発給し，それ以外の者は一切国外追放するという苛烈な対策であった。同論争がもたらした両者の対立はその後も延々と続き，第二次世界大戦中の1939年になって，孔子・祖先崇拝に対する従来の禁令を撤回した教皇ピウス12世の決断により，ようやく終止符が打たれた。

## ② 北京入りの米国公使に対する「叩頭強要」問題

　アヘン戦争後の近代においては次のような代表例が注目に値する。1859年7月下旬，**米清天津条約**[13]の批准書を交換するために北京入りした米国公使 J・E・ウォードが，清朝側の「叩頭強要」問題でジレンマに陥った。清朝側から，批准書交換の直前，皇帝に謁見する際には一回叩頭もしくは跪くことを要求されたが，ウォードは拒否し，「私はゴッドと女性の前でしか跪かないのだ」と言った。しかし，清朝の全権代表桂良はすぐ「皇帝というのは，ゴッドのような存在だ」と反論したため，対立が激しくなった。

　ウォードは絶対に譲歩せず，跪くより殺されたほうがましだと清朝側に伝えるよう通訳担当の宣教師 **W・A・P・マーティン**[14]（中国名は丁韙良）に命令した。しかし，謁見当日に，**三跪九叩頭**[15]の大礼はやはり不可欠だと言われた。ウォードは怒りを爆発させ，謁見を辞退し，マーティンなどの随員に礼服を脱がせるように指示した。清朝側は結局，米国公使一行に北京からの退去を命じた。

## ③ 祖先崇拝と叩頭儀礼の根源は上古の「王朝巫術」[16]

　上記の二つの事例で争点となった祖先崇拝と叩頭儀礼などの観念や作法は，中国上古時代の夏・殷・周という三つの王朝の巫術にさかのぼられる。事実，代々の王様は各々の在位期間の最大の「巫」とも認知されていた。その祭天・祖先崇拝の伝統と礼儀作法を制度化したのが周の武王・成王を補佐した周公であり，その制度を記録したのが儒教の祖，孔子である。儒教は中国思想の本源と根幹であるが，ユダヤ教，キリスト教，イスラム教など一神教と異なり，全知全能な造物主たる超越的な「神」は存在しない。一方，天命・天子・敬天・畏天といった「天」観念はあるが，それがデウスやゴッドのような人格神ではないため，系譜図で辿れる実在性のある「祖先神」の権威に及ばず，万人が常に崇める対象でもない。そして，「天人合一」論，「天地人三才」論と「裁成輔相」論（人が天地を補佐してその万物を育むという造化機能の不完全さを補完できるとする論調）を唱えるなど人間の地位と役割を過大評価する傾向がある。

　このように政治・宗教・倫理を三位一体とする有り方や**三綱秩序**[17]を合理化した儒教が，長い間，血縁関係を重んじる氏族・宗族社会や重農抑商的経済体制を支え，天下安定の維持および天下大乱時の王朝交替を正当化するイデオロギーとして機能していた。しかし，世界地理や諸外国の歴史と宗教に対する無関心と無知が自己尊大的「中華思想」を助長し，周辺の国々を夷狄，産業革命後の欧米諸国を**朝貢国**[18]，近代西洋文明の精神的支柱であるキリスト教を邪教と見なす偏見に囚われた。その結果，清朝末期に英仏連合軍および八か国連合軍による二度の北京落城という歴史的悲劇をもたらした。　　　　（陶　德民）

▷5　三跪九叩頭
一度跪いてから三度頭を地につけるという拝礼の動作を三回繰り返すこと。清朝の臣下や朝貢国の使節が皇帝に対して執るべき礼儀である。

▷6　王朝巫術
甲骨文における「巫」と「舞」は互換性のある文字で，共同体の絆を維持し吉祥や利益を求める舞踏活動とその行為者を指す言葉である。王朝巫術は民間に遍在する巫術を規範化した権威ある国家的儀礼である。巫術は宗教とは違い，例えば雨乞いの場合，ただ単に天に祈願するだけでなく，降雨を司る竜王を担ぎ出し旱魃の辛さを体験させることで雨の出現を加速させるという人の能動性を強調する傾向がある。

▷7　三綱秩序
古代の王権制度と家父長制との成立に伴い形成された君臣・父子・夫婦の間の上下関係の規範。

▷8　朝貢国
前近代のアジアで構築された中国中心の国際秩序のもと，中国皇帝の徳を慕う周辺諸国の使節が貢物を献上し，皇帝の数倍ないし数十倍返しの恩賜品を拝受する国々を指す。

**参考文献**

加地伸行『儒教とは何か（増補版）』中央公論社，2015年。陶德民『西教東漸と中日事情』関西大学出版部，2019年。

# XV　西洋文明との交流

 **2　西洋に伝わった中国の思想と文化**

## 1　明清時代の思想文化の西漸

　『東方見聞録』の著者マルコ・ポーロ（1254-1324）よりも先にモンゴル帝国を訪ねたルイ九世の使者ルブルクは，『中央アジア・蒙古旅行記』で当時の支配イデオロギー，紙幣の流通，毛筆の使用などについて記述している。同書は彼と同じくフランシスコ会所属のイギリスの経験哲学者ロジャー・ベーコンの目に留まった。大航海時代の開始後，ポルトガルやスペインの宣教師たちも各自の報告書で明代における民間信仰と石碑・牌坊（徳行のあった人を表彰するために建てられた鳥居風の門）を立てる風習，富裕層の教育熱心さと学識考査による役人選抜に関する見聞を伝えているが，ゴンサーレス・メンドサが時の教皇の依頼でまとめた『シナ大王国誌』（1585年初版）はそのような記事の集大成と言える。しかし，メンドサは中国に足を運んだことがないため，その記述はやがて広東滞在と北京入りを果たしたイタリア出身のマテオ・リッチなどがもたらした信憑性の高い中国情報に刷新された。

　フランスでは「シノワズリー」という中国風を加味した美術工芸品への愛好や趣味が徐々に形成されていった。1687年，ルイ14世の勅令でまとめられた『支那哲人，孔子，羅甸訳，支那の学問』がパリで刊行された。1700年元日，ベルサイユ宮殿のダンスパーティに，ルイ14世が自ら中国式の籠に乗り込んで現れ，満場の喝采を博した。同年にフランス学士院の院長となり，後日王室学術総監ともなったP・ビグノン（1670-1743）も中国研究を視野に入れはじめた。ちょうどこの時期のパリに姿を現した**黄嘉略**[1]という中国人は自然に注目の的となり，中国語翻訳者として雇われた。黄氏がパリで過ごした最も刺激的時期は，おそらく青年モンテスキュー（1689-1755。「三権分立」理論を説く『法の精神』の著者として有名）と対談した日々であった。後者の日記によると，1713年秋，黄の自宅を七回訪ね，対談の内容は中国の歴史，言語，文化，宗教信仰，政治制度，経済生活，社会風俗などの方面に及び，歴代の中華帝国の暗黒な一面に対する辛辣な批判も含まれていたそうである。

　1755年8月，ヴォルテールが改編した劇『中国孤児』がパリの「フランス座」で上演され満員の盛況となり，「百科全書」派の代表ルソーの賛美も博した。その後，イギリスとアメリカでも上演されたが，欧米の演劇界に一大旋風を巻き起こしたこの劇の原型は，耶蘇会士に仏語で抄訳された『**趙氏孤児**』[2]

▷1　**黄嘉略**（こうかりゃく：1679-1716）
福建省の天主教信者の家に生まれ，中国事情と文化に詳しい二人のフランス人宣教師と一人の「挙人」学位を有する中国人キリスト者に学んだ。1702年渡欧，ローマ滞在後にパリに定住，フランス人女性と結婚。

▷2　**『趙氏孤児』**
元代の紀君祥が『史記』「趙世家」などを素材に脚色した復讐劇。晋国の奸臣・屠岸賈が趙一族の皆殺しを図った際，一人生き残った孤児趙為楚が成人後に復讐を果たす。ヴォルテールが改編時，舞台を紀元前の春秋時代からジンギス・カンの中国征服時代に置き換え，筋立ても変えた。

▷3　**愛新覚羅溥儀**（あいしんかくらふぎ：1906-76）
1908年3歳の時に即位，三年後の辛亥革命で退位したが，「清室優待条件」により紫禁城に住むことを許された。1924年軍閥馮玉祥が起こした北京政変により，紫禁城からの退去を余儀なくされた。

という元代の雑劇であり，その後，英訳やイタリア語訳も現れた。清代中期の1804年には，中国の江南地方で流行っている民謡「茉莉花」が29種類の中国伝統的楽器の図像とともに，清朝の離宮・円明園に短期滞在してから北京から広州まで旅したイギリス人J・バローの『中国旅行記』により紹介された。

## 2 近代欧米への中国文物の流出

アヘン戦争以降，絶えざる外憂内患の危機に瀕する中国から，多くの文物が海外に流失し，その大半は欧米の博物館や美術館に保管されている。北京の円明園にあったものはアロー戦争中に英仏連合軍に焼かれ，北京の紫禁城にあったものは義和団事件の際に八カ国連合運に占有された。1924年ラストエンペラー溥儀[13]が紫禁城より追われた際，その手を離れたものもある。これらは，もともと皇室所有の極上品である。そして，日中戦争と戦後の**国共内戦**[14]の際，中華民国政府が北京故宮博物院の国宝級芸術品を戦災から回避させるために転々と移送し，最後は台湾にたどりつき，台北故宮博物院建立の基礎となった。そのほか，大都会の博物館や名望家の文庫から手放された貴重品も多くある。特筆すべきは清末に発見された敦煌文物の英仏流出である。その際に，イギリス人探検家**スタイン**[15]とフランス人探検家**ペリオ**[16]が決定的役割を果たしたが，当時の中国官民に文物保護意識が欠如していたことも流失の一因であった。

## 3 欧米における中国古典と革命思想の伝播

儒教経典のヨーロッパ語訳という魅力的な取り組みは近世以降，断続的・個別的に行われてきているが，その中で偉業を達成した一人は，香港英華書院院長とオックスフォード大学教授を前後して務めたイギリス人宣教師J・レッグ（1815-97）である。中国人学者王韜などの助力を得て延べ48万5000字を数える「四書五経」を英訳し，その訳本は今でも高い評価を得ている。レッグの先輩にあたるフランスの東洋学者スタニスラス・ジュリアン（1797-1873）は，儒教経典の『孟子』以外にも『老子道徳経』『太上感応篇』『大唐西域記』『西廂記』『三字経』『千字文』など哲学・文学・通俗教材などの翻訳も幅広く手掛け，中国語の表現を集めたカード25万枚を残した。ジュリアンはコレージュ・ド・フランスの教授および学長，王立図書館漢籍部門の主任などを務めたため，大きな名声を馳せた。逝去二年後に設立されたジュリアン賞の最初の受賞者はレッグであった。

現代西洋に対する中国思想のインパクトの一例として，1960年代に活躍したビートルズというイギリスの音楽グループの主要メンバー，**ジョン・レノン**[17]の創作活動が老荘思想よりインスピレーションを受けたことがあげられる。なお，儒教，道教，仏教を含む東洋思想は欧米の大学の研究分野の一つとして定着し，東西の宗教・文明をめぐる対話が盛んに行われるようになった。　（陶　徳民）

▷4　**国共内戦**
1945年8月抗日戦争勝利後に行われた蒋介石と毛沢東の重慶交渉が決裂した結果，国民政府軍と中国共産党の軍隊の間に展開された全面的内戦。1949年後者の勝利で決着。

▷5　**オーレル・スタイン**
（1862-1943）
イギリスの考古学者，東洋学者。1900年以降中央アジアを三回探検，敦煌遺跡で千仏洞を発見。

▷6　**ポール・ペリオ**
（1878-1945）
1906年以降の数年間，敦煌遺跡で多数の文物を収集，1911年コレージュ・ド・フランス教授。『通報』編集長，晩年アジア協会会長。

▷7　**ジョン・レノン**
（1940-80）
イギリスのポピュラー音楽家，平和運動活動家。1960年ビートルズを結成。1969年再婚の相手はロンドンの画廊の前衛芸術家オノ・ヨーコ。

（参考文献）
後藤末雄著，矢沢利彦校訂『中国思想のフランス西漸』1・2，東洋文庫，平凡社，1969年（初版1933年，第一書房）。石田幹之助『欧米に於ける支那研究』創元社，1942年。矢沢利彦『東西文化交渉史』中村出版社，1957年。内田慶市・柏木治編訳『東西文化の翻訳』関西大学出版部，2012年。

# 中国思想が問いかけるもの

▷1　編年体
歴史記述の代表的方法。出来事を発生した年月の順に記す。中国の古典では『春秋左氏伝』がその代表である。その対極にあるのが「紀伝体」で，人物の伝記ごとに記すもの。『史記』や『漢書』などがこれに当たる。その中間形態が「紀事本末体」で，重要事件の顛末を中心に記述する。

▷2　⇨ Ⅶ-6 「董仲舒」

### ❶　危機や災害への対処

　春秋時代の歴史を記述した『春秋左氏伝』には，王や国の大事件が**編年体**[1]で記されている。大事件の最たるものは戦争であるが，自然災害もたびたび記録されている。

　例えば，大地震，長雨，旱魃（かんばつ），天体の異変，農作物を枯らしてしまうイナゴの大発生，そして疫病などである。戦争は人為であるが，これらは自然現象で，当時の科学の力ではどうすることもできなかった。ではこうした自然災害に人々はどのように対応したのであろうか。

　共通するのは，自然に対する謙虚な姿勢である。大地震をはじめとする大災害が発生すると，時の為政者はその原因が自身の政治にあると反省し，身を慎み，祈ったのである。

　自然（天）と人間とに相関関係があると考える「天人相関思想」（てんじんそうかんしそう）は，中国史を貫く最大の思想的特色である。古くは，自然災害は天帝の怒りと捉えられていたが，その後，やや理法的な「時令説」（じれいせつ）が唱えられた。これは，月ごとに為政者が行うべき施策，行ってはならない施策があるとして列挙し，それに違反すると天災が降るとする思想である。また，これを展開させた「災異説」（さいいせつ）[2]は，天がまず比較的小さな災害を降し，為政者がそれを深刻に受け止めて改善すれば終息するが，それを放置すると，さらに大きな異変が生ずるという二段階の天人相関思想である。こうした思想は，今から見れば迷信的とも言えるが，当時の人々，特に為政者の言動を抑止し，反省させる効果を持っていた。災害は単なる自然現象ではなく人間の所業の反映だという考えは，自然への畏敬を背景とし，人間の暴走をとどめていたとも言えるのである。

　近現代の文明は，科学の力によって自然を克服したと自負するが，果たして人間は自然を支配することができたのか。むしろ，自然に敬意を払い，自然と共存していく姿勢も大切であろう。中国思想史に見られる天と人との関係は，現代社会にそうした思考を促しているであろう。

### ❷　道徳性の回復

　それと関連して，中国思想が問いかける第二の問題は人間の道徳性であろう。今から2500年前，孔子が「仁」という他者への思いやりの大切さを力説したの

は，当時がすぐれた道徳的世界だったからではない。むしろ，それまでの倫理観が大きく崩壊しつつあったからこそ，孔子は「仁」を説いたのである。そして，儒家は，政治の根本として，まず為政者自身が高い道徳性を持つよう求めた。荀子は礼によって統治する「礼治」を，韓非子は法によって統治する「法治」を唱え外側からの規制の大切さを主張したが，伝統的な儒家思想では，何より為政者の内面的な徳が大切であり，有徳の王のもとには民が自然と帰服してきて，戦乱はなくなると考えられた。

▷3 ⇨ Ⅰ-3 「荀子」

▷4 ⇨ Ⅰ-10 「韓非子」

また，秦帝国の厳格な「法治」への反省から，漢代以降の中国では，法治を基盤としながらも，常に為政者の道徳性が追求された。皇帝が天から命を受けた「天子」と呼ばれ修養を求められたのはそのためである。中国の統治システムは，表面的には「法治」でありながら，より根本的には「人治」であったとも言える。もちろん，この「人治」が暴走してしまうと機能不全に陥り，王朝の衰退・滅亡へとつながる。まさに「不徳」の致すところとなるのである。

現在の民主主義国家で採用されている法治と官僚体制では，一人の権力者に権限が集中しないよう機能分化がはかられており，また，特定の個人的才能に頼るのではなく，組織の力で国家運営をしていくシステムが機能している。

ただこうした政治体制においても，結局は，個々の人が大切であることは言うまでもない。様々な組織で不祥事が発覚するたびに，コンプライアンスが叫ばれるが，その前提として，組織の構成員個々が高い道徳性を持っていることが大切なのである。

## ③ 社会活動の指針

人は何のために生きるのかという永遠の問いに対して，中国思想は，現実社会への貢献という解答を用意した。

孔子は，自身の人生を振り返り，「五十にして天命を知る」（『論語』為政篇）と述べた。この句の意味については様々な解釈があるが，有力なのは，50歳になった孔子が自身の使命を悟ったというものである。「命」とは，天から授けられた不可避のもので，天命，寿命を含む。自分はなぜこの世に生まれてきたのかを理解した孔子は，その後，弟子を引き連れて諸国遊説の旅に出る。その思想を現実の政治世界で実現するためである。

もちろん孔子は別格であるが，すべての人にもこの問いは突きつけられている。そして，それに答えてくれるのが中国古典に記された様々な思想である。例えば，学問は何のためにするのかという問いに対して，勉強は知識の詰め込みではなく，学問こそが自己を道徳的人間として成長させ，学問的修養で得られた知識・経験が現実社会の役に立つと強く背中を押してくれるのである。中国思想は今を生きる我々の指針としても大きな意味を持っている。

（湯浅邦弘）

**参考文献**

湯浅邦弘『荀子』角川ソフィア文庫，2020年。

#  中国思想史研究の未来

## ① 新資料の発見と思想史の見直し

　数千年の歴史を有する中国の思想。その研究にも長期にわたる巨大な蓄積がある。中国では，すでに漢代から儒教経典を専門に研究する**博士官**が置かれ，官吏登用試験「科挙」でも儒教経典の学習と研究が不可欠であった。また日本では，遣隋使・遣唐使によって漢籍がもたらされた後，はじめは僧侶や貴族，後には儒者・漢学者が中国古典に基づく研究教育を実践した。特に江戸時代の漢学者の古典研究の水準は高く，中国に逆輸入されたものもある。幕末明治維新頃からようやく本格化する他の西洋諸科学などとは比べものにならないほどの研究の蓄積がある。

　ただそれだけに，従来の知見や思想史の記述について新鮮なまなざしを注ぐことは難しいとも言える。例えば，歌舞伎など日本の伝統古典芸能の演目でも，観客は開演前からあらすじと名場面を熟知しており，そこに至ると「待ってました」と感動の声をかける。演ずる役者も観客の期待を裏切るような芝居はできないのである。これと同様に，中国思想もすでに2000年以上の強固な「常識」に包まれており，それに反する見方はなかなかできなかった。

　そうした状況の中，中国思想史研究を大きく変えようとしているものがある。それは，近年次々に発見されている出土資料である。出土文献の歴史は古く，漢代に孔子の旧宅を改築のため取り壊したところ壁の中から古い字体で記された文献が出現したという例がある。

　近現代の研究で衝撃的な事件が起こるようになったのは1970年代で，この頃は，秦の兵馬俑の発見とともに，古代文献出土の事例が相次いだ。中でも中国思想史研究に大きな影響を与えたのは，孫子の兵法が含まれていた「銀雀山漢墓竹簡」，『老子』『周易』などの古代写本が含まれていた「馬王堆漢墓帛書」，秦の始皇帝時代の法律関係文書「睡虎地秦墓竹簡」などである。

　さらに1990年代以降でも，秦漢以前の古代写本が次々に発見されている。それらは，当時の書写材料である竹簡に記されていた。これらの読解を通じて，古代思想史の見直しが進められており，またこれまでの文献では知られることのなかった思想史の空白期が埋められようとしている。古代思想史を基軸としてその後の中国思想も展開しているから，全体に与える影響はきわめて大きい。中国思想史研究の未来はこの出土文献の研究にかかっていると言っても過言で

▷1　博士官
中国秦・漢代から置かれた官職。前漢時代に「五経博士」が置かれ，儒教経典「五経」を教学した。

▷2　⇨ⅠⅩ-3「始皇帝陵と兵馬俑」

▷3　⇨Ⅻ-5「新出土文献の発見」

はない。

## ❷ 「漢学」の再評価

　こうした新しい資料の発見により，中国思想史研究は活気を呈しているが，それはまた日本の「漢学」についても再評価を促している。中国思想を教学する者は「漢学者」と呼ばれ，その学問は「漢学」と称された。日本漢学は，江戸時代以来の長い伝統もあって，高く評価されている。そこでは儒教経典や諸子百家の文献を中心としながらも，詩文や史書も総合的に教学され，また後の社会科学，自然科学分野に関する知識，例えば心理学や医学や天文学などもその中から学ばれていた。

　ところが，明治維新によって近代西洋の文物と学問が導入されるようになると，漢学は，古い学問の象徴として軽視され，江戸時代にあった漢学塾が閉鎖に追い込まれるという事例もあった。また新たに創設された大学においては，西洋の大学組織に見られる哲学・史学・文学の枠組みをモデルにして，中国哲学，中国史学，中国文学などに細分された。漢学の解体が生じたのである。さらに戦後の民主主義の中で，儒教の道徳に見られるような忠孝の精神が古い封建的なものであるとされてますます軽視されるようになった。

　時代とともに学問の枠組みや名称が変わっていくのは当然であるが，古いものを一概に捨て去るわけにはいかない。特に，漢学は，中国古典の教学を通じて，日本の文化と学問に大きな影響を与え続けてきたのであり，この学問がなくては，日本の歴史も文学も理解することはできなくなるであろう。

　かつて孔子は，「故（ふる）きを温（たず）ねて新しきを知る（温故知新）」（『論語』為政篇）と述べたが，混迷して先が見えない現代社会においてこそ，まさにこの姿勢が必要となろう。

## ❸ 人文学の再編

　ただ，それは単なる懐古趣味であってはならない。明治・大正時代の漢学者たちが苦悩したのと同じように，漢学をどのようにして新たな学問体系の中に位置づけるかという再編作業が必要となる。

　単に中国思想や漢文が大切だと言ってみても，世間からはなかなか評価されないであろう。しかし，本書で解説してきたような様々な思想は，今を生きる我々にとって不可欠の知恵であり，人生と社会について考える際の有力な手がかりとなる。そうした漢学的教養を基盤として，その上に様々な人文学が展開されるのが望ましい。また，自然科学も哲学を忘れて暴走すれば，人類を滅亡に向かわせる危険さえある。常に思想を振り返り，その意味と価値を再考してみることが肝要である。そのようにして再編された学問体系の中で，中国思想は不変の輝きを放ち続けることであろう。　　　　　　　　（湯浅邦弘）

（参考文献）

陳偉（湯浅邦弘監訳）『竹簡学入門』東方書店，2016年。湯浅邦弘『中国の世界遺産を旅する』中公新書ラクレ，2018年。

# 人名索引

**あ行**

浅見絅斎　91, 179
新井白石　160, 177
伊藤仁斎　180, 181, 183
伊藤東涯　181
隠元　171
禹　2, 64, 73, 175
慧能　170
王安石　38, 65
王圓籙　127
皇侃　81
王羲之　172
王充　34, 35, 39, 93, 94, 97, 101
王叔和　114
王弼　36, 37, 71
王符　97
王莽　53, 99, 154
欧陽脩　38, 158
王陽明（王守仁）　11, 45-47, 61, 69, 90
岡倉天心　134
荻生徂徠　160, 177, 182-184
小倉三省　89, 178, 179

**か行**

何晏　36, 37, 59, 81
何休　33, 53
霍光　152, 153
華佗　109
葛洪　173-175
顔回（顔淵）　80, 119, 142, 143, 157
桓公（斉）　11, 16, 17, 146
管子　16, 17
顔師古　71, 86
顔之推　86, 87
鑑真　171
顔真卿　86
韓非子（韓非）　3, 4, 13, 26, 27, 34, 93, 147, 191
韓愈　26, 38, 39, 61, 73
鬼谷子　24, 25
義浄　169
徽宗　133
吉蔵　170
堯　2, 11, 49, 52, 61, 64, 73, 84, 88, 131
許慎　33, 52, 64, 163
屈原　134-136, 179

鳩摩羅什　169
孔穎達　71, 86, 99
羿　131
荊軻　131
嵆康　36, 37, 173
恵施　20, 22, 23
恵帝（前漢）　128
景帝（前漢）　30, 102, 151
玄奘　126, 169, 170
阮籍　36, 37, 124
元帝　154
五井蘭洲　184
江永　50
黄嘉略　188
康熙帝　101, 186
寇謙之　173, 175
孔子　3, 8-10, 12, 17, 26, 34, 51, 52, 60, 64, 76, 80, 81, 92, 94, 118, 119, 124, 131, 142, 143, 157, 165, 181, 186
句践　144, 145
黄宗羲　48, 49
公孫弘　102
公孫龍子　22, 23
黄帝　19, 99, 103, 110, 111, 116, 150, 172
光武帝　154, 155
皇甫謐　110
康有為　49, 52, 53, 137
闔閭　93, 144, 145
呉起　57, 146, 160
告子　10, 63
後藤艮山　113
胡母生　79

**さ行**

左丘明　79
佐久間象山　11
佐藤直方　179
竺法蘭　168
子貢　142, 143
始皇帝　3, 13, 26-28, 32, 72, 116, 120, 122, 125, 131, 148, 149, 155, 192
子産　26, 146, 147
子思　76, 119, 164
司馬光　105

司馬遷　16-18, 22, 25, 31, 84, 94, 100, 102, 103, 150
司馬談　22, 31, 150
釈智匠　137
周公　8, 9, 52, 64, 65, 71, 154
周敦頤　40, 41, 57, 157
袾宏　171
朱子（朱熹）　3, 40-44, 50, 51, 57, 59, 61, 65, 68, 69, 71, 88-90, 93, 105, 119, 143, 157, 159, 176
朱服　161
舜　2, 11, 49, 52, 61, 64, 73, 84, 88, 90
荀悦　39
荀子　9, 10, 12, 13, 26, 27, 39, 62-65, 74, 143, 148, 191
商鞅　12, 17, 26, 146, 147
鄭玄　32, 33, 52, 61, 65, 74, 76, 81, 97, 155
向秀　36
摂摩騰　168
邵雍　40, 59
女媧　131
子路　94, 119, 143
秦王政→始皇帝
真諦　169
慎到　26
申不害　26, 147
鄒衍　23, 98, 99
スタイン，オーレル　127, 158, 189
西王母　131
全祖望　49
銭大昕　50
曾鞏　38
桑弘羊　152, 153
荘子　18, 20-22, 168, 172, 173
曾子（曾参）　76, 80, 119, 131, 143, 146
宗布　131
蘇洵　38
蘇軾　38
蘇秦　24, 25
蘇轍　38
孫子（孫武）　57, 93, 144-146, 160, 165, 192
孫思邈　114, 115

孫臏　57, 145, 160, 165

た行

戴震　50, 51
戴聖　65, 76
戴徳　13, 76
段玉裁　50
智顗　170
智旭　171
張儀　24, 25
張載　40-43, 57, 59, 68, 93
張仲景　112-114
程頤　40-43, 51, 57, 59, 68, 71, 93, 157
程顥　40-42, 51, 57, 59, 61
陶弘景　116
董仲舒　32, 34, 39, 53, 61, 62, 79, 98,
　　102, 103, 151, 162

な行

中井竹山　91, 184, 185
中井履軒　91, 184, 185
中林竹渓　138, 139
野中兼山　89, 178

は行

梅賾　72
橋本海関　137
橋本関雪　137-139
服部南郭　183
林鵞峰　176, 177
林鳳岡　177
林羅山　90, 117, 119, 160, 176-178

馬融　33
班固　28, 32, 84, 85, 89, 102, 103, 149,
　　155
班昭　84, 85
伴信友　95
溥儀　52, 125, 188, 189
夫差　144
藤原惺窩　176
伏羲　70, 116, 131
武帝（前漢）　31, 32, 70, 72, 81, 94, 99,
　　102, 103, 120, 126, 150-152
文王　8, 64, 71, 73, 144, 160
ペリオ，ポール　189
法蔵　170
墨子（墨翟）　3, 14, 15, 93, 100
菩提達摩　170

ま行

マーティン，W.A.P.　187
三宅春楼　184
三宅尚斎　179
毛亨　33, 74
孟子　9-11, 14, 34, 39, 60, 62, 64, 84,
　　119
毛萇　33, 74
木蘭　137-139

や行

山鹿素行　181
山片蟠桃　185
山崎闇斎　89, 91, 178, 179

楊羲　174
楊朱　14, 63
楊上善　110
揚雄　39
横山大観　134-136
余子俊　121
吉田松陰　11

ら行

楽僔　126
李瀚　88
陸象山（陸九淵）　44-47, 69, 90
李斯　13, 148
李時珍　116, 117
李世民　39
リッチ，マテオ　186
劉安　30, 31, 35, 150
劉禹錫　13
劉義慶　36, 83
劉向　28, 30, 82-85
劉歆　28, 52, 53, 79, 82, 151, 163
劉子澄　88
柳宗元　13, 38
劉宗周　48
劉邦（高祖劉邦）　27, 30, 82, 128, 150
梁啓超　49, 51-53
呂不韋　28, 29, 31, 148
レッグ，J.　189
老子　18-20, 39, 103, 131, 165, 172

# 事 項 索 引

## あ行

安史の乱　38
医学　104, 109-116, 165
易簡　45
為己の学　157
緯書　32, 33, 70, 155
『医心方』　109, 114
殷墟　2, 95
『引書』　108
印章　132, 133
インド仏教　168, 169
陰陽五行（説）　5, 56, 98, 99, 103, 105, 110
陰陽（説）　28, 70, 71, 98
『尉繚子』　160
永嘉の乱　72
『易』　9, 30, 32, 36, 40, 53, 70, 102, 151
『淮南子』　29-31, 35, 57, 58, 61, 109, 129, 131, 150
塩鉄論争　152, 153
王朝巫術　187
王道政治　10, 11

## か行

華夷秩序　154
懐徳堂　91, 184, 185
科挙　3, 4, 38, 39, 46, 48, 50, 52, 61, 65, 156, 157, 159, 161
楽　9, 64, 77, 88
『楽（経）』　9, 53, 70, 77, 88, 149
格義　168
郭店楚簡『緇衣』　77
郭店楚墓竹簡（郭店楚簡）　57, 98, 163, 164
格物窮理　41, 43-46
臥薪　144, 145
科聖　15
画像石　130, 131
画像磚　131
葛氏道　174, 175
合従策　24, 25
瓦当　131
『管子』　16, 17, 29
『韓詩外伝』　33, 74
『顔氏家訓』　86, 87
寒邪　112, 113

『漢書』　32, 33, 79, 84-86, 102, 103, 149, 151
『漢書』芸文志　22, 24, 28, 30, 32, 73, 78, 81, 83, 89, 97, 151
『漢書』五行志　34
寛政の改革　90, 119
皖派　50
観物　40
関防印　133
気　5, 40-43, 56, 57, 68, 69, 93, 98, 102, 104, 108, 109, 111, 113
義　8, 10, 11, 15, 45, 60, 62, 63
気一元論　57, 68, 93
気血　109, 111
気質の性　43, 57, 69
鬼神　92, 93
熹平石経　158, 162, 163
亀卜　94, 95
崎門学　179, 181
「九歌」　134, 135
九品官人法　156
旧訳　169
九流十家　151
仰韶文化　105
挟書の律　32
居敬涵養　41
居敬存養　43
鉅子　15
「漁夫」　134
虚風　111
『儀礼』　33, 65, 72, 76, 162
義理易　71
キリスト教　186, 187
義理の学　40
『金匱要略』　112
今古文論争　32, 72, 155, 163
銀雀山漢墓竹簡（銀雀山漢簡）　145, 164, 165, 192
金石学　133
金文　73, 130
今文経　32
均輸法　152
郡県制　30, 156
訓詁（の）学　33, 40

郡国制　30
君子　8, 9, 12, 13, 45, 62, 71
『経史証類備急本草（証類本草）』　116
経書　32, 33, 40, 45, 50-52, 65, 70, 154-156, 162, 172
刑名参同　26
華厳宗　170
兼愛　14
玄学　81
現行本　7, 9, 11, 165
堅白同異の弁　23
孝　66, 67, 115
『孝経』　81
甲骨文字　95, 130
爻辞　70
『孔子改制考』　52
孔子廟　118, 119, 125
講釈　182
公車上書　52
坑儒　148, 149
庚申信仰　175
孝治　67
『黄帝内経』　109-112
『黄帝内経霊枢』　96
孔府　118
孔林　118
黄老思想　30, 102, 150
古学　181
故宮博物館　189
五経　3, 33, 39, 42, 65, 70, 74, 80, 81, 114, 155
『五経正義』　39, 71
『五経大全』　46
五経博士　32, 80, 81, 102, 103, 151
五行（思想・説）　28, 73, 124
国学　183
『国語』　56, 79
告祭　125
志　45
『呉子』　160, 161
五十にして天命を知る　191
五常（五常の道）　61, 65, 69
呉楚七国の乱　30
五代監本　159

古文経　32
古文辞学　183
古文復興運動　38
古方派　113
古訳　169
「五柳先生伝」　36
崑崙山　35, 104, 131

**さ行**

災異説　102, 103, 190
雑家　16, 17, 28, 30
三階教　170
三家詩　74
「山鬼」　134
三跪九叩頭　187
三教一致論　178
三教融合　167
『三国志』　95
三史　114
『三略』　160
三論宗　170
四科十哲　142
『史記』　18, 28, 31, 94, 100, 102-104, 122
『史記』太史公自序　30
『詩経』(『詩』『毛詩』)　29, 32, 33, 74, 75, 80, 96, 98, 119, 124, 164
始皇帝陵　122, 123
自己拡大欲求　67
『四庫全書』　50
四書　3, 42, 76, 81, 157
『四書集注』　42, 81, 179
『四書大全』　46
四診　113
閑谷学校　91
四大　115
四端(説)　10, 11, 42, 43, 63, 69
『七経逢原』　185
『七略』　28, 82, 151
四徳　42, 43, 60, 61, 63
『シナ大王国誌』　188
『司馬法』　160
上海博物館蔵戦国楚竹書(上博楚簡)　57, 94, 163-165
『周易』　70, 71, 97, 164
修己治人　8, 89
『十三経注疏』　72
十年樹木, 百年樹人　17
十翼　70
十論　14

儒教　3, 32, 38, 87, 91, 150-155
儒教(の)国教化　28, 32, 150, 151
朱子学　42, 43, 89, 90, 176, 177
術数　165
『周礼』　33, 65, 76, 96
寿陵　122
儒林伝　33
『春秋』　32, 78, 79, 142, 162
『春秋公羊伝(公羊伝)』　78, 102
『春秋穀梁伝(穀梁伝)』　78
『春秋左氏伝(左伝, 左氏伝)』　78, 96, 162, 190
春秋(時代)　2, 8, 10, 26, 58, 72, 78, 79, 93, 94, 120, 142, 144-146, 165, 190
春秋(の)五覇　16, 144, 145
『春秋繁露』　61, 102, 103
書院　90
縦横家　24, 25
『小学』　88, 89
『傷寒雑病論』　112
『傷寒論』　112, 113
『尚書』　72, 162, 164
象数易　71
上清派　174
昇仙図　129
『小戴礼記』 → 『礼記』
嘗胆　144
城旦　120
昌平坂学問所　91, 177
上薬・中薬・下薬　116
逍遙遊　21
『女誡』　85
『書経』(『書』)　32, 72, 73, 99
稷下の学士　17, 22, 150
支離　45
シルクロード　120, 126
時令(思想・説)　28, 30, 77, 190
四六駢儷文　38
仁　4, 8, 60-63, 191
讖緯(思想・説)　105, 154
心学　44
『新学偽経考』　52
『申鑒』　39
仁義　10-13, 38, 60-63
『鍼灸甲乙経』　110
『新修本草』　116
新儒学　42
新出土文献　100, 163-165
『新序』　82, 84

信賞必罰　26
真誠惻怛の心　47
心即理　44, 46, 69
人道　58
『神農本草経』　116
『神農本草経集注(本草集注)』　116
新訳　169
垂加神道　179
睡虎地秦墓竹簡　100, 101, 192
『隋書』経籍志　86
数　40
性悪説　12, 39
『説苑』　82-84
『西京雑記』　35
『靖献遺言』　179
性三品説　39
正史　84
正始石経　158, 162
西周期　73
性善説　4, 10, 39
性即理　41, 43, 68
清談　36
井田制　10
正風　111
『性理大全』　46
釈奠　118
『世説新語』　36, 83
石渠閣会議　32, 79, 155
『説文解字』　33, 92, 94, 96
『山海経』　124
戦国時代　2, 22, 28, 58, 72, 78, 93, 120, 134, 142, 145, 165
禅宗　170
禅譲　2, 73, 154
全真教　175
専売制　153
占夢　94, 96, 97
『荘子』　30, 36, 96, 108, 124, 164
『葬書』　105
素王　78
『楚辞』　134
祖先神　187
『素問』　110, 114
孫子　145, 160, 161, 164, 165
尊徳性　44

**た行**

『大学』　76, 89, 119
太虚　41
太極　40

泰山　124, 125
泰山刻石　125
大序・小序（詩序）　75
『太素』　110
『大唐西域記』　189
大同三世説　53
『大同書』　53
『太平経』　172
『太平広記』　83
太平道　172
大汶口遺跡　124
択日　100, 104
拓本　130, 132
垺口　121
『大戴礼記』　13, 29, 76
断章取義　74
竹林の七賢　36
知行合一　46, 47
竹簡　77, 80, 92, 128, 132, 163-165
忠　63
中原　7
忠孝一致　67
中国のルソー　49
『中庸』　3, 11, 43, 44, 76, 77
朝貢国　187
『趙氏孤児』　188
致良知　11, 46, 47
「通書」　101
悌　77
貞人　95
天（天帝）　5, 13, 28, 29, 41, 56, 70, 190
篆刻　132
天師道（五斗米道）　172, 174
篆書　128, 132
天人合一　187
天人相関（思想・説）　34, 56, 103, 111, 190
天人の分　13
天台宗　170
天道　18, 58, 77
天命思想　73
典礼論争　186
『導引図』　108, 109
湯液　113
道家　18, 19, 21, 58
道家的側面　17
道教　18, 19, 172-175
唐宋八大家　38
『東方見聞録』　188

東門　122
道問学　44
徳治　67, 147
敦煌　158
敦煌遺書　127
敦煌学　127

な行

南画　138
南学　178
『難経』　112
「日書」　100, 101
二程子　41
日本漢学　167
『日本国見在書目録』　87

は行

博士（官）　162, 192
帛画　128
帛書　128, 164
白馬寺伝説　168
白馬非馬論　23
『博物志』　124
白鹿洞書院　90
白鹿洞書院掲示　90, 91
八卦　70
莫高窟　126
八達嶺長城　121
万物一体　41, 46
万物斉同　21
万里の長城　120, 121
『備急千金要方（千金方）』　114, 115
微言大義　78
非攻　14
『非徴』　184
『非物篇』　184
白虎観会議　32, 154, 155
『白虎通義』　32
風水　104, 105
『風俗通義』　35
武学　161
武挙　161
『武経七書』　160, 161
巫覡　92, 94
武氏祠　130
仏教　87, 170, 171
仏教伝来　126
故きを温ねて新しきを知る　193
不老不死　129
焚書　15, 32, 148, 149
焚書坑儒　72, 76, 148-150, 163

文治政治　180
平準法　152
兵馬俑坑　123
『碧巌録』　171
壁中書　149
別愛　14
編年体　190
変法　52
変法自強運動　79
法家　17, 26, 27, 93, 150
法家的側面　17
方広寺鐘銘事件　177
茅山　175
封禅の儀　124
法治　146, 147, 191
房中術　115
法の公開　146
『墨子』　14, 15, 93, 100
北宋（の）五子　40-43, 57, 59, 61
牧民　16
法相宗　170
本心　44
本然の性　43, 57, 69
『本草綱目』　116, 117

ま行

馬王堆漢墓　108, 115
馬王堆漢墓帛書　111, 112, 192
馬王堆帛画　128, 129
誠　40
道　18, 21, 58, 59, 172, 173
「妙徳先生伝」　36
『明儒学案』　48
無為自然　3, 18
『無門関』　171
無用の用　18
『明夷待訪録』　48
『名医別録』　116
名家　22
明帝感夢求法説　168
『蒙求』　88, 89
孟姜女伝説　120
『孟子』　11, 63, 69, 72, 124, 153
『孟子古義』　181
『孟子字義疏証』　51
『毛詩』→『詩経』
『孟子私淑録』　51
木版印刷　132, 158, 159
木版技術　127
木蘭詩（木蘭辞）　137

■ 木簡　132

や行
『訳文筌蹄』　183
『夢の代』　185

ら行
『礼記』（『小戴礼記』）　29, 33, 76, 77, 96
来舶清人　137
落款　133
利　45, 62
理　41-44, 51, 68, 69
理一分殊　42
『李衛公問対』　160
理気二元論　42, 57, 68
理気論　40
陸王心学　45

六義　74
六経　9, 52, 53, 70
六経病　112
六芸略　81
『六韜』　160, 164
「離騒」　134
六家要指　30, 31, 150
龍場の大悟　46
龍脈　104
良知　11, 47, 69
『呂氏春秋』　28-31
『礼』　32
礼　8, 64, 65
隷書　72, 74, 81, 128, 162, 163
『霊枢』　110
礼治（論）　12, 65, 191

霊宝派　175
『列女伝』　82, 84, 85
連衡策　24, 25
老官山医簡　111
『老子』　18, 19, 30, 31, 36, 37, 164, 165, 172, 173
『老子』王弼注　37
『老子』河上公注　37, 173
『老子』想爾注　37, 173
老荘思想　19, 21, 168, 172, 173
『論語』　8, 39, 80, 81, 92, 119, 124, 143, 153, 164
『論衡』　34, 35, 94, 97, 101, 149
『論語古義』　181

## 執筆者紹介 （氏名／よみがな／現職／五十音順／＊は編著者）

有馬卓也 （ありま・たくや）
広島大学大学院人間社会科学研究科教授

椛島雅弘 （かばしま・まさひろ）
和歌山工業高等専門学校総合教育科助教

菊池孝太朗 （きくち・こうたろう）
大阪大学大学院文学研究科博士後期課程

草野友子 （くさの・ともこ）
大阪公立大学現代システム科学研究科客員研究員

黒田秀教 （くろだ・ひでのり）
福井大学教育学部准教授

佐藤一好 （さとう・かずよし）
大阪教育大学教育学部教授

佐藤由隆 （さとう・よしたか）
愛光中学・高等学校教諭

佐野大介 （さの・だいすけ）
名古屋大学大学院人文学研究科准教授

土屋昌明 （つちや・まさあき）
専修大学国際コミュニケーション学部教授

寺門日出男 （てらかど・ひでお）
都留文科大学名誉教授

陶　徳民 （とう・とくみん）
関西大学東西学術研究所客員研究員，東洋文庫客員研究員

鳥羽加寿也 （とば・かずや）
大阪大学人文学研究科招聘研究員

中村未来 （なかむら・みき）
福岡大学人文学部准教授

野口眞戒 （のぐち・しんかい）
野中寺住職

藤井倫明 （ふじい・みちあき）
九州大学人文科学研究院准教授

藤本真名美 （ふじもと・まなみ）
和歌山県立近代美術館学芸員

六車　楓 （むぐるま・かえで）
立命館大学専門研究員，日本学術振興会特別研究員（PD）

＊湯浅邦弘 （ゆあさ・くにひろ）
編著者紹介参照